Frauen beraten Frauen (Hg.)
In Anerkennung der Differenz

Therapie & Beratung

Traude Ebermann, Julia Fritz,
Karin Macke, Bettina Zehetner (Hg.)

In Anerkennung der Differenz

Feministische Beratung und Psychotherapie

Mit Beiträgen von Marion Breiter, Agnes Büchele,
Traude Ebermann, Julia Fritz, Felice Gallé, Elfriede Gerstl,
Ruth Großmaß, Sylvia Groth, Sabine Kirschenhofer,
Anna Koellreuter, Karin Macke, Alice Pechriggl,
Sabine Scheffler, Margot Scherl, Brigitte Schigl,
Marlene Streeruwitz, Regina Trotz,
Marietta Winkler und Bettina Zehetner

Psychosozial-Verlag

Gedruckt mit Unterstützung des Bundesministeriums
für Wissenschaft und Forschung in Wien.
Gefördert durch die Wissenschafts- und Forschungsförderung
der Kulturabteilung der Stadt Wien.

Bibliografische Information der Deutschen Nationalbibliothek
Die Deutsche Nationalbibliothek verzeichnet diese Publikation in der Deutschen
Nationalbibliografie; detaillierte bibliografische Daten sind im Internet über
http://dnb.d-nb.de abrufbar.

2. Auflage 2014
© 2010 Psychosozial-Verlag
E-Mail: info@psychosozial-verlag.de
www.psychosozial-verlag.de
Alle Rechte vorbehalten. Kein Teil des Werkes darf in irgendeiner Form
(durch Fotografie, Mikrofilm oder andere Verfahren)
ohne schriftliche Genehmigung des Verlages reproduziert
oder unter Verwendung elektronischer Systeme verarbeitet,
vervielfältigt oder verbreitet werden.
Umschlagabbildung: Paola Gandolfi: »The first house«, 2005, 125x125 cm,
Öl auf Leinwand. © Paola Gandolfi.
Umschlaggestaltung & Satz: Hanspeter Ludwig, Gießen
www.imaginary-art.net
Printed in Germany
ISBN 978-3-8379-2045-1

Inhalt

Einleitung   9

Pionierinnen im Gespräch

»Vom Sand im Getriebe zum polierten Stein?«   21
Margot Scherl im Gespräch
mit Christina Thürmer-Rohr und Sabine Scheffler
Margot Scherl und Julia Fritz

Beziehung von Frau zu Frau
in Beratung und Psychotherapie

von der familie im kopf   43

… und sie bewegt sich doch!   45
Entwicklung und Zukunft
frauenspezifischer Psychotherapie und Beratung
Sabine Scheffler

Feministische Beratung

Frauenberatung im Spiegel
von Beratungstheorie und Gender-Diskursen   61
Ruth Großmaß

Gewalt gegen Frauen: Viel erreicht! Wenig verändert?   75
Von der Veröffentlichung der Gewalt
gegen Frauen bis zum unterstützenden Beratungskonzept
Agnes Büchele

Frauengesundheit bewegt 87
Sylvia Groth und Felice Gallé

    stress muss sein 97

Von der Abhängigkeit über die Ambivalenz
zur Autonomie 99
Feministische Beratung bei Trennung und Scheidung
Bettina Zehetner

Schreiben wirkt 113
Feministische Onlineberatung
Bettina Zehetner

Feministische Beratung
und strategisch-vernetztes Handeln 119
Marion Breiter

    selbsttherapie 131

FEMINISTISCHE PSYCHOTHERAPIE

Frauenspezifische/Feministische Arbeit
mit Integrativer Gestalttherapie 135
Brigitte Schigl

Feminismus und KIP oder:
Was wir von den Amazonen lernen können 147
Traude Ebermann

    full service 161

Weder Analytikerin noch Analysandin:
Keine ist Herrin im eigenen Haus 163
Anna Koellreuter

Systemisch-feministische Paartherapie 175
Annäherungen an das Unmögliche?

Sabine Kirschenhofer

Feminismus und Personzentrierte Psychotherapie 187

Marietta Winkler

WEIBLICHE IDENTITÄT IM SOZIALEN ZUSAMMENHANG

Veränderliche Geschlechtsidentitäten 201
Sex/Gender-Fluktuationen in der Gesellschaft
und in psychoanalytischen Therapiegruppen

Alice Pechriggl

die ohnmacht der therapien 213

Genug gemangelt –
Von der Auseinander-Setzung
zur Zusammen-Führung 215
Bewegungen in Frauengruppen

Regina Trotz

FRAUEN BERATEN FRAUEN: INNEN-SICHTEN

Zur Geschichte der Innen-Sichten 227
Einleitende Worte

*Traude Ebermann, Julia Fritz,
Karin Macke und Bettina Zehetner*

»Ich hab mehrere Standbeine …« 231

Karin Macke

»Schnipselkörper« und subversives Begehren 237

Bettina Zehetner

Wiener Frauengeschichte(n) –
Von Expertinnen berichtet und gelebt 243
Traude Ebermann

Frauenbewegte Generationen 249
Julia Fritz

EINE LITERARISCHE AUSSEN-SICHT

In diesem politischen Augenblick 257
Marlene Streeruwitz

Danksagung 263

Autorinnen 265

Literatur 271

Gedichtenachweis 285

Einleitung

»Die Vision des Feminismus ist nicht eine ›weibliche Zukunft‹. Sie ist eine menschliche Zukunft. Ohne Rollenzwänge, ohne Macht- und Gewaltverhältnisse, ohne Männerbündelei und Weiblichkeitswahn.«
Johanna Dohnal, Gastvortrag an der Technischen Universität Wien, WIT-Kolloquium 22. März 2004

Frauenleben verstehen

2010 feiert *Frauen beraten Frauen*[1] Wien als erste österreichische Frauenberatungsstelle ihr 30-jähriges Jubiläum. Das erscheint uns ein passender Anlass, um ein Buch herauszugeben, das die feministische Praxis in Beratung und Psychotherapie sichtbar macht und zur Diskussion einlädt.

Der vorliegende Sammelband wurde von vier FbF-Mitarbeiterinnen (Traude Ebermann, Julia Fritz, Karin Macke und Bettina Zehetner) konzipiert und durchgeführt. Das gesamte Team der neun Mitarbeiterinnen hat mitgedacht und Ideen geliefert.

Die Zusammenarbeit im Team der Herausgeberinnen hat sich für uns gelohnt. Konfliktfrei sind unsere Diskussionen keinesfalls abgelaufen. Die intensive Auseinandersetzung, wie sich feministische Gedanken in Beratung und Therapie zeigen, haben letztlich auch bei uns zu einem wachsenden Bewusstsein über die Anerkennung der Differenz zwischen uns Herausgeberinnen geführt.

Frauenleben verstehen zu wollen – das eigene wie das der anderen –, bildete von Anfang an den roten Faden bei der Entwicklung feministischer Ansätze in Beratung und Psychotherapie.

Ausgangssituation war ein beflügelndes, von der zweiten Frauenbewegung

---

1 Zur Bezeichnung: Der herausgebende Verein *Frauen beraten Frauen* und die daraus entstandene erste autonome österreichische Frauenberatungsstelle werden im Folgenden auch kurz »Frauenberatung«, »Wiener Frauenberatungsstelle« oder »FbF« genannt. Darin sind das *Wiener Institut für frauenspezifische Psychotherapie* und das *Institut für frauenspezifische Sozialforschung* integriert.

der 1970er Jahre getragenes Wir-Gefühl, als deren Teil sich die Akteurinnen der Frauengesundheitsbewegung und somit auch die Gründerinnen der Wiener Frauenberatungsstelle verstanden. Geleitet von Simone de Beauvoirs Kernaussage (1949): »Alles Persönliche ist politisch«, wurden individuelle Konflikte, Leidenszustände und Symptome von Frauen in Zusammenhang mit einschränkenden und widersprüchlichen Weiblichkeitszuschreibungen in der Gesellschaft gebracht, hinterfragt und als Diskriminierung und Pathologisierung des Weiblichen thematisiert. Ungleichbehandlung, Enttabuisierung struktureller sexueller Gewalt an Frauen, das Recht auf Abtreibung u.v.m. wurden in den Fokus öffentlich ausgetragener feministischer Auseinandersetzung gestellt.

Es waren Feministinnen, die eine Differenzierung zwischen sozialisiertem Geschlecht (Gender) und biologischem Geschlecht (Sex) vornahmen. Inzwischen gilt es als wissenschaftlich erwiesen, dass absolut kein Lebensbereich und kein Verhalten unbeeinflusst von kulturell und gesellschaftlich zugeordneten geschlechtsspezifischen Rollenaufträgen und Bewertungen ist. Alles ist Gender. So wie wir nicht *nicht-kommunizieren* können, können wir einander – Frauen wie Männer – nicht frei von Gender-Zuschreibungen wahrnehmen. Gender gilt als soziale Ordnungskategorie.

So weit die Historie. Drei Jahrzehnte feministischer Praxis haben die Beratungs- und Therapielandschaft verändert. Mit unserem Sammelband wollen wir in Anlehnung an das von Bilden 1991 herausgegebene *Frauentherapiehandbuch* 20 Jahre später den aktuellen Stand der feministischen Auseinandersetzung, wie wir ihn sehen, erneut in einen fachlichen Diskurs bringen.

Was verstehen wir heute unter frauenspezifischer oder gar feministischer Beratung? Worin besteht der Unterschied zwischen feministischer Beratung und Psychotherapie? Welche Prinzipien und Qualitätskriterien zeichnen eine sogenannte feministische Beratung oder Therapie gleichermaßen aus? Wo wird eine feministische Haltung sichtbar und wie wirkt sie?

Es war unser Ziel, ein Buch *aus* der feministischen Praxis *für* die feministische Praxis herauszugeben. Die Beleuchtung der explizit frauenspezifischen Seite soll den Prozess aufzeigen, der die Frau zu ihrer Subjektwerdung führt.

Damit wollen wir feministische Beratung und Psychotherapie aus ihrem Nischendasein befreien und einer breiteren Öffentlichkeit zugänglich machen.

Inzwischen existieren zwar etliche Beiträge von Feministinnen, feministisches Gedankengut findet sich aber trotzdem noch nicht adäquat in den Strukturen und Lehrmeinungen der unterschiedlichen Psychotherapieschulen verankert.

So gibt es beispielsweise zwar ein verändertes Bewusstsein bezüglich einzelner Aspekte weiblicher Sexualität, aber noch immer keine stringente, allgemein akzeptierte Theorie der weiblichen sexuellen Entwicklung (vgl. Becker 2005).

Beim Abfassen des Buches haben wir auf gendersensible Sprache geachtet – für uns eine Selbstverständlichkeit. In der Praxis wird diesem theoretischen Anspruch, der seit den 1980er Jahren des vorigen Jahrhunderts (vgl. Pusch 2009) aktuell ist, aber mit sehr viel Widerstand begegnet! Ein gendergerechter Umgang mit Sprache fehlt deshalb leider zumeist in Fachbüchern und/oder im Gesprächsverhalten in Beratung und Psychotherapie. Mittels Sprache definieren wir aber unsere Wirklichkeit und wirken dadurch permanent auf aktive Weise am Verhandeln der Geschlechter- und Machtverhältnisse mit. Lassen wir die weibliche Hälfte der Menschheit unerwähnt, indem sie sich in der männlichen Form bloß subsummiert fühlen soll, löschen wir sie bewusst oder unbewusst aus – und die alte patriarchale Ordnung herrscht weiterhin in unseren Köpfen. Dies beschreibt auch gut einen Aspekt der Schwierigkeit weiblicher Identitätsfindung: Woher kann ein Selbstwertgefühl bezogen werden, wenn das Weibliche nicht ausgesprochen wird?

Ein Beispiel: Eine Frau in Beratung (oder Psychotherapie) beschreibt sich mit: »Ich bin Lehrer«. Die Beraterin nimmt dies als inkongruente Beschreibung ihres Geschlechts wahr, um im gegebenen Moment die Klientin darauf anzusprechen, was es für sie bedeutet, wenn sie sich mit der männlichen Form bezeichnet. So kann anlässlich dieser scheinbar nebensächlichen Aussage ein Prozess eingeleitet werden, der eine vermutlich unbewusste, männliche Identifikation mit ihrer Berufsrolle ins Bewusstsein holt. Dies wiederum könnte als Basis für eine weitere Auseinandersetzung mit ihrer Weiblichkeit genutzt werden.

Zusammenfassend stellen wir fest: Feministische Kritik an den patriarchalen Verhältnissen und Strukturen sowie Auswirkungen auf das Geschlechterverhältnis schafft gleichzeitig die Basis für die Forderung nach gendergerechter Ausrichtung in Beratung und Therapie. Die Frauenbewegung hat in den letzten 40 Jahren viel zur Bewusstwerdung des Geschlechtermissverhältnisses getan.

Nun sind die Männer und Kollegen gefordert, Verantwortung für ihren Anteil an dieser Arbeit zu übernehmen und ihr Unbehagen mit der einseitigen traditionellen Männerrolle öffentlich zu thematisieren und somit ihren Veränderungsprozess mit allen Wünschen und Ängsten transparent zu machen.

Erst durch eine gemeinsame Verantwortung für ein neues Aushandeln eines Geschlechtervertrages (Doing Gender) kann auch ein gendersensibles Selbstverständnis in Beratung und Psychotherapie gewährleistet werden.

Beratung und Psychotherapie können nur unter besonderer Reflexion des Wirkfaktors Gender auch als Chance für Nachreifungsprozesse bezüglich Veränderung von Rollenselbstverständnissen gesehen werden. Krause-Girth (2004) spricht in diesem Fall von tertiärer Sozialisation.

Dazu ist weiterhin die professionelle Auseinandersetzung von bzw. mit Feministinnen notwendig, die mit ihren Beiträgen wie Sand im Getriebe Reibung in die fachliche Diskussion bringen und sie dadurch anregen. Ebenso bedarf es einer fachlichen KollegInnenschaft, die sich zu einer öffentlich ausgetragenen Genderdebatte bereit erklärt.

Letztlich wäre es zum gegenseitigen Nutzen – und könnte die Basis für eine gendersensible Beratung und Psychotherapie schaffen.

Zum Inhalt des Buches

Die Beiträge sind in zwei Hauptbereiche unterteilt: Feministische Beratung und Psychotherapie.

Unterschiedliche Autorinnen äußern sich zu Themen, die Verständnisweisen von feministischer Theorie und Praxis sowie ausgewählte Arbeitsinhalte von *Frauen beraten Frauen* widerspiegeln. Es handelt sich um einen Ausschnitt, der nicht den Anspruch erhebt, alle Bereiche der feministischen Beratungs- und Therapielandschaft abzudecken.

Die Entwicklung frauenspezifischer/feministischer Arbeit in Vergangenheit und Gegenwart steht im Fokus dieses Sammelbandes. Ebenso ist für uns aber auch der Zukunftsaspekt von Interesse. Dazu haben wir die Autorinnen als Aktivistinnen der Gegenwart selbst befragt. Im Anschluss an ihre Artikel finden sich ihre persönlichen Stellungnahmen zu *Vision 2040*, die jeweiligen Ausblicke für die nächsten 30 Jahre.

Pionierinnen im Gespräch

Eröffnet wird der feministische Diskurs mit einem Artikel von Margot Scherl und Julia Fritz über ein Gespräch, das *Margot Scherl* – als Mitbegründerin der

Wiener Frauenberatungsstelle – im Sommer 2009 mit *Christina Thürmer-Rohr und Sabine Scheffler* führte. Beiden Frauen ist das Team der Frauenberatung bis heute sehr verbunden: Christina Thürmer-Rohr durch ihre kritischen Thesen zur Mittäterschaft von Frauen und zur Therapiegesellschaft, Sabine Scheffler, die das Team in den Anfängen der Frauenberatungsstelle beim Frauentherapiekongress kennengelernt hatte, durch ihre jahrelange professionelle Begleitung in Form von Supervision bzw. Fortbildungen.

Gemeinsam unternehmen die Pionierinnen in spannender Weise eine historische (Wieder-)Begehung der 1970er Jahre als Ausgangspunkt der zweiten Frauenbewegung. Damals wurde die patriarchale Logik freigelegt und eine feministische Gegenwelt geschaffen: mit Frauenberatungsstellen, Frauenhäusern, Frauengesundheitszentren etc. und mit der Entwicklung von feministischen Ansätzen in Beratung und Psychotherapie. Im Zentrum stand das Verständnis von Feminismus als Gesellschaftskritik und Therapie als Kulturkritik.

Beziehung von Frau zu Frau in Beratung und Psychotherapie

Sabine Scheffler führt uns mit ihrem kritischen Beitrag »... und sie bewegt sich doch!« in die Entwicklung und Zukunft frauenspezifischer Psychotherapie und Beratung ein. Sie veranschaulicht, wie aus der Entwicklung einer gesellschaftskritischen Haltung heraus Grundprinzipien feministischer Arbeit definiert wurden.

Zentrale Fragen waren, was Frauen krank macht und was psychosoziale Gesundheit in einer von der Geschlechterdifferenz strukturierten Gesellschaft bedeutet. Geschlecht wird als gesellschaftliches Strukturprinzip definiert. Zentrale Theorie- und Handlungskonzepte frauenspezifischen Arbeitens folgten auf unterschiedliche Weise für Beratung und Psychotherapie.

Feministische Beratung

Ruth Großmaß thematisiert auf eindrückliche Weise die Komplexität von »Frauenberatung im Spiegel von Beratungstheorie und Gender-Diskursen«.

Dabei analysiert sie u. a. die Irritationen und Herausforderungen, die dekonstruktivistische Gender-Theorien für die feministische Beratungsarbeit bedeuten, sowie die veränderten Anforderungen, die sich aus den Professionalisierungsprozessen von Beratung ergeben.

Agnes Büchele konzentriert sich auf eine Bestandsaufnahme zum Thema Gewalt gegen Frauen, einem der Kernpunkte feministischer Gesellschaftskritik und Beratung, und stellt skeptischerweise fest: »Viel erreicht! Wenig verändert?« Ein politischer Exkurs führt uns von der Anti-Gewalt-Bewegung der Frauen, die den Skandal der Gewalt gegen Frauen öffentlich macht, zu den erkämpften gesetzlichen Regelungen.

Unterstützende Beratungskonzepte bei Gewalt und Gewaltfolgen werden vorgestellt.

Sylvia Groth und Felice Gallé spannen den historischen Bogen von der Frauenbewegung bis zur Frauengesundheitsbewegung mit der Gründung von Frauengesundheitszentren. Zentrale Anliegen wurden der Widerstand gegen die Medikalisierung von Frauen und weiblichen Lebensphasen sowie die Förderung der Selbstbestimmung der Frau über ihren Körper. Anhand einer Fallvignette werden Aspekte einer frauengerechten Gesundheitsberatung im Grazer Frauengesundheitszentrum dargestellt.

Bettina Zehetner beschreibt in »Feministische Beratung bei Trennung und Scheidung« die verschiedenen Phasen und Ebenen eines Trennungsprozesses, die Bedeutung eines interdisziplinären Ansatzes und die besondere Herausforderung für die Beraterin im Umgang mit Ambivalenz.

Das seit 2006 bestehende webbasierte Beratungsangebot von FbF wird ebenfalls von *Bettina Zehetner* vorgestellt: »Schreiben wirkt. Feministische Onlineberatung«. Durch die Gewährleistung von Anonymität und Niederschwelligkeit werden neue Zielgruppen erreicht. Gemäß dem »Nähe-Distanz-Paradoxon« kann Onlineberatung somit als Türöffner für scham-, angst- und schuldbesetzte Themen wirken. Grundsätze, Wirkungen und Interventionsmöglichkeiten der Beratung im schriftlichen Medium werden auf anschauliche Weise vermittelt.

Marion Breiter beleuchtet die immense Bedeutung von strategischer Vernetzung für autonome Frauenberatungsstellen – sowohl bei deren Gründung als auch für deren Existenzsicherung – sowie die politische Dimension strategischvernetzten Denkens und Handelns im Seiltanz zwischen Autonomie und Institutionalisierung.

Feministische Psychotherapie

Es gibt weder *die* feministische Therapeutin noch *die* feministische Psychotherapie. Psychotherapeutinnen haben sich individuell in den unterschiedlichsten Psychotherapiemethoden professionalisiert. Das Verbindende ist eine feministische Grundhaltung.

Um das Unterschiedliche und das Gemeinsame als Basis einer wünschenswerten, gegenseitigen Anerkennung der Differenz zu veranschaulichen, haben wir Therapeutinnen unterschiedlicher Therapieschulen eingeladen, anhand einer Fallvignette exemplarisch einen Einblick in ihre therapeutische Arbeit von Frau zu Frau mit der jeweiligen Methode zu geben, dabei die Methode aus einem feministischen Blick zu hinterfragen und ihren persönlichen Umgang mit differenzierter Parteilichkeit – eine der Grundforderungen feministischer Praxis – transparent zu machen. Die Texte schließen mit ihren persönlichen Visionen.

Brigitte Schigl stellt Entwicklung und Grundannahmen der Integrativen Gestalttherapie (IGT) und ihre Kompatibilität mit einem frauenspezifischen/feministischen Ansatz in spannender und differenzierter Weise vor. Anhand des Falles einer 19-jährigen Frau mit Bulimie wird der psychotherapeutische Prozess in vier Phasen veranschaulicht.

Traude Ebermann gibt eine kurze Einführung in die Katathym Imaginative Psychotherapie (KIP) als tiefenpsychologisches Verfahren und zeigt ihre Bemühungen auf, feministisches Gedankengut und KIP zu integrieren. Die Fallvignette einer 27-jährigen Frau illustriert den tabuisierten Umgang mit dem Thema Frauen und Aggression bzw. die Notwendigkeit der Integration des Aggressiven ins anerkannt Weibliche. Das Potenzial negativer Übertragung wird reflektiert und ein neues KIP-Motiv, die »Amazone«, wird vorgestellt.

Anna Koellreuter hebt als Psychoanalytikerin die Bedeutung des Triebhaften für Frauen in Anlehnung an Laplanches Triebverständnis hervor. Eine Stagnation im Analyseprozess führt sie auf Verdrängung des Sexuellen in der Übertragung der Analytikerin auf die Analysandin zurück, was gleichermaßen als Wiederbelebung des Homosexualitätstabus zwischen Mutter und Tochter zu verstehen ist. Anhand der Fallvignette einer 30-jährigen Frau macht sie ihr Verständnis von »feministischem Psychoanalysieren« deutlich und rückt damit die Analytikerin in den Fokus.

Sabine Kirschenhofer gibt Einblick in ihr Verständnis von systemisch-feministischer Paartherapie und argumentiert die Vereinbarkeit beider Aspekte innerhalb eines konstruktivistischen Denkgebäudes. Paartherapie als besondere Herausforderung für die feministische Praxis zeigt sie am Fall einer Mitte-50-jährigen Frau auf. Im Prozess der Paartherapie wird die Entwicklung der Frau in Richtung mehr Selbstvertrauen und Neuorientierung, nachdem die Kinder aus dem Haus sind, veranschaulicht.

Marietta Winkler stellt das Menschenbild der Personzentrierten Psychotherapie nach C. Rogers dar. Unter Betonung ihres politischen Verständnisses von Therapie gibt sie Einblick in ihr therapeutisches Handeln am Beispiel der Fallgeschichte einer mehrfach von sexueller Gewalt betroffenen 61-jährigen Klientin.

Weibliche Identität im sozialen Zusammenhang

Alice Pechriggl beleuchtet in ihrem Artikel veränderliche Geschlechtsidentitäten aus psychoanalytischer Perspektive. An Wittigs und Butlers Gedanken zur heterosexuellen Matrix anknüpfend, beschreibt sie bildhaft Sex/Gender-Fluktuationen in der Gesellschaft und wie sie sich in therapeutischen Gruppenprozessen als Aspekte des komplexen Übertragungs-Gegenübertragungsgeschehens auf eindrucksvolle Weise zeigen.

Regina Trotz schreibt in ihrem Beitrag »Von der Auseinander-Setzung zur Zusammen-Führung« als Gruppendynamikerin über Bewegungen in Frauengruppen. Die produktive Nutzung von Spannung kann zum konstruktiven Umgang mit Konkurrenz und Differenz führen. Sie zeigt auf, wie sich aus einem strategischen »Wir Frauen« vielfältige Bündnismöglichkeiten ergeben können.

Frauen beraten Frauen: Innen-Sichten

Im Kapitel »Frauen beraten Frauen: Innen-Sichten« kehrt der feministische Diskurs dieses Buches mit einer Vernetzung von Expertinnen im Raume Wiens wieder an seinen Ausgangspunkt zurück.

Die Basis dafür stellt ein im Sommer 2009 stattgefundenes Gruppengespräch dar, zu dem wir feministische Therapeutinnen und Beraterinnen unterschiedlicher Arbeitsbereiche eingeladen hatten, gemeinsam über ihre feministische Positionierung und deren Wandel im Laufe der Zeit zu reflektieren.

Die vier Texte des Abschnittes »Innen-Sichten«, die von den Mitarbeiterinnen der Frauenberatung *Karin Macke, Bettina Zehetner, Traude Ebermann* und *Julia Fritz* verfasst wurden, beziehen sich darauf und sind Ausdruck ihrer persönlichen Betrachtungen im inneren Dialog mit diesem Expertinnengespräch.

Literarisches

Elfriede Gerstls Stimme in Form ihrer Gedichte eignet sich auf wunderbare Weise für humorvolle und provokante Kontrapunkte zwischen den Theorietexten.

»In diesem politischen Augenblick« – eine feministisch-literarische Bestandsaufnahme der österreichischen Schriftstellerin *Marlene Streeruwitz* – bildet den Abschluss dieses Buches. Wir freuen uns ganz besonders, dass sie diesen Text explizit für *Frauen beraten Frauen* verfasst hat.

Traude Ebermann und Bettina Zehetner

Pionierinnen
im Gespräch

»Vom Sand im Getriebe zum polierten Stein?«
Margot Scherl im Gespräch mit Christina Thürmer-Rohr und Sabine Scheffler
Margot Scherl und Julia Fritz

Seit der Gründung der Frauenberatung begleitet uns die Auseinandersetzung mit TheoretikerInnen aus unterschiedlichen Richtungen. Für dieses Buch führten wir ein vierstündiges Interview mit Sabine Scheffler und Christina Thürmer-Rohr, um über die Entwicklung der Frauenbewegung sowie der feministischen Beratung und Therapie nachzudenken.

Sabine Scheffler lernten wir auf einem Frauentherapiekongress kennen, und sie war einige Zeit unsere Supervisorin, mit Christina Thürmer-Rohr verbinden uns ihre kritischen Thesen zur Mittäterschaft von Frauen und zur Therapiegesellschaft (u. a. Thürmer-Rohr 1986).

»Der Feminismus, den wir in die Welt setzen wollten, war als Gesellschaftskritik zu verstehen«

M.Sch.: Beginnen wir doch mit einem Rückblick auf die Frauenbewegung: Was haben wir damals gedacht, gearbeitet und wo sind wir gelandet?
Ch.Th.: Die Frauenbewegung – Mitte der 1970er Jahre – bewirkte einen Bruch im Denken und im persönlichen Leben und zugleich einen enormen Schub an Aktivität und Ideen. Das kann man sich heute kaum noch vorstellen. Es war etwas Ungeheures! Ich war damals Professorin, zum Glück in einem Institut mit basisorientierten Kollegen. Die Masse von Studentinnen suchte nach Dozentinnen oder Professorinnen – die es ja fast gar nicht gab –, die ihre feministischen Interessen unterstützten. Und ich schien ihnen geeignet. So habe ich bereits 1975 den ersten Studienschwerpunkt »Frauenforschung« gründen können, den ersten in Westberlin bzw. Westdeutschland. Und weil

so viele Frauen sich daran beteiligten, hatten wir eine gewisse Macht. Die Studentinnen forderten neue Lehrinhalte, andere Prüfungsthemen und andere Formen des Lernens. Wir wollten und mussten vollkommen von vorne anfangen, alles neu machen – naiv, aber trotzdem ungeheuer aktivierend für alle. Wir wollten eine patriarchatskritische Praxis und Theorie entwickeln: Patriarchatskritik als Herrschaftskritik, was nicht das gleiche ist wie Männerfeindschaft! Langsam entstand ein Bewusstsein oder Wissen darum, in welchem Ausmaß unsere Gesellschaft und die Welt von einer bestimmten Logik beherrscht waren, die wir patriarchal nannten, eine zum Teil *subkutane Logik*, die sich in allen Bereichen der Macht bemerkbar machte: in der Ökonomie, der Politik, der Wissenschaft, der Religion, der Moral bis hinein in die einzelne Psyche – bei Frauen und Männern in unterschiedlicher Weise. Dem wollten wir auf die Spur kommen. Das war der große Neuanfang. Es entwickelte sich ein neues Selbstbewusstsein durch die Erkenntnis: Wir haben einen Hebel gefunden, um zu begreifen, was vielleicht die Gründe des Leidens so vieler Frauen sind, und um die Unzufriedenheiten oder »Unlebbarkeiten« in Zusammenhang mit den ganz großen Unrechtshandlungen zu bringen. Das war meines Erachtens das Inspirierende: der Zusammenhang zwischen den individuellen Schwierigkeiten und einer Ahnung, dass das nicht etwas Individuelles ist, sondern mit den ganz großen Strukturen und Jahrhunderte langen Geschlechterprägungen zusammenhängt. *Der Feminismus, den wir in die Welt setzen wollten, war als Gesellschaftskritik zu verstehen.* Zu dieser Gesellschaftskritik gehörte, dass sich auch die Menschen, die vielen Frauen, selbst zu verändern hatten, nicht nur die Gesellschaft, z. B. das Rechtssystem. Wir forderten eine »Selbstveränderung«, die vor allen Dingen darin bestand, ein Bewusstsein darüber zu entwickeln, was Selbstbestimmung bedeutet: Was heißt selbst denken? Was heißt selbst sprechen? Was heißt selbst kritisieren? Was heißt selbst handeln? Was heißt Neuanfang? Selbstveränderung war nicht abgetrennt von den großen Veränderungen, die die Gesamtgesellschaft betrafen.

S.Sch.: Ich finde, dass in der Frauenbewegung neben der Reflexion der eigenen Lebens- und Gefühlssituationen unter dem Aspekt des Patriarchats ganz schnell etwas aufgekommen ist, was ich nach wie vor das *Ganzheitlichkeitsprinzip* nenne. Es ging darum zu erkunden, dann zu erforschen und später damit zu erarbeiten, wie der Frauenkörper – historisch gesprochen – im Patriarchat »zugerichtet« wird, z. B. was Heterosexualität, -normativität bedeutet. Es wurden andere sexuelle Lebensstile sichtbar wie lesbisch sein oder gar nichts sein. Single sein wurde auch aufgewertet. Es ging darum, Empfindungen und Gefühle ernst zu nehmen. Der Anspruch an das eigene Denken und dieser ganzheitliche Ansatz, die Verbindung von gesellschaftlicher Analyse und eigenem Leid, war in gewisser Weise auch eine wahnsinnige Überforderung. Ich saß als Psychologin in den berühmten *Consciousness-Raising Groups*. Und da saßen auch geschundene Frauen, die sich dann geöffnet und in der Gruppe ihr ganzes Elend ausgebreitet haben. Die Gruppe konnte damit überhaupt nicht umgehen. Es war eine Riesenüberforderung, aber es war auch ein Neubeginn. Es waren jeden Samstag bei der Versammlung im Frauenzentrum hundertfünfzig Frauen, die von sich berichtet haben, die diskutiert haben und in Arbeitsgruppen über Veränderungen nachdachten. Es war anstrengend, aber schön.

Ch.Th.: In Bezug auf Sexualität – Heterosexualität, *Heteronormativität* oder Zwangsheterosexualität (Adrienne Rich) – ging es nicht nur um das sexuelle Verhalten einzelner Menschen. Es ging wieder um eine Logik, die von dieser Heteronormativität zutiefst geprägt war, und damit auch um die einzelne Person, in der sich dieses allgemeine Prinzip spiegelt. Dass das eine Riesenüberforderung war, das würde ich genauso sehen. Es war ein enormer Veränderungsdruck, der auf allem lag und der dadurch verstärkt wurde, dass wir Hierarchien abbauen wollten: Zum Beispiel sollte es in den Universitäten keinen Unterschied mehr zwischen Lehrenden und Lernenden geben, was die Sache nicht gerade leichter machte. Gleichzeitig wurde von mir erwartet, als Person, d. h. mit allen persönlichen Erfahrungen, persönlichen Schocks und Brüchen, aufzutreten, wobei ich mich dabei immer ein bisschen verweigert habe. Aber das war mit diesen ganzen Aufforderungen und diesem Veränderungsdruck verbunden. Zum Beispiel Trennungen von Ehemännern, von Freunden, von Eltern, von Vätern usw. Ein Sprung, *zum Teil ein Salto mortale in eine unbekannte Welt, eine Welt der Frauen*, die wir eigentlich viel zu wenig kannten, da das Leben vorher in ziemlicher Selbstverständlichkeit und Ambivalenz in der Heteronormativität verankert war. Die Veränderung bezog sich auch auf den Lesestoff. Literatur aus männlicher Sicht galt es nicht oder gegen den Strich zu lesen, was anfangs befreiend war. Zugleich entstand damit aber auch eine geistige Enge, die einen zunehmend blockieren konnte.

Vom Spagat zwischen politischer Arbeit und Dienstleistung

S.Sch.: Im Zuge dieser starken Motivation nach Veränderung kam eine Botschaft auf: »Wir machen unseren Kram selber.« Das ist sicherlich auch historisch zu verstehen (Neuregelung des Abtreibungsgesetzes §218, Fristenlösung, 1976 in Deutschland). Der Staat wollte für unsere Anliegen nichts tun, lehnte die straffreie Schwangerschaftsunterbrechung in den ersten drei Monaten ab. Dies führte zu einem Rückzug der Frauen aus der öffentlichen Politik. Daraufhin wurde in Köln ein Frauenzentrum gegründet. Wir waren ungefähr dreißig Frauen, wir haben alles selbst gemacht, auch die Miete selbst aufgebracht. Und dann 1978 das Frauenhaus gegründet, das war das zweite nach Berlin in Deutschland.

Ch.Th.: Die Spannungsverhältnisse innerhalb des Feminismus gab es ja schon lange. Zum Beispiel zwischen *Institutionalisierung* – damals hieß es Staatsfeminismus – und *Autonomie*, also *einer Bewegung von unten*. Das war immer schon ein harter Kampf. Ich denke nachträglich, dass die konkreten Erfolge der Frauenbewegung sicherlich besonders in ihrer Institutionalisierung lagen. Jedenfalls ist Deutschland das Land, in dem die Institutionalisierung des Feminismus oder der Frauenbewegung, der Frauenforschung am stärksten gelungen ist.

S.Sch.: ... auch mit den Frauengleichstellungsbeauftragten.

Ch.Th.: Ja, mit Gleichstellungsbeauftragten überall und so weiter. Das möcht ich auch gar nicht bestreiten. Wir haben uns das früher allerdings anders gewünscht. Ich hab mich immer mehr der autonomen Frauenbewegung zugerechnet, und die Universität war damals merkwürdigerweise ein Ort, wo die autonome Frauenbewegung wirklich eine Heimat gefunden hatte. Da war sehr viel möglich. Die autonome Bewegung von unten verhielt sich damals den Institutionen und der Institutionalisierung gegenüber eher distanziert. Wenn man heute sieht, was Institutionalisierung bewirkt hat, ist das auf alle Fälle eine sehr ambivalente Angelegenheit. Es ist die Frage, wie weit die starke Spezialisierung eigentlich den konkreten Frauen entgegenkommt, zum Beispiel in der Genderforschung. Das ist eine schwierige Frage. Und wenn man manchmal etwas resigniert oder meinetwegen traurig ist über das, was auch verloren ist, dann bezieht sich das wirklich auf diese Bewegung von unten, auf diese spontane Rebellion des Anfangs. Die

Bewegung von unten führt immer zu Entwicklungen, die man nicht absehen kann, *man weiß nicht vorher, was passiert.* Die Bewegung hat sich bald stark pluralisiert. Es entstand im Politischen und Persönlichen ein großes Spektrum mit allen dazugehörenden Differenzen. Das war in der Bewegung vor dreißig, vierzig Jahren noch gar nicht präsent, weil wir damals noch von einem großen »Wir« ausgingen. Dieses Wir war natürlich nie ein reales Wir. Es war ein *strategisches Wir, ein utopisches Wir, vielleicht auch ein erotisches Wir* im weitesten Sinne, aber kein reales Wir, weil es die Spaltungen und Spannungen immer schon gegeben hat. Wir konnten aber in den 1970er Jahren die Verschiedenheit von Frauen theoretisch noch nicht erfassen. Das kam später. Die scharfe theoretische Kritik am Einheits-Wir »Frauen« war notwendig, weil das Identischmachen Unterschiede löscht und der Realität nicht entgegenkommt. Das war die Schwierigkeit für eine Bewegung, die immer möglichst einheitlich sein will, ein Riesenproblem. Es fällt einem vor die Füße, wenn plötzlich diese Einheit nicht mehr gesehen werden kann.

»… ES WAR NATÜRLICH EIN ENTFERNEN,
ABER ES WAR AUCH DIE EIGENE LINIE FINDEN«
»OPFER-TÄTER-DISKURS – MITTÄTERSCHAFT«

Ch.Th.: Ich bin während der Nazizeit geboren und habe Krieg und Nachkriegszeit sehr intensiv mitbekommen. Wir, meine Mutter und meine Schwester, kamen aus dem jetzigen Polen, also aus den ehemaligen deutschen Ostgebieten, und sind kurz vor Kriegsende irgendwo im Westen gelandet. Das war alles hoch dramatisch und hoch schmerzhaft. Und für mich war die spätere feministische, ich würde sagen, Scheinerkenntnis, nämlich die kategorische Trennung von Opfern und Tätern, Frauen als Opfer und Männer als Täter, von Anfang an nicht einleuchtend, weil ich wusste, in welcher Weise Frauen in Deutschland an der Verfolgung und Diskriminierung, an dem ganzen System der totalen Herrschaft mitgearbeitet haben, wenn auch mit völlig anderen Mitteln als die meisten Männer. Insofern war für mich die Entscheidung, mit dem Begriff der *Mittäterschaft oder der Komplizenschaft von Frauen* in den Feminismus reinzuwüten, eigentlich das Entscheidende. Das heißt, die Erkenntnis, dass das Patriarchat nicht ein System ist, das von Männern agiert und von

Frauen erlitten wird, sondern das von beiden Geschlechtern agiert wird, mit verschiedenen Mitteln und Instrumenten. Diese Erkenntnis heißt, dass die notwendigen Veränderungen, die von Frauen ausgehen müssen, nicht nur in Form der Attacke gegen Täter, sondern auch in Form der Selbstveränderung und des Begreifens der eigenen Komplizenschaften erfolgen müssen. Das ist ein schmerzhafter Prozess. Und er wirft viele Fragen auf. Der Begriff *Mittäter-* oder *Komplizenschaft* wurde von vielen als persönliche Schuldzuweisung verstanden. Aber es ging mir nicht um die Schuldfrage, sondern um Gesellschaftsanalyse, um eine Untersuchungsmethode; einen Weg, um zu verstehen, wie Frauen sich unterwerfen, anpassen, dulden und die Gegner durch ihre Zuarbeit stärken. Diese Verquickungen zu durchbrechen, hatte natürlich auch Folgen, nicht nur für die Sexualität, sondern auch für die ganzen Bündnisse, die stillen und die lauten, die offenen und die hintergründigen Bündnisse, die gewohnten Verhaltensweisen und so weiter, die zu dem sogenannten Sozialcharakter der Frauen so substanziell gehörten. Das aufzuwirbeln, ging an den Kern.

M.Sch.: Für uns Praktikerinnen in der Frauenberatung waren zwei Konzepte in der Arbeit mit Frauen zentral und eine große Unterstützung: Das eine war die »erlernte Hilflosigkeit« von Martin Seligman (1992) und die »Mittäterschaft« von dir. Die Frauen wurden dadurch Subjekte, die eine Möglichkeit haben, zu wählen, wo sie mittun und wo sie es nicht tun. Das haben wir auch übertragen auf ganz normale desaströse Ehen, in denen Frauen sich auch entscheiden: mittun, halb mittun, gar nicht mittun. Dieses theoretische Verständnis hat uns lange getragen.

Ch.Th.: Die Attacken waren ungeheuer nach der Mittäterschaftsthese Anfang der 1980er Jahre. Die kamen zum Teil von den Institutionen. Dort wurde argumentiert, nur Opfer kriegen Geld. Also müssen wir Frauen als Opfer öffentlich darstellen. Und außerdem kam natürlich auch immer das Argument, der Begriff Mittäterschaft ist ganz gefährlich, weil er Beifall von der falschen Seite bringt, das heißt, jetzt sagen die Männer »haha, also das wussten wir immer schon, selber schuld« und so weiter, diesen ganzen Unsinn. Ich finde, das muss einem egal sein. Wenn diese These der Realität entspricht, dann muss man sie vertreten, und Beifall, der auf einem verzerrten Verständnis beruht, konsequent zurückweisen. Aber es war hart.

M.Sch.: War das ein Ende von dem: »Wir sind die Frauenbewegung«?

Ch.Th.: Die Mittäterschaftsanalyse ist eine feministische Analyse und innerfeministische Kritik und Variante, aber manche fanden, sie sei gegen die Frauenbewegung gerichtet. In jedem Fall bedeutete sie die Verabschiedung vom Einheitsdenken, von der Opferstilisierung und dem Opferkonstrukt. Ich habe das immer als sehr produktiv empfunden, weil die Opferidentifizierung sowohl lähmend als auch realitätsfern ist. Kaum eine Frau ist nur Opfer.

S.Sch.: Das Opfersein muss man nochmals differenzieren, obwohl ich dir zustimme. Es gab damals wenig Literatur. Die, die es gab, stammte aus der Sozialisationstheorie (Ursula Scheu 1977 und Elena Belotti 1980), und das Wichtige war, dass ihnen der Nachweis gelang, wie Gender funktioniert. Darin steckte eine Legitimation, die dann zu essenzialistischen Positionen geführt hat – zu sagen, so läuft es, so werden Frauen zugerichtet. Das ist der Skandal. Ich finde, das war zunächst eine wichtige Legitimation der Bewegung, gesellschaftlich darauf aufmerksam zu machen, wie die nachgeordnete und untergeordnete Position von Frauen entsteht, wie eine strukturelle Opferposition entsteht.

Ch.Th.: Das finde ich ganz richtig. Der Anfang einer Bewegung kann nie sein, zu sagen, wir sind alle Komplizinnen. Das ist undenkbar. Der Mittäterschaftsgedanke konnte erst später produktiv werden, aber gleichzeitig auch …

S.Sch.: verstörend …

Ch.Th.: Ja. Es war ein Gedanke, der diesen Einheitsbrei in Frage stellte, obwohl alle ja schon wussten, es gibt diese Einheit eigentlich nicht. Es gibt für mich keinen Zweifel, dass das eine These ist, die man nicht verlieren darf.

S.Sch.: Das hat ja auch etwas mit der grundsätzlichen Mann-Frau-Dichotomie zu tun, die nur funktioniert, wenn beide ihr aktives Handeln so betreiben.

Ch.Th.: Ja. Die Mittäterschaft ist eine These, die von der innersten psychischen Disposition bis hin in die große Politik reicht.

S.Sch.: Dein Artikel hat meine Weiterentwicklung und kritische Haltung wesentlich mit in Gang gesetzt und aufrechterhalten, denn ich fand die Ebenen der Diskussion auf Dauer ziemlich langweilig, in denen es immer darum ging, die persönliche Erfahrung in den Mittelpunkt politischen Handelns zu stellen. Nur die Abstraktion von persönlicher Erfahrung geht so nicht. Das »ich fühl es aber so, und dann ist es richtig« ist mir als alte Linke ziemlich schnell auf den Wecker gegangen. Ich habe vertreten, dass man sich auf Begrifflichkeiten einigen müsse, bei denen die Erfahrung mal mehr, mal weniger repräsentiert ist, auf Begrifflichkeiten, die das Ergebnis eines gemeinsamen Diskussionsprozesses sind. Das war oft schwer möglich. Ich fand es damals oft sehr theorielos, aber es hat auch mit meiner Position zu tun gehabt: Frauenzentrum versus meiner Lehre an der Hochschule. Das Andere ist der geheime Biologismus des Feminismus, der mich schwer umgetrieben und mich dann sicher in eine sehr theoretische Haltung gebracht hat. Das will ich an einem kleinen Beispiel aus dem Frauenzentrum erläutern. Also irgendwann, so 1979, haben sich dann die Transgenderleute aufgemacht und uns im Frauenzentrum besucht. Die Transgenderfrauen haben gesagt: »Wir wollen bei euch mitmachen«, im Röckchen und in Stöckelschuhen. In jedem Sinne eine Provokation dessen, was damals üblich war; wir in lila Latzhosen oder asexueller Kleidung. Die Diskussion ging darum, ob die mitmachen dürften oder nicht. Also müsst ihr euch vorstellen: ein verqualmter Raum, viel Kölsch, hundertfünfzig Frauen und fünf dieser Transgenderfrauen, die gesagt haben, wir sind auch Frauen und wollen mitmachen. Da hatte ich ein richtiges Aha-Erlebnis. Eine Frau hat gesagt: »Nein, ihr könnt bei uns nicht mitmachen, weil ihr nie erfahren habt, wie es sich anfühlt, wenn ihr menstruiert.« Die Transgenderfrauen durften nicht rein, das war Mehrheitsmeinung. Ich war fuchsteufelswild natürlich, unglaublich enttäuscht, und hab mein ganzes intellektuelles Geschütz aufgefahren und hab gesagt, ihr bringt euch selber um eure gesellschaftliche Position, wenn ihr das so seht. In der Folge habe ich mich vom Frauenzentrum distanziert. Es gab ja genug zu tun mit den Frauen, der Psychologie, der Psychologiekritik, der Kritik der diagnostischen, klinischen Kategorien der Psychiatrie und der therapeutischen Methoden.

M.Sch.: War es ein Entfernen von der Frauenbewegung?

S.Sch.: Es war ein Entfernen, aber es war auch ein Die-eigene-Linie-Finden. *Zwischen den Stühlen sein* und nicht dazugehören schafft ja auch eine professionelle Identität.

Ch.Th.: Ja, zwischen den Stühlen zu sitzen, ist keine schlechte Position. Wie du gesagt hast, die Enge dieses Erfahrungsbegriffes wurde irgendwann unerträglich. Ich habe versucht, mich dadurch zu retten, dass ich das direkt thematisiert habe, Studentinnen haben angefangen, darüber zu arbeiten. Die Verengung des Erfahrungsbegriffs ist leider auch ein Bestandteil sogenannter Weiblichkeit. Männer gehen da meist anders vor, was nicht heißt: besser. An der Verengung kann man aufzeigen, wie die Zurichtung und Einschränkung eines Geschlechts erfolgt, also ganz klein zu gucken und nicht viel mehr zu sehen als den kleinen Ausschnitt. Es bleibt nicht aus, daran zu ermüden. Man lebt ja nur einmal und möchte auch etwas Neues anfangen und will einfach nicht immer zuerst von sich erzählen. *Politische Bewegungen sind niemals statisch. Sie sind wellenförmig, wie Ebbe und Flut.* Die Bewegungen sind da, verschwinden wieder oder verändern sich: Es kommen neue Menschen hinzu, es werden neue geboren, andere sterben und gehen weg und sind alt und haben keine Lust mehr. Das ist was ganz Normales. Aus heutiger Perspektive ist natürlich schmerzlich zu sehen, wie die Bewegung damals sich als Widerstand verstanden hatte, als Widerstand gegen die Normalität, gegen die Geschlechternorm, und wie viel davon verloren ging, und dass sie allen Frauen nützlich sein sollte, also nicht ein Privileg akademischer oder Mittelschichtsfrauen sein wollte. Wir dachten, dass das Wissen, das wir uns neu erarbeiten wollten, für alle eine Inspiration und der Anfang einer wirklichen existenziellen Veränderung sein könnte.

S.Sch.: Wenn ich den Gedanken der Wellenbewegung aufnehme, finde ich nach wie vor, dass die Frauenbewegung eine der effektivsten sozialen Bewegungen des vorigen Jahrhunderts ist, also was sie tatsächlich in den Blick genommen hat. Die weiteren Entwicklungen kann man entweder liebevoll oder kritisch oder erneuernd begreifen und begleiten. Passend finde ich hier die Rede von *»langen Wellen der Frauenbewegung[en]«* von Ute Gerhard (1999).

»Therapie als Kulturkritik«

M.Sch.: Wie würdet Ihr denn jetzt die Verbindung von Persönlichem und Politischem in der Psychotherapie sehen?

Ch.Th.: *Therapie als Kulturkritik*: Ist das nicht ein Begriff von dir, Sabine? Das heißt, das Leiden an der Gesellschaft ist ein Ausdruck der Krankheit der Gesellschaft. Damit sind in einer patriarchalen Kultur potenziell alle Frauen Patientinnen, das war ja die Voraussetzung. Und deswegen dachte man damals, man kann bei allen Frauen, egal um welches Symptom es sich handelt, immer diese substanziellen Qualen oder Schäden und Zurichtungen dieser Gesellschaft ans Licht befördern. Die ganze Problematik war dabei aber noch nicht erfasst. Es ist ja nicht so, dass sich die Gesellschaft im Psychischen einfach eins zu eins und in Reinkultur entfaltet, spiegelt und freilegt, ans Licht kommt. Es kommen auch Dinge an die Oberfläche, die den feministischen Forderungen widersprechen. Damit werden auch sehr substanzielle Grenzen sichtbar zwischen feministischen Hoffnungen und feministischen Zielen und einer Normalität, die zum Teil eisern verteidigt wird. Es ist die Wucht einer Normalität, die einem da oft entgegenweht oder -geschleudert wird.

M.Sch.: Wie kommt es, dass die Logik sich so wenig verändert, auch wenn sich viele darum bemüht haben?! Die Logik hat es nie zu einem Allgemeingrundsatz geschafft. Dass das Leiden eine Kritik an der Gesellschaft wäre, das ist doch überhaupt nicht angekommen, sondern wurde wiederum nur individualisiert. Es ist ein persönliches Leiden, das unterschiedlich erklärt wird. Über den Ursprung dieses persönlichen Leidens könnten wir uns mit KollegInnen die Köpfe heiß reden.

Ch.Th.: Wobei sich pragmatisch die Frage stellt, wie produktiv es für die Patientin oder die Klientin ist, wenn sie ihr Leiden gesellschaftlich zurückführen kann?

S.Sch.: Es verbessert das Verstehen der Absurdität ihres Verhaltens, es ist eine kognitive Stütze, aber es ändert nichts daran, dass sie die Probleme in ihrem Leben selbst beseitigen muss.

Ch.Th.: Das ist die Gefahr, dass alles auf den und die und das geschoben wird. Das verhindert die Selbstverantwortung, die Übernahme der Regie des eigenen Lebens.

S.Sch.: Dann geschieht es, dass Mädchen oder Frauen dahocken und sagen, auch forciert durch die Öffentlichkeit: »Mir ist Unrecht geschehen, bitte mach mich heil.« Und die zentrale Antwort ist: »Ja, es ist dir Unrecht geschehen, und wenn du weniger leiden willst, musst DU dieses Unrecht bearbeiten«, und das ist ungerecht. Aber ich finde, das ist eine parteiliche Stellungnahme.

Ch.Th.: Ja, das ist gut, es leuchtet mir sehr ein.

»... WENN DU KONTEXTUELLE ASPEKTE IN DER THERAPIE BERÜCKSICHTIGST, DANN HEISST DAS, DASS DU LEBENSVERHÄLTNISSE VON MENSCHEN, VON MÄNNERN UND FRAUEN BERÜCKSICHTIGST«

M.Sch.: Wie hat sich die frauenspezifische Psychotherapie entwickelt?
S.Sch.: Wichtig war die Entwicklung der feministischen Therapiekongresse. Damals haben sich vor dem Hintergrund feministischer Wissenschaftstheorien die Psychologinnen aufgemacht, Denkgebäude zu durchforsten, angefangen bei der Psychoanalyse bis hin zur Antipsychiatriebewegung, die in den USA ja noch viel stärker war, z.B. die »Radical Therapy« (Wyckhoff 1977). Es wurden Grundpositionen entwickelt, wie sich ein frauenspezifisches Vorgehen von üblichen konventionellen Therapien unterscheidet. In dieser Zeit traten aber dann plötzlich auch Frauen hervor, die sagten: »Mein Therapeut hat mit mir geschlafen«, oder der hat dies und jenes mit mir gemacht. Das warf die Frage des »Benutztwerdens« auf. Es entwickelte sich eine intensive Auseinandersetzung mit konventionellen Therapieformen und konventionellem Denken. In der Praxis ist es nicht gelungen, feministische Psychotherapie institutionell zu etablieren. Wir haben keinen Eingang gefunden in die Ausbildungssysteme. Geschlechterfragen sind keine Querschnittsaufgaben in den unterschiedlichen therapeutischen Ausbildungsgängen, sondern in das Belieben der einzelnen Person gestellt, von daher ist es also eine Frage der persönlichen Ausrichtung. Die reale Institutionalisierung findet in den Frauenberatungsstellen und Frauentherapiezentren statt. Frauentherapie ist meines Erachtens keine Handlungslehre im üblichen Sinne, wie die verschiedenen therapeutischen Verfahren, die wir rauf und runter kritisiert haben. *Es handelt sich eher um eine vor die Methodik gesetzte Analyse der gesellschaftlichen Verhältnisse.* Diese Analyse wird in die therapeutische Arbeit hineingenommen. Das Beste, was ich irgendwie dazu sagen kann, stammt von Ellyn Kaschak (1992), die hat das »environment model of psychology for women« genannt, also ein kontextuelles Modell psychischen Funktionierens. Es ist z.B. eine Frau, die an einer bestimmten Verhaltens- oder psychosomatischen Störung leidet. Da unterstellen wir nach wie vor, dass es ein Konfliktgeschehen gibt, das zu den Symptomen führt. Dieses Symptom wird in der Psychoanalyse – stark vereinfacht gesagt – als ein Konflikt, der in der Vergangenheit grundgelegt ist, gesehen,

während er in der Verhaltenstherapie als gelernt verstanden wird. Wir würden aus der frauenspezifischen therapeutischen Theorie sagen, dass es eine Interaktion gibt zwischen dem Konfliktgeschehen und dem Kontext, und dass das Konfliktgeschehen nicht nur über beispielsweise Objektrepräsentanzen/Triebkonflikte – psychoanalytisch gesprochen – abläuft, sondern im Sinne eines Dreiecks. Die Repräsentanzen, der Kontext und das Symptom sind erklärbar aus den Bedingungen des Kontextes in der Verarbeitung des Konfliktes. Dann muss man die Methoden durchforsten, inwieweit sie dieser kontextuellen Sichtweise von Krankheit Rechnung tragen. Ich bring ein kleines Beispiel, um es zu verdeutlichen: Laura Brown (1978) hat sich besonders um die ICD-Traumatisierungsdiagnostik gekümmert. Sie wollte aufgrund dieses kontextuellen Verständnisses der Entwicklung von Symptomen, die posttraumatische Belastungsstörung, um einen Unteraspekt erweitern. Der hieß: »Armut, dauerhafte Belastung, mangelnde gesellschaftliche Teilhabe und daraus erwachsende chronische Traumatisierung«.

M.Sch.: Wie erklärst du dir, dass sich diese Gedanken und Haltungen nicht in den therapeutischen Schulen bzw. Ausbildungen durchgesetzt haben?

S.Sch.: Weil das ein Grundprinzip von Feminismus ist, dass an jeder Position von Kritik und Neuentwicklung das Geschlechterverhältnis und die Aufteilung der Dichotomie infrage gestellt werden. Und wenn du *kontextuelle Aspekte in der Therapie* berücksichtigst, dann heißt das, dass *Lebensverhältnisse von Menschen, von Männern und Frauen, berücksichtigt werden* und diese Lebensverhältnisse entscheidend durch Geschlechterverhältnisse geprägt sind und durch Dominanz- und Unterwerfungsverhältnisse.

M.Sch.: KandidatInnen in psychotherapeutischen Schulen werden konservativer ausgebildet als an anderen Orten?

S.Sch.: Ja, das würde ich so sehen. Wichtig ist ein netzwerkartiges Denken: Wie stellt sich der Konflikt für die Frau auf der persönlichen Ebene dar? Was hat er mit ihrer sozialen Situation zu tun? Wie ist er eingebettet in den gesellschaftlichen Blick? Aber deine Frage war ja, weswegen hat sich das nicht etabliert? Es hat sich nicht etabliert, weil Psychotherapie ein, wie Christina auch schon gesagt hat, männlich bestimmtes Geschäft ist.

M.Sch.: Müssen wir sagen, dass es also nicht gelungen ist, die patriarchale Logik zu verändern?

S.Sch.: Das ist nicht gelungen. Aber das ist auch nicht die Aufgabe einer sozialen Bewegung, das ist die Aufgabe einer, weiß ich nicht, politischen Partei. *Eine soziale Bewegung ist nie so potent, die kann was in Bewegung setzen, die kann was entfalten*, aber eine soziale Bewegung muss von den entsprechenden Institutionen aufgenommen, ja amalgamiert werden, so wie das ja auch passiert ist mit den Gleichstellungsgesetzen, der Frauenförderung, der Bildungspolitik.

Handeln »in concert« vom Monolog zum Dialog

Ch.Th.: Da knüpft auch meine inhaltliche Kritik an der Institutionalisierung an. Dass es institutionell so vieles gibt, ist ja wunderbar, aber ich fürchte, damit ist auch eine enorme Verengung und Technokratisierung der Probleme einhergegangen. Und diese *Frage der patriarchalen Logik*, die für mich die Kernfrage überhaupt ist, ist da überhaupt nicht tangiert.

S.Sch.: Ich unterstütze das, wenn du das jetzt mal von der Institution »Psychotherapien unserer Gesellschaft« umlegst auf Organisationen. In Institutionen handelt es sich um einen »rhetorischen Feminismus«, würde ich meinen. Jeder sagt: »Ja, Gleichstellung ist wunderbar! Frauenförderung in der Firma brauchen wir nicht, und Feminismus ist eh schon obsolet!« Es gibt einen Bruch zwischen der Art, wie wir aus der Bewegung uns verstehen, was wir erarbeitet haben, und dem, was wir in Institutionen bewegen konnten.

Ch.Th.: Ich gebe dir einerseits Recht, doch die Frage ist, welchen Machtbegriff man verwendet. Ich befürchte, dass die feministische Bewegung zu einem Machtbegriff gekommen ist, der vollkommen konventionell ist, nämlich: Frauen an die Machttöpfe, möglichst in die Chefetagen und so weiter …

S.Sch.: ProfessorInnen!

Ch.Th.: Ja! Nach Hannah Arendt (1970) bedeutet Macht, zusammen zu handeln. Macht ist immer etwas Potenzielles, etwas, was entstehen kann, wenn Menschen sich zusammentun und gemeinsame Ziele verfolgen, in all ihrer Verschiedenheit, dieses berühmte *Handeln »in concert«*: Sie tun nicht alle das gleiche, aber arbeiten am gleichen Produkt. Das ist etwas, was nicht institutionalisiert werden kann, sondern von unten passieren muss, und auch wieder verschwindet, wenn das »Zusammen« verloren geht. Von diesem Machtbegriff hört man ja nun gar nichts mehr. Die meisten kennen den gar nicht, alles spaltet sich wieder in irgendeinem

Spezialwissen auf, Macht als: »Ich möchte da oben hin und bin fleißig und effektiv und flexibel« und so weiter, das ist mit dem Arendt'schen Begriff überhaupt nicht gemeint.

S.Sch.: Wenn ich das auf meine persönliche Entwicklung und fachliche Auseinandersetzung in psychotherapeutischen Ausbildungen beziehe, dann hab ich immer Dialog, Auseinandersetzung und Veränderung der therapeutischen Ausbildung gefordert. Es gab nie in deinem Sinne eine gemeinsame Handlungsbasis. Da wurde zwar zugehört. Damit ich still bin, kriegte ich dann irgendeine Nische. Ein Querschnittsseminar, was Wahlpflichtfach war und niemand besuchte, und dann wurde gesagt: »Da siehst du doch, es ist gar nicht so wichtig, die Leute wollen es nicht!«

M.Sch.: Es ist also die Frage, wie wir Macht bilden, oder wie wir uns einmischen, indem wir gemeinsam zuerst mal sprechen, zuhören und dann eben gemeinsam in das Handeln kommen.

Ch.Th.: Ja, ich meinte das außerinstitutionell, basisdemokratisch, zivilgesellschaftlich oder wie man das nennen mag.

S.Sch.: Wir sollten noch mal betrachten, wie in Institutionen das von dir geschätzte dialogische Prinzip umgesetzt werden kann. Dort gibt es so viele Strukturen, Drohgebärden, um das zu verhindern oder klein zu halten.

Ch.Th.: In den feministischen Debatten findet sich eher ein individualisierter Machtbegriff, der sich insofern der Gewalt genähert hat, als *Gewalt etwas Stummes* ist. Gewalt bedeutet nicht nur »Ich schlage dir den Kopf ein«, sondern Gewalt ist auch der *Verzicht aufs Sprechen* der verschiedenen Menschen, das Zu-Wort-Kommen, das Hören und Zuhören und damit auch die Veränderung in den Köpfen der Menschen – das ist eine Frage der Macht, das Zusammenkommen von verschiedenen Menschen über gemeinsame Inhalte. Wer Gewalt anwendet, braucht nicht sprechen, und die Gewaltobjekte, die Faust oder die Pistole, brauchen nicht die Antwort des Gegenübers. Es wird einfach gezwungen und drangsaliert, mit Repression zu etwas gebracht. »Gewalt ist stumm.« Wir müssen den Machtbegriff von dieser Sprachlosigkeit unterscheiden. *Ich halte die Gewaltfrage für die substanzielle feministische Frage.* Von mir aus können wir auch statt Patriarchatskritik Gewaltkritik sagen – wenn man Gewalt in diesem umfassenden Sinne versteht. Da, finde ich, hätte auch die Forschung, auch die Genderforschung viel zu tun. Der Gewaltbegriff wird meist viel zu eng gefasst.

M.Sch.: In der Praxis hat sich gerade das dialogische Prinzip substanziell verändert: es gelang uns, ein gutes Klima des Verhandelns mit der Politik zu etablieren. Seit 2000 aber kommen wir nicht mehr dorthin, wir verhandeln nun fast ausschließlich mit Beamtinnen, aber nicht mehr mit Politikerinnen. Da hat das Sprechen aufgehört, selbst wenn wir Briefe oder Mails schreiben. Ich weiß immer noch nicht, wie wir den Faden wieder aufnehmen, wie wir wieder zum Reden kommen, wie funktioniert das Dialogische mit der Politik?

Ch.Th.: Das Sprechen Einzelner braucht das Sprechen vieler. Es braucht die Schubkraft einer Basis, die das verlangt, die das fordert, die öffentlich macht, dass gesprochen werden muss. Dann können auch einzelne vielleicht Türen aufmachen. Wenn diese Kraft verschwindet und die »Abwarterinnen« oder »Zuhörerinnen« oder »Zuschauerinnen« denken: Die da oben sollen mal machen, wenn sie alles nach oben delegieren, dann kann gar nichts passieren. Der Dialog ist auch eine, fast müsste man sagen, utopische Angelegenheit. Hannah Arendt, die ich äußerst schätze, gebraucht das Wort »Dialog« überhaupt nur für das Denken, d.h. für die Vorstellung des und der Anderen. Das Dialogische ist eigentlich in unserer Realität kaum vorhanden, wir wissen gar nicht genau, was das ist. Die meisten Leute wollen alleine reden, wollen selbst reden, suchen überhaupt nur eine Lücke, wo sie wieder reinkommen können, hören überhaupt nicht zu. Sie erzählen das, was sie sowieso schon wissen und immer schon gewusst haben. Zwei Monologe ergeben aber keinen Dialog. Im Grunde sind es alles Monologe, die wir hören. In den Medien hören wir fast immer Monologe, ganz selten haben Menschen Interesse an dem, was die Anderen sagen, und versuchen, etwas Neues gemeinsam zu finden. Ich will damit sagen, dass wir das Dialogische, das für eine sich demokratisierende Gesellschaft so zentral ist, überhaupt nur im Ansatz können.

S.Sch.: Ich habe das, was du jetzt beschrieben hast, sofort gedanklich verwendet für Psychotherapie. Eine sehr bekannte amerikanische Therapeutin, Jessica Benjamin, Psychoanalytikerin, nennt ihre Therapiemethode jetzt »Intersubjective Therapy« (1990, 2002). Damit ist gemeint, dass es wichtig ist, einen Dialog zu führen, in dem ich an der Anderen, dem Anderen interessiert bin. Das schließt auch ein Lösen von institutionellen Vorgaben ein. Wichtig ist, als Therapeutin als Person sichtbar zu werden, mit den Reaktionen auf das, was die andere sagt. Das halte ich für einen wichtigen

Schritt in einer therapeutischen Entwicklung. Psychotherapie ist damit im Grunde genommen ein Hilfsmittel, das dialogische Prinzip im Kopf wieder in Gang zu setzen.

Ch.Th.: Das finde ich gut, ja, also das würde mir sofort einleuchten, ja, das finde ich toll.

S.Sch.: Nur punktuell wird das, was dialogisch im Kopf, als Denken, ist, dann in die Realität umgesetzt, auch auf der Ebene der Beziehung. Da ist es wichtig, in das gemeinsame Sprechen zu kommen. Ich verstehe es so, dass sich dann für Momente das Gefälle verändert und es tatsächlich zu einer menschlichen Begegnung werden kann.

Ch.Th.: Das finde ich einen interessanten Gedanken, den hab ich noch nie so gehört, ehrlich gesagt – das dialogische Denken in der anderen Person als Stoff für beide.

»Sand im Getriebe«

M.Sch.: Hier kommen wir zu einem wichtigen Punkt in unserer Auseinandersetzung: Vor 30 Jahren waren wir mit den Angeboten der Frauenberatungsstelle, mit Frauentherapie, zum Teil provokativ, initiativ, aber auch Vorreiterinnen der Dienstleistungsgesellschaft in diesem Sektor. Frauen kamen zu uns in die Frauenberatungsstelle, und das war ein Ort, an dem frau sich auseinandersetzen wollte, unter Umständen auch einen Therapieplatz suchte. Jetzt werden wir mit vielen Anfragen, aber auch den Bedürfnissen der Frauen nach Lösungen konfrontiert. Zum Beispiel: »Ich habe ein Problem, bitte sagen Sie mir, wo es lang geht.« Ich erlebe das als einen völligen Kulturwandel. Was ist da passiert? Wenn es sich um ein E-Mail handelt, frage ich mich, wie ich ihr deutlich machen kann, dass sie ihre Schritte, ihre Entwicklung selbst bestimmen und gehen muss. Unsere Arbeit kann nicht darin bestehen, der Frau die Schritte vorzugeben. Unsere Absicht war und ist, Frauen in ihrem Selbstbestimmungsprozess zu unterstützen, auch darin, wie sie das Tempo bestimmen und welche der Schritte sie machen wollen. Ich befürchte, das finden einige viel zu kompliziert.

Ch.Th.: Es ist einfach immer wieder das Gleiche, es bedarf eines umfassenden gesellschaftlichen Bewusstseins. Und dieses Bewusstsein ist im Moment sehr schwach.

S.Sch.: Ute Gerhard beschreibt es als *Atempause*. In ihrem Buch (1999) – das ich sehr gerne mag – sammelt sie nochmals kritisch, was der Stillstand oder auch die Ruhe bedeutet. Solange es für die Widersprüche, die durch die linke Bewegung und durch die Frauenbewegung gesellschaftlich sichtbar geworden sind, keine gesellschaftliche Empörung und kein Ungerechtigkeitsempfinden gibt, es kommen ja neue hinzu, wie beispielsweise Migration oder auch Intersektionalität, glaube ich, dass es so weiter geht.

Ch.Th.: Aber es ist die Frage, wie weit wir Altfeministinnen dazu etwas beitragen könnten. Wir sind zum Teil schon etwas ermüdet. Man kann ja nicht immerzu das Gleiche sagen.

S.Sch.: Meine Studentinnen vom vorigen Jahr sind zwischen neunzehn und zwanzig. Sie haben wenig historisches, politisches Bewusstsein, ähnlich wie wir vor vierzig Jahren, sie sind aber anders. Mit einem viel größeren Selbstverständnis und Selbstgewissheit denken sie, dass ihnen in dieser Gesellschaft alle Türen offenstehen. Das haben wir erreicht, da freu ich mich drüber!

Ch.Th.: Ja! Ich auch.

S.Sch.: Doch es ist nur die halbe Wahrheit, weil es nach wie vor so ist, dass die Benachteiligung dann anfängt, wenn sie sich entscheiden, eine Beziehung einzugehen, und Kinder möchten. Es gibt Erfolge, über die ich mich freue, die Jungen denken ganz anders als ich. Es gibt aber neue Verdeckungszusammenhänge von Benachteiligung, die nicht mehr so offen sichtbar, spürbar und empörbar sind, wie sie es zu unserer Zeit waren. Und das lässt die Frauen sich auch an die Frauenberatung wenden. Es sind z.B. Verdeckungszusammenhänge im Körperbewusstsein von Fitnessleistungsfähigkeit, Essstörung ist dann eine mögliche Konsequenz. Es gibt in diesem dominant organisierten Geschlechterverhältnis eine Wahlbiografie, viele Schritte sind individueller wählbar, aber tatsächlich geht damit verloren, ist verdeckt, in welche Schienen ich geleitet werde und in welche sozialen Ohnmachtspositionen ich gelangen kann. Für die jungen Frauen ist das Leben sehr viel unüberschaubarer, orientierungsloser geworden, und sie haben einen größeren Druck, ihr Leben eigenständig zu planen und zu führen.

M.Sch.: Ich erlebe dennoch eine große Anspruchshaltung. Gleichzeitig gibt es auch mehr Stellen, an die sich Frauen wenden können. Die vier Frauenhäuser in Wien und die Interventionsstellen sind auch zu etwas Symbolischem geworden. Suggerieren wir Feministinnen nicht, dass wir es hingekriegt haben: Wir könnten überall unterstützen und helfen und seien immer da. Meine Kolleginnen sind immer professioneller, können immer mehr. Gleichzeitig denke ich, der Bedarf der Frauen wird höher, aber die Frauen werden auch zunehmend »klientifiziert«. Das würde ich kritisch hinterfragen.

Ch.Th.: Die Notwendigkeit von Dienst- und Hilfeleistungen ist ja unwidersprochen. Aber es war eine Illusion zu meinen, dass der Impuls, solche Dienstleistungen in Anspruch zu nehmen, ein oppositioneller Impuls gegen das patriarchale System sei. So ist es eben nicht. Die Professionalisierung und Institutionalisierung ist notwendig, aber sie kann eine Bewegung nicht ersetzen, und sie entwickelt sich nach anderen Maßstäben.

S.Sch.: Wichtig erscheint mir, dass Beratung als gesellschaftliche Institution im Sinne der Prävention politisch gewollt ist, weil sie der Abfederung sozialer Problemlagen dient. Und diese Frau, die bei dir dort landet, wird Dank der Beratungsarbeit weniger Folgekosten produzieren.

Ch.Th.: Was an der Kehrseite der Institutionalisierung so schwer zu ertragen ist, ist natürlich, dass das rebellische Moment durch die Institutionalisierung und den Anspruch auf Dienstleistung verschwindet. Da sind die Entwicklungen innerhalb der Genderforschung nicht ganz unschuldig, zum Beispiel dieses entsetzliche Wort »Mainstreaming«. Es ist so missverständlich! Es wirkt auf viele so, als müssen wir alle in der Mitte des Stroms mitschwimmen. Also das Gegenteil von dem, was der Feminismus am Anfang gewollt hat. Eben gerade nicht mit dem Strom und in der Mitte des Stroms erst recht nicht, sondern eine Störung zu sein, eine *Irritation* zu sein, *etwas, was Sand ins Getriebe wirft*. Aber ich sehe das gegenwärtig gelassen. Vielleicht gibt's eine neue Generation irgendwann, die wieder quer treibt.

M.Sch.: Im Getriebe sein macht auch müde, es reibt, und nicht alle Frauen möchten auch immer zerrieben werden, so könnte man es ja auch sagen. Und dann gibt's die Atempause, ja?

Ch.Th.: Feministische Arbeit, egal wie professionell und wie spezialisiert sie ist, braucht, um sich nicht automatisch zu verengen, den Stimulus einer politischen Bewegung, einer Veränderungsenergie, die man aber nicht aus dem Boden stampfen kann. Was wir tun können, ist, das Wissen und ein historisches Gedächtnis zu bewahren, nicht alles zu vergessen, was mal gedacht und gewollt worden war. Die Forderung an die junge Generation ist, weiter zu arbeiten und nicht locker zu lassen. Eine Bewegung wird es irgendwann wieder geben, da bin ich sicher, und die wird ganz anders sein als unsere mal war.

Zu den Personen

SABINE SCHEFFLER, Prof.in em. Dr.in, ist 1943 in Swinemunde (Polen) geboren. Sie studierte in Bonn und Berlin Psychologie. Von 1971 bis 2008 war sie Professorin für Sozialpsychologie und Methoden an der Fachhochschule Köln und Leiterin des Instituts für Geschlechterstudien (IFG). 1978 war sie Mitbegründerin des ersten Frauenzentrums Köln. Sie war Gastprofessorin für Frauenforschung an den Universitäten Wien (1991–1995) und der Donau-Universität Krems (2007–2008) und ist weiterhin an der Universität Innsbruck tätig. Außerhalb der Hochschule ist sie als Psychotherapeutin (KlientInnenzentrierte Gesprächspsychotherapie, GwG) und (Gestalttherapie; USA: Erv und Miriam Polster; Deutschland: FPI), Beraterin, Supervisorin (DGSv) sowie als Trainerin in frauenspezifischer Beratung und Therapie im Rahmen des Zentrums für Angewandte Psychologie, Frauen- und Geschlechterforschung (ZAPF) tätig.
Homepage: www.dr-sabine-scheffler.de

CHRISTINA THÜRMER-ROHR, Prof.in em. Dr.in, ist 1936 in Arnswalde/Choszczno (Polen) geboren. Sie studierte Philosophie und Psychologie in Freiburg im Breisgau und Heidelberg. Danach war sie in der psychologischen Beratung und der Stadtplanung tätig. Bis 1972 war sie Assistentin und Assistenzprofessorin am Psychologischen Institut und am Fachbereich Architektur und Stadtplanung der Technischen Universität Berlin. Anschließend nahm sie eine Professur an der Pädagogischen Hochschule Berlin, Institut für Sozialpädagogik, an, wo sie 1976 den ersten universitären Studienschwerpunkt »Frauenforschung« gründete. Von 1980 bis 2003 war sie Professorin an der Technischen Universität Berlin im Fachbereich Erziehungswissenschaften (Feministische Theorie). Unter anderem hatte sie 2001 eine Gastprofessur für Gender-Forschung an der Universität Salzburg inne. 2004 gründete sie den Verein Akazie 3: »Forum zum politischen und musikalischen Denken«.
Homepage: home.snafu.de/thuermer-rohr

Beziehung von Frau zu Frau in Beratung und Psychotherapie

von der familie im kopf

       ausgeliefert der eiweissverdampfung
               der gefühle
       verpufft das klügste argument
       oder findet gar keinen weg
            in die brodelnde kopfröhre
       wie kleinkinder kleben wir
            zeitlebens
       an unaufgelösten familien-bildern
       ist denn erwachsenwerden so schwer
       langsam glaub ich
       es ist unmöglich

Elfriede Gerstl (2005)

… und sie bewegt sich doch!
Entwicklung und Zukunft frauenspezifischer Psychotherapie und Beratung
Sabine Scheffler

Vorbemerkung

Es gab und gibt keine konsistente gendersensible Theorie in Therapie und Beratung, es gibt aber wiederkehrende Konzepte und methodische Basisannahmen, die je nach therapietheoretischem Standort unterschiedlich ausgeleuchtet werden. Dies ist fruchtbar für Entwicklung und Vielfalt. Es gibt aber jede Menge »Gender-Troubles«, die sich aus der Zentralität und scheinbaren Natürlichkeit der Geschlechterdynamiken ergeben, denn: »Wir können uns nicht nicht geschlechtlich verhalten« (vgl. West/Zimmermann 1991, S. 13).

Um der Komplexität des Themas gerecht zu werden, werde ich im Folgenden versuchen, zentrale Anliegen therapeutischer Arbeit mit Frauen herauszuarbeiten. Es wird mit der Verbindung nur ein geschichtliches Schlaglicht versucht. Schließlich werden Ziele, die sich aus der feministischen Kritik ergeben, dargestellt. Einige zentrale Konzepte werden vertieft, um dann Unterschiede von Beratung und Therapie zu umreißen.

Einleitung

Frauenspezifische Beratungs- und Therapieformen sind in ihrer Genese eng mit der Entwicklung der Frauenbewegungen in westlichen Ländern in den 1970er und 1980er Jahren bis heute verbunden. In der politischen und soziologischen Forschung gilt die Frauenbewegung als die bedeutendste wirksamste soziale

Bewegung des 20. Jahrhunderts (Bereiche: Bildung, rechtliche Gleichstellung, Vielfalt der individuellen Deutungsmuster von Lebensläufen).

Im deutschsprachigen Raum spricht man von der sogenannten »Zweiten Frauenbewegung«; vorbereitet durch Liberalisierung und Studentenrevolte, ist sie zunächst charakterisiert durch eine Welle des Aufbegehrens und des solidarischen Engagements. Gesellschaftliche Widersprüche, die sich besonders in den Lebenslagen von Frauen zeigten, werden problematisiert, öffentlich gemacht, skandalisiert; Veränderungsversuche beginnen. Als einer der Auslöser in Westdeutschland wird die Debatte um den Abtreibungsparagrafen (§218) und die Selbstbezichtigungskampagne der Zeitschrift *Stern* mit dem Titel »Wir haben abgetrieben!« angesehen (Schwarzer 1971); beispielhaft wird hier das Private zum Politikum. In Österreich ist bereits seit 1975 eine sogenannte »Fristenlösung« durchgesetzt. Nach §97 ÖStGB bleibt die Schwangerschaftsunterbrechung ohne Beratung in den ersten drei Monaten straffrei.

Es entsteht eine Aufbruchstimmung und Handlungsbereitschaft, die schließlich in die unterschiedlichsten Stränge feministischer Konzepte und Initiativen zu allen gesellschaftlichen Aspekten von Frauenleben mündet.

Zentral bleibt

> »das Aufbegehren gegen die Identifizierung von Frauen als einer den Männern nachgeordneten Gruppe [...]. [Im Zentrum steht die] Veränderung der Lebenssituation und gesellschaftlichen Positionierung von Frauen als auch der politischen, ökonomischen, sozialen und kulturellen Prozesse, die die Subordination von Frauen betreffen. Dieses Streben nach geschlechtergerechter Teilhabe ist verbunden mit einer Veränderung der Machtverhältnisse« (Thiessen 2008, S. 37).

Mit dem Aufbau einer feministischen Gegenkultur (Frauenzentren, -buchläden, -häuser, -beratungsstellen, -bildungshäuser) in der Frauenprojektebewegung und der Etablierung von Frauenforschung und Frauenbildung an den Hochschulen beginnt die Phase, in der in Theorie und Praxis in herrschaftskritischer Absicht auf Geschlechterverhältnisse als hierarchische Beziehungsform und deren Dynamiken fokussiert wird.

Die von persönlichen Erfahrungen geleitete Untersuchung der Auswirkung von Geschlecht als sozialer Ordnungs- und Strukturkategorie findet auf drei Ebenen statt: individuell, strukturell und symbolisch; inhaltlich bindet sich diese Arbeit an Themen wie Rechtsgleichheit und Autonomie, Arbeit, Gewalt und Geschlechterdifferenz (vgl. Gerhard 1999).

Die Entwicklung einer kritischen Haltung

Im Zuge der Frauenbewegung entwickeln Wissenschaftlerinnen, Psychotherapeutinnen und Sozialarbeiterinnen einen neuen Blick auf das Bild der Frau in den Sozialwissenschaften (Psychologie, Soziologie, Politik, Gesundheitsforschung, Psychotherapie). Wissensproduktionen werden kritisiert, sie sind von männlichen Wertorientierungen geprägt, die Frauen als »das Andere« und »Fremde« definieren und zum Container von Zuschreibungen machen. Verdrängungen, androzentrische Verzerrungen, ein Frauenbild, das Benachteiligung und Unterdrückung legitimiert, wird aufgedeckt. Jenseits unterschiedlicher therapeutischer Schulen entwickeln sich gemeinsame Ansichten darüber, was Frauen krank macht und was psychosoziale Gesundheit in einer von der Geschlechterdifferenz strukturierten Gesellschaft bedeutet. So findet eine Abkehr von pathogenen Konzepten weiblicher Störungen statt. Depression z. B. spiegelt die Psychodynamik von Unterdrückten (vgl. Szasz 1970, S. 113). Benachteiligungen, Unterdrückung, Heteronormativität, Gewalt im Leben von Frauen werden sichtbar und zum Skandal. Frauen sind Opfer der Verhältnisse. Dies legitimiert parteiliche und solidarische Unterstützung. Es entsteht eine Frauenselbsthilfebewegung, die schließlich in die Projektarbeit und in die Professionalisierung mündet.

Der selbstbestimmte Umgang mit dem eigenen Leben und dem eigenen Körper wird zur zentralen Zielvorstellung. Die solidarische parteiliche Sichtweise geht davon aus, dass benachteiligende Sichtweisen so tief im Bewusstsein und in der Gesellschaft verankert sind, dass es einer konsequenten parteilichen Unterstützung bedarf, um die Belange von Betroffenen sichtbar zu machen. Dies bedeutet aber nicht – wie vielfach moniert – eine kritiklose Identifikation mit den Betroffenen und eine Auflösung professioneller Distanz (zur Differenzierung dieses Konzepts vgl. Hartwig/Weber 2000; Kavemann 1997).

Die Genderperspektive (engl.: *gender* als soziales Geschlecht im Unterschied zu *sex* und *sex category* als biologisch und sozial zugewiesenes Geschlecht) verdeutlicht, wie Selbstbild, Verhalten, Lebensbedingungen, Denksysteme und Institutionen mit den Geschlechterdynamiken verbunden sind und theoretische

Konzepte und Methodiken bestimmen (vgl. u. a. Wyckhoff 1977; Eichenbaum/Orbach 1984; Chodorow 1985; Worell/Remer 1992; Kaschak 1992; Connell 1999; Becker-Schmidt 2000; Bilden/Dausien 2006).

Ziele frauenspezifischen Arbeitens

Geschlecht wird als gesellschaftliches Strukturprinzip und Verhaltensset gesehen. Sowohl in Beratung als auch in Therapie sind Konzepte handlungsleitend, die Geschlechterstrukturen und die Gestaltungen eigener Geschlechtsidentitäten aufarbeiten und reflektieren.

Traditionelle Therapie wird infrage gestellt, ebenso deren Methoden, hierarchische Beziehungen und Institutionen. Persönlichkeitstheorien, die soziale und politische Kontexte nicht berücksichtigen, werden angezweifelt und korrigiert. Hergebrachte diagnostische Aussagen über Frauen werden kritisiert, z.B. die Diagnose Depression und ihre Häufigkeit, Essstörungen und ihr Zusammenhang mit Körperlichkeitsdiktaten und der gesellschaftlichen Position von Frauen (vgl. Orbach 1979) »Fat is a feminist issue«. Symptome und Erkrankungen werden in ihrer Bedeutung an gesellschaftliche Positionen und Lebenslagen angebunden anstatt als persönliches Konfliktgeschehen interpretiert (z.B. Belastungsstörungen durch Gewalt und Entzug sozialer Teilhabe).

Beratung und Therapie wird als der Ort gesehen, an dem jenseits gesellschaftlicher Zuweisungen und Zuschreibungen Selbstachtung, -vertrauen und -bestimmung entwickelt werden können.

Das Wissen um den Konstruktionscharakter von Geschlechtsidentität wird zum Motor für die Dekonstruktion bewusster und unbewusster Rollenerwartungen, die das Selbst und die Lebensführung konfliktreich bestimmen. Gesellschaftliche Konzepte von Weiblichkeit schätzen Verhaltensweisen von Frauen, die für soziales Gelingen basal sind – wie soziale Beziehung und Fürsorge –, gering und betrachten sie als defizitär (androzentrische Sichtweise); diese Art der Bezogenheit wird als unreif und abhängig gesehen. Unter diesem Blickwinkel wird ein »concept of self-in-relation« entwickelt, das Entwicklung und Verhaltensweisen im weiblichen Lebenszusammenhang anders bewertet und einordnet (vgl. Jordan/Surrey 1991). Kaschak (1992) nennt dies ein »environment model of psychopathology«. Die Berücksichtigung der Lebenslage einer Frau führt so zur Verlagerung des im Symptom erscheinenden Konflikts von rein intrapsychischen zu interaktiven kontextuellen Betrachtungsweisen. Der psychische Konflikt ist nicht mehr nur ein Konflikt zwischen psychischen Realitäten, z. B. Bedürfnisspannung und eigenen Ansprüchen, er benötigt vielmehr auch eine eigene interaktive Bewältigung, um so die Spannungen zwischen Selbstbefindlichkeit und Lebenszusammenhang ausgleichen zu können. Es wird nicht mehr nur auf der Ebene von psychischen Repräsentanzen gearbeitet, sondern psychische Belastungen werden als multifaktorielles Geschehen gesehen.

1993 wurden beispielhaft in den USA Grundprinzipien feministischen Arbeitens benannt:

»1. Feministische Theorie (FT) ist in Entwicklung, sie ist nicht statisch.
2. Vielfalt ist Grundlage für die Praxis. FT definiert Erfahrungen von Randgruppen als zentral, um neues Wissen und neue Praktiken zu entwickeln. Damit verschafft sie unterdrückten Stimmen mehr Gehör.
3. Gender ist zentraler Aspekt weiblicher Benachteiligung und interagiert mit Statusvariablen wie Kultur, Klasse, Alter, Rasse und sexueller Orientierung.
4. FT und Praxis suchen nach neuen Modellen menschlicher Entwicklung und Veränderung und nach Persönlichkeitsmodellen, die traditionelle Denkmodelle von Selbst und Identität überwinden.
5. FT versucht, die vielfältigen Gründe für die Entwicklung von Störungen zu berücksichtigen und widmet dem soziopolitischen Kontext, in dem Individuen leben und sich verändern, besondere Aufmerksamkeit.
6. FT interessiert sich speziell für Probleme der Macht und der Machtverteilung. Politische und soziale Veränderungen in Übereinstimmung mit feministischen Zielen und die Schaffung eines feministischen Bewusstseins sind zentral für die FT und Praxis« (Enns 1997, S. 286; Übers. d. Verf.).

Zentrale Theorie- und Handlungskonzepte frauenspezifischen Arbeitens

Der Standort frauenspezifischen Arbeitens lässt sich als Antithese charakterisieren, als tastender Versuch herauszufinden, welche Begrifflichkeiten für weibliche Identität und deren mögliche Störung zureichend sind. Dabei wird auf Konzepte aus Soziologie und Psychologie zurückgegriffen, die therapeutischen Schulen werden in ihren Annahmen korrigiert; es ergeben sich daraus qualitativ unterschiedliche Methodiken. In Anlehnung an differente Werthaltungen bleiben die Sichtweisen vielfältig, und es hat sich kein geschlossenes Theorie- und Handlungssystem gebildet (vgl. Kopala/Keitel 2003; Enns 2003).

Die gesellschaftliche Zuweisung von geschlechtersegregierten Arbeits- und Lebensbereichen in Familie (Reproduktion) und Arbeit (Produktion, Öffentlichkeit) lässt einen Arbeitsmarkt entstehen, in dem Frauen in den statusniedrigen Positionen wiederzufinden sind. Im Gegenzug erhöht das die Abhängigkeit der Frauen von der reproduktiven Sphäre (Familie). Diese Abhängigkeit wiederum bestimmt ihre prestigearmen Positionen in öffentlichen Bereichen. Der Kreislauf ist geschlossen. Es folgt eine geringere Bewertung sogenannter weiblicher Tätigkeiten (»weibliches Arbeitsvermögen«). Die Zuständigkeit von Frauen für Reproduktion, für Beziehung und Wohlbefinden anderer lässt Frauen im persönlichen, privaten Bereich in den Vordergrund treten und fördert Abhängigkeit und Unterlegenheitsgefühle. Gleichzeitig ist Weiblichkeit in diesem Bereich wirkmächtig. Die Folgen dieser Zuweisung tauchen im kulturellen System verschleiert als Abwertung und Angst »vor der mächtigen Mutter« wieder auf.

Die »doppelte Verfügbarkeit« (vgl. Becker-Schmidt 2000) von Frauen in zwei Sphären gesellschaftlichen Lebens, Beruf und Familie, schafft für Frauen Belastungen und Widersprüche, die sie je individuell lösen. Dies nennt Beck (1986) die »Individualisierungstendenz sozialer Problemlagen«. In dieser Betrachtung sind Strukturen, die Frauen benachteiligen, nicht mehr sichtbar, sie werden in speziellen persönlichen Bewältigungsmustern verarbeitet. Die Bedingung »hinter« dem Handeln scheint im persönlichen Verhalten nicht mehr auf, wird gleichsam »vergessen«. Diese Lebensbedingungen führen zu spezifischen gesundheitlichen Belastungen wie Befindlichkeitsstörungen, psychosomatischen Reaktionen, ganz abgesehen von der durch Gewalt gefährdeten familiären Situation (vgl. Müller/Schröttle 2004).

Für die frühe Frauenbewegung war Sozialisation der sichtbarste Ausdruck von Unterdrückung mit dem Ergebnis, dass Weiblichkeit gesellschaftlich gemacht ist (vgl. Scheu 1977). Das Ergebnis glich einem Mängelkatalog (abhängig, unselbstständig, aggressionsgehemmt, fürsorglich, leben durch andere), an dem sich aber Klientinnen durchaus orientierten und immer noch orientieren. Die zugeschriebenen Defizite wurden in der Umdeutung zu Kompetenzen und begründeten das spätere ressourcenorientierte Arbeiten. Zweigeschlechtlichkeit wird nun als kulturelle Setzung gesehen, Geschlecht wird eigentätig in Einschätzung der Situation hergestellt und konstruiert (Doing Gender). Gender ist nicht etwas, was man hat, sondern etwas, was man tut. »Zweigeschlechtlichkeit ist eine Interpretation der Körperlichkeit und nicht die unmittelbare Wahrheit der Körper« (Hagemann-White 2006, S. 70). Diese Konstruktion muss fortlaufend geleistet werden, es gibt keine geschlechtsspezifischen Eigenschaften, die überdauern, Doing Gender ist eine gestaltete Selbstpositionierung. Doing Gender geschieht nicht aus freien Stücken, sondern wegen der strukturierenden Bedeutung von Geschlecht. Die Struktur ist jedoch häufig nicht sichtbar. Dabei ist der »weibliche Körper [...] der zentrale Platz von Zuschreibung, Unterdrückung und Kontrolle im Geschlechterverhältnis« (Hagemann-White 2006, S. 71) (Gewalt, Sexualisierung, Schönheitsideal, Reproduktionsmedizin, Ort der Ehre der Familie).

Das Konzept Gender enthält – bildlich gesprochen – zwei spiralförmig verbundene Dimensionen, die für frauenspezifisches Arbeiten grundlegend werden:
1. Die Ebene des persönlichen Selbstverständnisses, Verhaltens, Denkens und Fühlens: Hier gestaltet man Gender im Interaktionsprozess durch das eigene Verhalten und Variationen und erhält damit Geschlechterstrukturen aufrecht.
2. Gender ist eine gesellschaftliche Ordnungskategorie (ähnlich wie Schicht und Ethnie); sie bietet Orientierungen für Verhaltensspielräume und weist gesellschaftliche Chancen zu (geschlechtsspezifische Arbeitsteilung, Zugang zu Macht, Beziehungsformen, Organisationsdynamiken).

Die postmoderne Kritik am Subjektbegriff und die feministische Diskussion um die soziale Konstruktion von Männlichkeit und Weiblichkeit, die Unterscheidung von Sex und Gender haben die Diskussion um die Differenz von Jungen und Mädchen, Frauen und Männern verändert. Genderidentität als Konzept wird der Komplexität und Individualität von Entwicklungs- und Bewältigungsdynamiken gerechter. Es entwickelt sich der Gedanke eines flexiblen, multidimensionalen Selbst (vgl. »Patchwork-Identität«: Keupp 1999; Bilden/Dausien 2006, S. 5ff.).

Es gibt
➤ keine geschlechtsspezifischen Eigenschaftszuschreibungen mehr,
➤ keine eindeutigen Geschlechtsidentitäten und
➤ keine klar abgegrenzten Frauen- und Männerrollen.

Seither steht die interaktive geschlechtsspezifische Beziehungsgestaltung im Vordergrund. Die Art und Qualität aber, die gleichwertigen Möglichkeiten oder Interdepenzen bleiben ausgeblendet, so z. B. die hierarchischen Beziehungsstrukturen, die ja die Frauenberatung einschließlich der Gewalt-, Sucht- und Gesundheitsberatung haben entstehen lassen (vgl. Becker-Schmidt 2006, S. 204ff.).

Eine weitführende Aufarbeitung und Korrektur findet im Hinblick auf die psychotherapeutischen Schulen statt, sowohl im Bereich der humanistischen Psychotherapieverfahren als auch und vor allem in der Psychoanalyse.

Einige Positionen der humanistischen Psychologie sind zwar in der frauenspezifischen Betrachtungsweise zentral, werden aber dennoch kritisch gesehen. Frauenspezifische Denkmodelle beharren auf den Konzepten der Autonomie und Selbstdefinition von Frauen in existenzialistisch-philosophischer Tradition; gleichzeitig werden dieser Autonomiebegriff und die Verabsolutierung von Eigenverantwortlichkeit auch reflektiert. Diese Sichtweise kann die Handlungsspielräume der Einzelnen über- und die gesellschaftliche Gebundenheit unterschätzen. Das Geschlecht, das Lebenschancen und Status zuweist, kann in solcher Betrachtungsweise vernachlässigt werden. Die Selbstverantwortlichkeit des Individuums kann in diesen Ansätzen überstrapaziert werden. Weitere konzeptionelle Begrifflichkeiten humanistischer Verfahren, wie das Wachstumskonzept, das Selbstaktualisierungskonzept, das »awareness«-Konzept und das Primat der Subjektivität der persönlichen Erfahrungswelt können objektive Bedingungen vernachlässigen. »Generierte Geschlechterbilder, Diskurse über Weiblichkeit, Männlichkeit, sexuierte Praxen bleiben Menschen nicht äußerlich, sondern sind Bestandteil der Subjektkonstitution. Soziale Friktionen, Hautfarbe, Klasse, Genus stören (und bestimmen) die psychische Balance« (vgl. Becker-Schmidt 2000, S. 127).

Es könnte aber die Illusion entstehen, dass persönliches Lebensglück lediglich eine Angelegenheit des persönlichen Vermögens sei. Greenspan (1983) nennt dies die »unsuccessful marriage of humanist therapy and feminism«. Die subjektive Erfahrungs- und Wahrnehmungsweise zu bestätigen und zu unterstützen, ist zwar grundlegend für jede psychotherapeutische Arbeitsweise, aber persönliches Vermögen allein ist nicht für Wohlbefinden verantwortlich. Gefühle sind zwar subjektiv wahr und evident und bedürfen keiner weiteren Begründung, sie entstehen aber in der Verschränkung mit Kultur und sozialer Identität und werden als solche individuell wahrgenommen. Humanistische

Therapieverfahren laufen Gefahr, individuelle Handlungsfreiheit unzulässig zu betonen und eher narzisstischen Selbstkonzepten Vorschub zu leisten (vgl. Greenspan 1983; Worell/Remer 1992; Enns 2003). Das Konzept der organismischen Selbstregulation, das der Gestalttherapie zugrunde liegt, legt eine »ursprüngliche Naturhaftigkeit« nahe, der einige Frauenforscherinnen äußerst kritisch gegenüberstehen. Mit dem Rekurs auf eine scheinbare Natürlichkeit im essenzialistischen Sinne werden weibliche Handlungsspielräume zugewiesen und eingegrenzt (vgl. Großmaß 2005; Villa 2000).

In den humanistischen Verfahren fehlt eine geschlechtsspezifische Persönlichkeitstheorie, während in der Psychoanalyse patriarchale Konzepte vorlagen, die von Frauenforscherinnen produktiv umgeschrieben wurden (vgl. u. a. Mitchell 1976; Chodorow 1985, 2001; Hagemann-White 1984, 2006; Mitscherlich 1985; Rohde-Dachser 1991; Benjamin 1990, 2002; Poluda-Korte 1993; Koellreuter 2000). Die Verdrängungen und Verzerrungen, die »Expeditionen in den dunklen Kontinent Frau« (Rohde-Dachser 1991), die von feministischen Psychoanalytikerinnen unternommen wurden, machten die phallokratische Ordnung der klassischen Analyse Freud'scher Prägung sichtbar. Es waren Rekonstruktionen des Fremden, des Verworfenen, des Beängstigenden, und sie ließen die entwertenden Sichtweisen des Weiblichen hervortreten (Bild der kastrierten Frau, die Entsexualisierung des Begehrens, soziale Infantilisierung). Schließlich tritt die Mutter-Tochter-Beziehung an die Seite der männlichen Genealogie, die präödipale Dynamik wird neu bewertet, ebenso die Triangulierung. Die Adoleszenz wird in der psychischen Repräsentanz für Mädchen, ausgelöst durch die körperliche Veränderung, neu betrachtet und in ihrer Bedeutung revidiert (vgl. Flaake 2001).

Im Laufe dieses Diskurses gerät die Objektbeziehungstheorie deutlicher in den Vordergrund: Es wird betrachtet, wie Interaktionen Repräsentanzen entstehen lassen, Weiblichkeit und Männlichkeit umreißen und in eine Konfliktstruktur verwurzeln. Chodorow (1978, 2001) geht in ihrem Buch *Mothering* der Frage nach, wie die exklusive Beziehung von Frauen zu ihren Kindern zu begreifen ist und warum für Frauen eine mütterliche Beziehung so identitätsstiftend ist. Sie begreift diese Dynamik nicht allein auf der Ebene unbewusster Spannungen und Konflikte, sondern bezieht die Triade – Vater (abwesend, bei der Arbeit), Mutter (anwesend, aber nicht eigenständig), Kind (angewiesen und gefangen in der aggressiven Selbstbehauptung) – wie die soziale Situation, die Mütter nicht als eigenständiges Subjekt erscheinen lassen, mit ein. Dies hat für männliche und weibliche Kinder unterschiedliche Konsequenzen und führt bei Frauen zum unbewussten Wunsch, die Exklusivität dieser frühen sinnlichen, aber auch ganzheitlichen Beziehung wiederherzustellen. Benjamin (1990, 2002) vertieft die Problematik weiblicher Autonomie und Bezogenheit anhand der Metapher von Macht, Einfluss und Anerkennung in Beziehungen und den Möglichkeiten zur Selbstbehauptung und Selbstbestimmung.

Kritisch wird zu diesen Aufarbeitungen angemerkt, dass dies eine Soziologisierung der Psychoanalyse bedeute, eine Verschiebung von intrapsychischen Dynamiken auf intersubjektive Beziehungen. Dies habe zu einer Vernachlässigung triebtheoretischer Positionen geführt, sodass das weibliche Begehren noch immer ein dunkler Kontinent bleibt (vgl. Koellreuter 2000; Becker-Schmidt 2006).

Differenzierung

> Beratung ist ein eigenständiges Verfahren, das auf soziale Problemlagen antwortet, sie ist nicht die kleine Schwester der Psychotherapie.

Beratung ist in besonderer Weise im Gesellschaftlichen verankert. Sie dient als institutionalisiertes, politisch gewolltes Angebot zur Abfederung sozialer Problemlagen (Individualisierung, Wahlbiografie). Die sozialen und wirtschaftlichen Veränderungen führen zu erhöhten Anforderungen an die persönliche Lebensgestaltung. Arbeitslosigkeit, Flexibilität, Mobilität, die Entgrenzung von Zeitstrukturen weichen stabile Lebensverläufe auf, sie verlangen eine höhere Bereitschaft zur Eigengestaltung. Diese gestiegene persönliche Verantwortung führt auf kultureller Ebene zu einer Psychologisierung des Alltagslebens. Spezielles Beratungswissen ermöglicht dabei Unterstützung und Orientierung, die in gewandelten gesellschaftlichen Strukturen verloren gegangen ist. Psychosoziale Beratung hat dazu eigene professionelle Interventionsformen entwickelt, deren Qualität und Reichweite sich aus der Platzierung im sozialen Netz ergibt, ihrer Vielfalt, Flexibilität, ihren schnelleren Antwortmöglichkeiten. Moderne Lebensführung schafft Situationen, in denen Beratung von jedem

Menschen genutzt werden kann. Inhaltlich aber werden soziale Problemlagen am individuellen Schicksal bearbeitet (Krisenbegleitung). Belastungssituationen werden so entpathologisiert, selbstverständlicher, weniger mit Abweichung und Misslingen belegt (vgl. Großmaß 2000; Nestmann et al. 2004).

Beratung stellt für Großmaß (2000) einen »Übergangsraum« zwischen Öffentlichkeit und Privatheit her, dabei bleibt sie aber eingebunden in die Interessen eines sozialpolitischen Feldes. Großmaß umschreibt Beratungsarbeit als die Herstellung und Bewahrung von Übergangsräumen, wo sich in einer »Zwischenstruktur« – der Beratungsstelle – Individuelles mit Sozialem wie in einer Pufferzone neu gestalten kann. Diese Mittlerposition in Bezug auf Ressourcen und Handlungsfähigkeit der KlientInnen einerseits und in Bezug auf Konflikte andererseits macht Beratung zu einer qualitativ anderen Interventionsform als Psychotherapie, auch wenn es gemeinsame Schnittmengen gibt.

Beratung steht in engem Zusammenhang mit der politischen Selbstermächtigung von Frauen. Die Frauenbewegung war seit den 1980er Jahren ein Motor für die Professionalisierung von Beratung. Sie hat methodisch spezielle Zugangsweisen erarbeitet, die aus den Geschlechterverhältnissen abgeleitet sind (Wissen um mangelnde Geschlechtergerechtigkeit, geschlechtshierarchische Arbeitsteilung, geschlechtsspezifische Dominanz- und Abhängigkeitsverhältnisse). Folglich ist die Selbstbestimmung politischer Anspruch, der allem Beratungshandeln unterliegt.

Die Kernpunkte frauenspezifischer Beratungsarbeit fasst Sickendiek (2004) folgendermaßen zusammen:
1. Wissenschaftliche Ergebnisse über Frauen und die Psychologisierung weiblicher Konfliktlagen werden kritisiert, die weibliche Perspektive sichtbar gemacht.
2. Die Andersartigkeit von Frauen und ihr Verständnis der Welt aus der Perspektive ihrer sozialen Lage werden hervorgehoben.
3. Der Begriff Gender wird für die sozial vermittelten Gestaltungen von Geschlecht übernommen. Basis dieser Sichtweise sind im Wesentlichen interaktionistische Konzepte (Doing Gender). Die Annahme geschlechtsspezifischer Eigenschaften als einem festgefügten Muster »gleichsam von Geburt an« wird so unterlaufen, der Prozess der Gestaltung von Weiblichkeitsvorstellungen in Krisen und Belastungen tritt hervor. Die Gestaltbarkeit von Selbstverständnis und Lebenschancen wird damit betont.

Diese Sichtweise normalisiert krisenhafte Entwicklungen und arbeitet gleichzeitig der Tendenz, sich über andere zu definieren, sowie der Abhängigkeit von Frauen entgegen.

Frauenberatung erarbeitet Zugangsweisen, die sich kritisch von »geschlechtslosen« Beratungstheorien (z. B. Systemtheorie, personenzentrierte Gesprächsführung) absetzen (vgl. Großmaß 2005; Sickendiek 2004). Parteilichkeit, Ergebnisoffenheit, Freiwilligkeit, Transparenz, Offenheit, Abgrenzung von administrativen Maßnahmen und ein geschützter Rahmen sind durchaus kontrovers diskutierte Handlungsorientierungen. Die subjektive Erfahrung der Betroffenen wird in den Mittelpunkt gestellt; dies hängt mit dem Beharren auf dem Subjektstatus von Frauen zusammen und steht im Widerspruch zu verwaltungsorientierten Handlungsvollzügen. Die Ressourcenorientierung wie das Empowerment als Entwicklungsziel konnten so leicht integriert werden, da beide das Konzept frauenspezifischer Lebenslagen ergänzen. Die zunehmende »Psychotherapeutisierung« von Beratung wird von Sickendiek (2004) kritisch gesehen. Sie werde zwar institutionell getragen und damit indirekt bezahlt, jedoch verändere sie die Klientel. Biografische Arbeit und therapeutische Interventionen, die eher an der Aufarbeitung von Konflikten als an Stabilisierung und Unterstützung im Lebenszusammenhang orientiert seien, träten in den Vordergrund; Fragestellungen der Beratung dagegen träten in den Hintergrund, so rechtliche, finanzielle, Bildungs- und berufliche Aspekte von Beratung (vgl. ebd.).

Ausblick

Betrachtet man Entwicklung und Zukunft nun am Ende dieser holzschnittartig gebliebenen Ausführungen, ergeben sich folgende Tendenzen:
1. Frauenspezifisches Arbeiten ist überwiegend in Beratung und Antigewaltarbeit verankert und vor allem dort institutionalisiert.
2. Frauenspezifisches Arbeiten, aus der antithetischen Position der Frauenbewegung heraus, hat eine Fülle von Korrekturen an Denk- und Handlungsweisen therapeutischer Arbeit erbracht, vor allem aber eigenständige Beratungsformen etabliert. Die Arbeit war erfolgreich, was die Veränderung gesellschaftlicher Vorstellungen von Männlichkeit und

Weiblichkeit und ihre Konstruierbarkeit angeht. Mit dem Entstehen der wissenschaftlichen Frauen- und Geschlechterforschung hat sich eine produktive Verbindung zwischen Theorie und Praxis geknüpft, die mit dem Genderkonzept aufklärend und verändernd in verschiedenste Bereiche von psychosozialer Arbeit hineinwirkt, ohne eine geschlossene Theorie entwickelt zu haben (Gesundheitsforschung, klinische Suchtarbeit, Beratungsarbeit, Arbeits- und Organisationssoziologie, Gendermainstreaming). Dies kann als Mangel kritisiert werden, es ist aber dem Erfolg einer sozialen Bewegung inhärent, dass sie sich in ihrer Wirksamkeit erschöpft.

3. Die Individualisierung von Deutungsmustern für individuelle Lebensgestaltungen hat sich etabliert und mündet gesellschaftlich in Wahlbiografien, die jedoch »neue Verdeckungszusammenhänge« im Sinne von »Benachteiligung und mangelnden Gestaltungsspielräumen« schaffen (Hagemann-White 2006, S. 70ff.). Für diese verbliebenen und sich wandelnden Verdeckungszusammenhänge gibt es jedoch zurzeit kein gesellschaftlich geteiltes Unrechtsbewusstsein im Sinne einer Bewegung. Gerhard (1999) spricht von den langen Wellen der Frauenbewegungen in der Geschichte und von den »Atempausen«. Die politisch historische Forschung verdeutliche, dass soziale Bewegungen in langen Wellen auftauchen und verschwinden, weil sie nicht institutionell verankert und getragen, sondern an das Unrechtsbewusstsein und das Engagement betroffener Gruppen gebunden sind.

4. Die zweite Frauenbewegung hat gesellschaftlich gewirkt, die Institutionalisierung, die sich prozesshaft herausgebildet hat, legt die Zukunft in die Hand derer, die professionell in Institutionen, Psychotherapie und Beratung verhandeln. Dabei ist die Individualisierungstendenz frauenspezifischer Positionen im Weiterbildungs- und Therapiegeschäft nicht zu übersehen, genderspezifische Fragen sind dort marginal (Freytag 2003), während im Gesundheits- und Sozialbereich immer deutlicher wird, dass gendersensibles Arbeiten mehr Effizienz und Effektivität erlaubt (Sucht, Psychosomatik, Prävention, Rehabilitation). Die Verarbeitung der Ergebnisse der Genderforschung in institutionellen, hierarchischen und ökonomischen Systemen steht jedoch noch weitgehend aus.

Feministische Beratung

Frauenberatung im Spiegel von Beratungstheorie und Gender-Diskursen
Ruth Großmaß

Blickt man auf die Geschichte heutiger Frauenberatungsstellen zurück, dann eröffnet sich ein historisches Zeitfenster von 30 bis 40 Jahren, in dem nicht nur im Bereich engagierter psychosozialer Arbeit mit Frauen, sondern auch in der Wissenschaft und in der Praxis anderer Beratungsfelder beachtliche Veränderungen und Weiterentwicklungen stattgefunden haben. Auch die Beratungsarbeit mit Frauen hat deutliche Veränderungen erfahren, was beispielsweise an einem changierenden Sprachgebrauch deutlich wird: Die Bezeichnung »Frauenberatung« ist in vielen Arbeitsbereichen der »gendersensiblen Beratung« gewichen, Geschlechtsspezifik wird angesprochen, aber nicht mehr programmatisch gefordert, und von feministischer Beratung ist vor allem in Rückblicken die Rede. In manchen frauenpolitischen Diskursen werden solche Veränderungen als Symptome des Niedergangs verstanden, einer jungen, für unpolitisch gehaltenen Generation zugerechnet oder direkt als Effekte der in den 1990er Jahren prominent werdenden dekonstruktiven Gender-Theorie angesehen.

Mir erscheint eine solche ausschließlich auf den Feminismus bezogene Erklärung weder sachlich zutreffend, noch für die weitere Perspektive der Beratungsarbeit produktiv. Ich möchte deshalb zunächst versuchen, die *gesellschaftlichen* Veränderungen zu skizzieren, die nicht ausschließlich der Frauenbewegung zuzurechnen sind, aber Folgen für die Beratungsarbeit mit Frauen haben – Veränderungen, die zu Verschiebungen in der Klientel, zur Ausdifferenzierung von Beratungsangeboten und -methoden führen und möglicherweise auch eine gewisse Entpolitisierung bedingen.

Beratung im Kontext gesellschaftlicher Modernisierungsprozesse

Schaut man mit einem erweiterten historischen Blick auf das gesellschaftliche Phänomen »Beratung«, dann ist deutlich, dass Beratung als professionelle Interventionsform eine Erfindung moderner westlicher Gesellschaften[1] ist – eine Erfindung, die sich durch ein enges Verhältnis zu sozialen Bewegungen und ein besonderes Verhältnis zur ersten und zweiten Frauenbewegung auszeichnet (vgl. Großmaß/Schmerl 2004). Es lohnt sich, diesen historischen Kontext gegenwärtig zu halten, deshalb rekapituliere ich die wichtigsten Etappen:

Um die Wende vom 19. zum 20. Jahrhundert sind die ersten Bemühungen, eigenständige Beratungsangebote zu etablieren, zu beobachten; die Entstehung neuer Berufe und neue Probleme der familialen und schulischen Erziehung regen dazu an. Nach dem Ersten Weltkrieg, in den 1920er und 1930er Jahren, entstehen dann – die Vorkriegsüberlegungen aufgreifend und oft auf Initiative und in Trägerschaft von Frauenbewegung, Gesundheitsbewegung und Reformpädagogik – erstmals Beratungs*einrichtungen*, die auf das »moderne« Phänomen der Individualisierung reagieren: Gesundheits- und Sexualberatung, Erziehungs- und Lebensberatung. Neu an diesen Beratungsangeboten ist, dass Beratung nicht mehr als Nebeneffekt anderer Tätigkeiten vorgesehen wird, sondern dass losgelöst von anderen Lebensvollzügen Raum und Kommunikation dafür bereitgestellt werden soll, einzelnen Personen bei persönlichen Irritationen, Schwierigkeiten und Entscheidungskonflikten (Neu-)Orientierung zu ermöglichen.

Die Konsolidierungs- und Prosperitätsphase der westlichen Gesellschaften nach dem Zweiten Weltkrieg[2] führt in nahezu allen Lebensbereichen zu einem weiteren Modernisierungsschub, in dem die psychische Dimension des Alltagslebens stärker in den Vordergrund rückt. Wiederum sind es gesellschaftspolitische Reformkräfte, die Veränderungen fordern und Umgestaltungsprozesse tragen. Involviert sind die Anti-Psychiatrie-Bewegung, Friedensinitiativen, Bildungsoffensiven, die Studentenbewegung sowie – mit nicht unwesentlichen Anteilen – die zweite Frauenbewegung. Durch die Aktivitäten dieser Kräfte werden neue

---

1 Was hier nicht ausgeführt werden kann, aber angemerkt werden soll: Mit »modern«, »Modernisierung« und im Weiteren »Modernisierungsschub« wird auf soziologische/sozialtheoretische Modernisierungstheorien zurückgegriffen, die keine Bewertungshierarchie (im Sinne von »modern« versus »überholt«) einschließen.
2 Ich beziehe mich im Folgenden in erster Linie auf die deutsche Situation.

Interventionsformen erfunden, die sehr beratungsnah sind und zu fachlichen Innovationen in der Beratung als sich entwickelnder Profession führen. Für unseren Zusammenhang ist vor allem der Beitrag der zweiten Frauenbewegung von Interesse. In zwei Aspekten haben gerade die Praxisprojekte der Frauenbewegung zu einer Weiterentwicklung der Beratung beigetragen.

Zum einen wurden durch die feministische Kritik und Projektarbeit entscheidende Beiträge zur Konzeptionalisierung von Beratung als *psychosozialer* Beratung geleistet. Die in den 1970er Jahren *neue* Unterscheidung zwischen biologisch-körperlichem Geschlecht (Sex) und sozio-kulturellem Geschlecht (Gender) ermöglichte, viele Probleme und spezifisch weibliche Bewältigungsstrategien auf Sozialisation und geschlechtshierarchische Arbeitsteilung zurückzuführen. Und so setzte auch die Beratungsarbeit in den Projekten an psychosozialen Bedingungen an. »Insgesamt trug und trägt die feministische Forschung wesentlich zur Durchsetzung des ›psychosozialen Modells‹ von Problemen und Störungen, wie sie in Beratungsstellen bearbeitet werden, bei« (Sickendiek et al. 1999, S. 74).

Zum anderen wurde der für die Selbstverständigung notwendige Separatismus der Frauenprojekte zu einer besonderen Qualität bei der in den Projekten geleisteten Beratungsarbeit. Es wurde ja ein realer wie symbolischer Raum geschaffen, der nicht nur »männerfrei«, sondern auch frei von den Abhängigkeiten und Zwängen des Alltags war und gerade dadurch Selbstreflexion möglich machte. Erst die Abgrenzung der Selbstreflexion von lebensweltlichen Einbindungen setzte die Offenheit für Selbstkritik, Kreativität und Neuorientierung frei. Die hierdurch in den Frauen-Projekten gewonnenen Erkenntnisse gelten strukturell für *jedes* professionelle Beratungsangebot: Beratung benötigt eigene Räume, wobei es nicht nur um die Räumlichkeiten im engeren Sinne geht, sondern auch um den *soziokulturellen* Raum des Beratungsangebotes und um seine Positionierung im *öffentlichen* Raum (vgl. Großmaß 2002), denn davon hängt es ab, wen das Angebot erreicht und ob Beratung im Sinne individueller Neuorientierung überhaupt stattfindet.

Seit den 1990er Jahren kann die hier skizzierte zweite Etablierungsphase von Beratung als abgeschlossen gelten. Viele der in dieser Zeit entstandenen Beratungsprojekte haben sich etabliert, einige sind inzwischen aus der psychosozialen Landschaft wieder verschwunden. Die Frauenberatungsprojekte haben sich als relativ erfolgreich erwiesen, nicht nur dadurch, dass es einige davon noch heute gibt (wenn auch unter veränderten Konditionen), sondern auch durch die sehr breite Reflexion des eigenen Tuns und durch den feministischen Austausch auch in bestehende Verbände und Institutionen hinein. Nicht nur wegen der Nähe von Beratung zu Modernisierungsprozessen, *auch* wegen der feministischen Aktivitäten sind heute in Erziehungsberatung, Berufsberatung, Drogenberatung, Studienberatung, Sexualberatung und Stadtteilberatungen Themen mit deutlicher Nähe zur Geschlechterrelation anzutreffen.

Die Bedeutung von Geschlecht/Gender[3] in Beratungsprozessen bleibt nicht auf die thematisch-inhaltliche Seite beschränkt. Wenn man sich die konkreten Kommunikationsabläufe eines Beratungsgesprächs vor Augen führt, wird eine weitere Ebene deutlich: Beratung ist ein Kommunikationsprozess, der sich an der Perspektive und den persönlichen Verarbeitungsmodi der Ratsuchenden ausrichtet, denn nur dann kann wirklich Orientierungshilfe geleistet werden. Bei jeder Beratung geht es folglich zunächst einmal darum, *Kontakt* zu der Rat suchenden Person herzustellen, die zur Beratungseinrichtung kommt. Im nächsten Schritt muss eine Situation geschaffen werden, die es dieser Person mit ihren milieuspezifischen Bedürfnissen und ihren individuellen Unsicherheiten ermöglicht, *sich mitzuteilen*; schließlich geht es in einem weiteren Schritt darum, ihr Anliegen im Kontext ihrer individuellen Ausgangssituation zu *verstehen*. Die Beziehungsdimension, die im Beratungsprozess jeweils aktivierten affektiv besetzten Beziehungserfahrungen eingeschlossen, ist deshalb ein für jede Beratung wichtiges Arbeitsmedium. Das Geschlecht der beteiligten Personen, Irritationen und Fixierungen der sexuellen Identität, sexuierte Erfahrungsräume sowie die latenten Geschlechtsbedeutungen der Sprache – kurz: Gender – sind daher in jeder Beratungssituation präsent.

Die Projektarbeit hat auf diese Weise die Professionalisierung von Beratung auch über ihr eigenes Terrain hinaus befördert. Dieser »Erfolg« von feministischer Kritik und Beratungskompetenz hat allerdings auch Effekte, die zwar immer mit der Normalisierung von sozialen Innovationen einhergehen, von den feministischen Projekten selbst aber häufig negativ eingeschätzt werden: Für viele Themen ist »frau« nun nicht mehr auf die Angebote der Frauenberatung angewiesen; auch die professionellen der etablierten Beratungseinrichtungen

---

3 Der begriffliche Wechsel von »Geschlecht« zu »Gender« bildet an dieser Stelle zunächst einmal nur einen historischen Prozess ab. In der deutschsprachigen Diskussion hat sich seit den 1990er Jahren der englische Begriff Gender als Bezeichnung durchgesetzt. Zur theoretischen und in der Folge methodischen Differenz, die damit auch akzentuiert wird, siehe weiter unten.

wissen um die Bedeutung der Geschlechterdifferenz für den Beratungsprozess, auch hier ist es oftmals möglich, geschlechtshomogene Beratungskonstellationen herzustellen – Genderkompetenz gilt neben psychologischer Kompetenz und Fachwissen (über den jeweils relevanten gesellschaftlichen Bereich) als Qualitätsmerkmal von Beratung. Damit verlieren die Frauenberatungsprojekte einen Teil ihrer Legitimation. Sie sind nicht mehr Unterstützungsangebot *und* die politische Markierung eines Fehlers im gesellschaftlichen Gefüge, sondern stellen in der psychosozialen Hilfe-Landschaft ein Angebot neben anderen dar.

Dieser selbst erzeugte Modernisierungseffekt führt zu Verschiebungen und Veränderungen in der Beratungsarbeit mit Frauen. Andere Modernisierungseffekte kommen hinzu: Die neuen Migrationsbewegungen und die den Individuen damit abverlangten Integrationsleistungen (die nicht nur ökonomische und politische, sondern auch ethnische und Gender-Implikationen haben); neue Armutsrisiken (die Männer und Frauen unterschiedlich treffen und auch in den eher reichen Gesellschaften nicht mehr durch Solidarleistungen aufgefangen werden); psychische Krankheitsbilder wie dissoziative Störungen (die der kontinuierlichen fachlichen Begleitung in einem eigenständigen Alltagsleben bedürfen); medizintechnische Entwicklungen (die eine Gestaltung der Körperlichkeit ermöglichen) – auch dies sind Modernisierungseffekte, die auf Beratungsprozesse Auswirkungen haben. Sie bilden sich vor allem in neuen Beratungsanliegen ab.

Solche Verschiebungen im Beratungsbedarf und damit auch der Klientel sind nicht das Ergebnis konzeptioneller Entscheidungen der Frauenberatung, sondern Ausdruck einer sich ändernden gesellschaftlichen Kultur. Um ihnen gerecht werden zu können, sind die Theoriebestände der Anfangszeit und die im eigenen Arbeitsfeld durch Praxisreflexion entwickelten Konzepte nicht ausreichend, vielmehr gilt es, aktuelle wissenschaftliche Analysen aus Beratungstheorie, empirischer Beratungsforschung und dem Gender-Diskurs heranzuziehen.

Theoriehintergrund und fachwissenschaftliche Fundierung von Beratung

Kann man eine erste Phase der wissenschaftlichen Thematisierung von Beratungshandeln, meist datiert ab 1965 (Mollenhauer/Müller 1965), dadurch kennzeichnen, dass Beratung vorrangig als Interventionsform unterschiedlicher Disziplinen begründet oder problematisiert wurde, so lässt sich inzwischen eine neue Entwicklung beobachten. In den letzten Jahrzehnten sind Fachzeitschriften und Buchreihen entstanden, Handbücher werden herausgegeben, sowohl von einem disziplinbezogenen Beratungsverständnis ausgehend (vgl. Steinebach 2006) als auch von einem multidisziplinären Konzept (vgl. Nestmann et al. 2004). Das sind Hinweise darauf, dass Beratung auch hinsichtlich der wissenschaftlichen Thematisierung zunehmend professionelle Eigenständigkeit erlangt.

Dies bedeutet allerdings nicht, dass Beratung nur noch in darauf spezialisierten Einrichtungen stattfindet – nach wie vor wird Beratung auch von Laien ausgeübt (z. B. in den Selbsthilfe-Organisationen und von Vertretern sozialer Bewegungen), nach wie vor gibt es Beratung in beruflicher Nebenfunktion (in der Schule, in den Jugendämtern, in ärztlichen oder kirchlichen Kontexten und im Sport).

Das methodische und konzeptionelle Know-how sowie ein Großteil der theoretischen Reflexion von Beratung entstehen jedoch in den Beratungseinrichtungen sowie im wissenschaftlichen Bereich. Will man den aktuellen Stand skizzieren, dann lassen sich die folgenden Aspekte benennen: Sowohl aus systemtheoretischer Sicht (Fuchs/Mahler 2000) als auch aus diskurstheoretischer Richtung (Großmaß 2006; Bröckling 2009) und aus sozialhistorischer Sicht (Brändli 2009) liegen inzwischen gesellschaftstheoretische Einordnungen psychosozialer Interventionen vor, die die bisher vor allem durch die Erkenntnisse und Praxisformen von Psychologie und Pädagogik geprägte Sicht auf Beratung ergänzen/erweitern können. Auch die soziale, kulturelle und politische »Umwelt«, in der Beratungsgespräche stattfinden und Beratungsbeziehungen hergestellt werden, kommen nun in den Blick, und die Einordnung der Innovation Beratung in gesamtgesellschaftliche Prozesse wird möglich. Das kommunikative Geschehen zwischen Beraterin und Klientin, Beratung als helfende und Selbstbestimmung fördernde Interaktion, verliert auch für die wissenschaftliche Auseinandersetzung mit Beratung nicht an Bedeutung – doch Grenzen des Beratungshandelns (etwa in der Erreichbarkeit mancher Klientele) werden erkennbar und die gesellschaftliche Funktionalisierung von Beratung (etwa als Entlastung von Schule und Gesundheitswesen) kann benannt werden.

Der »Zwischenraum«, in dem Beratungseinrichtungen tätig sind, nimmt auf der Grundlage dieser Analysen deutlicher Kontur an: Beratung kann jetzt als ein Orientierungsangebot zwischen den Anforderungen der gesellschaftlichen Funktionssysteme und den Verarbeitungsmöglichkeiten der individuellen Psyche beschrieben werden – mit dem Ziel, psychische Konflikte begrenzen zu helfen, die Exklusion hinsichtlich der Funktionssysteme möglichst niedrig zu halten und die Grenze zwischen krank und gesund sowohl offen als auch eindeutig zu halten. Damit verliert Beratung allerdings auch ihre häufig beanspruchte Position einer aufseiten der Individuen gegen institutionelle Macht operierenden sozialen Kraft. Beratung ist nicht mehr *das* klientenbezogene Gegenmodell zu anderen (weniger offenen, mehr auf Autorität, Verpflichtung und Zwang setzenden) Vergesellschaftsformen. Auch Beratungsprozesse fördern Anpassung und Integrationsleistungen, sie stellen in vielen Aspekten nicht die moralisch bessere, sondern die modernere Interventionsform dar.

Die empirische, multidisziplinär konzipierte Beratungsforschung bleibt im Vergleich zu den sozialtheoretischen und sozialhistorischen Untersuchungen näher am unmittelbaren Beratungsgeschehen und rückt konzeptionelle und disziplinenbezogene Aspekte des Beratungshandelns ins Zentrum. Von diesem Ausgangspunkt her lassen sich sowohl Abgrenzungen zu Psychotherapie und (Aus-)Bildung vornehmen als auch unterschiedliche Beratungsfelder beschreiben sowie verschiedene methodische Zugänge nachvollziehen. Im *Handbuch der Beratung* (Nestmann et al. 2004) wurde der Versuch unternommen, die unterschiedlichen Disziplinen, aus denen Zugänge zum Beratungshandeln entwickelt worden sind, »philosophische, soziologische, pädagogische, theologische und nicht zuletzt sozialarbeiterische und sozialpädagogische, in ihren spezifischen Orientierungen und Leistung zu Geltung zu bringen« (Nestmann 2008, S. 76). In einem weiteren Teil des Handbuchs werden auch die unterschiedlichen Einsatzfelder von Beratung beschrieben. Gender wird durchaus in vielen der Beschreibungen als Querschnittskategorie benannt – Beratung von Frauen/feministische Beratung erscheint als ein Arbeitsfeld/ein Zugang neben anderen. Auf der Basis solcher Beschreibungen der Diversität von Beratung können in einer vergleichenden Analyse und durch theoretische Reflexion die gemeinsamen Grundlagen und spezifischen Merkmale von Beratung herausgearbeitet werden, die Beratung in Abgrenzung von anderen Interventionsformen identifizierbar machen (Ansätze einer »transversalen Beratungstheorie« heißt dies bei Nestmann, 2008, S. 76):

Beratung

»1. [...] hilft informieren und sie hilft beim Entscheiden.
2. Sie fördert insbesondere Prävention und Vorsorge, indem sie u. a. ein besser funktionierendes Leben und höheres Wohlbefinden sichert und ermöglicht.
3. Sie unterstützt die Bearbeitung von Anforderungen, die Bewältigung von Problemen, aber auch das Wiedererlangen von Gleichgewicht und Handlungsfähigkeit nach Krisen und kritischen Lebensereignissen sowie das Arrangement mit Unveränderbarem und
4. ist sie immer auch ein Stück Anregung zur Entfaltung von Kräften und zur Entwicklung im Lebenslauf« (Nestmann 2008, S. 77f.).

Die Merkmale, mit denen Nestmann diesen eher allgemeinen Aufgabenkatalog weiter konkretisiert und ausbaut, sind einerseits solche, die sich als Ergebnis des Fachdiskurses der vergangenen Jahre weitgehend durchgesetzt haben; hierzu gehören Konzepte wie »Lebensweltbezug«, »Ressourcenorientierung«, »Niederschwelligkeit« und »Empowerment«. Andererseits werden Beratungskonzepte hinzugefügt, in denen sich die aktuellen Diskussionen und neue Anforderungen an Beratung spiegeln; dazu gehören Konzepte der »Informationsbalance« (S. 78f.), der »positiven Nichtsicherheit« (S. 80f.), des »Kontextbezuges« (S. 83f.), »Inklusion und Diversität« (S. 88f.), »lebensbegleitende Kurzintervention« (S. 92f.) und »Methodenintegration« (S. 90)[4].

Lässt man sich in der skizzierten Form auf theoretische und beratungswissenschaftliche Überlegungen zu Beratung als Interventionsform ein, dann wird eine Krux erfahrbar, die sich aus den unterschiedlichen Abstraktionsebenen des interdisziplinären Denkens ergibt: Querschnittskategorien und Differenzerfahrungen, wie sie mit der Perspektive Gender/Geschlecht/Frauen verbunden sind (aber natürlich nicht nur damit), lassen sich nur schwer über die verschiedenen Ebenen der Abstraktion und Konzeptentwicklung durchgängig mitthematisieren. Es erfordert eine große Beharrlichkeit und eine große Denkanstrengung und ist mehrperspektivisch kaum zu leisten. Wie kann man überhaupt die gerade für Beratungsprozesse so bedeutsame Differenz »Geschlecht« in sozialtheoretischen Überlegungen kontinuierlich mitdenken und mitformulieren, ohne eine das Verständnis hemmende

---

4 Diese eher harmlos und selbstverständlich klingende Forderung ist durchaus bedeutungsvoll – tritt sie doch an die Stelle des Methoden-Eklektizismus früherer Beschreibungen von Beratung.

Komplexität zu erzeugen? Wie kann man bei der Konzipierung konkreter Beratungsangebote der Geschlechterdifferenz angemessen Raum geben, ohne eine unbedachte Dominanz anderen Differenzerfahrungen gegenüber (z. B. sozialer oder ethnischer Differenz) herzustellen? Fragen wie diese führen nicht nur in methodologische Überlegungen, sie machen auch deutlich, dass die feministischen Anliegen vielleicht doch nicht vollständig in übergreifenden Beratungstheorien aufgehoben sind, sobald diese die Geschlechterdifferenz mitberücksichtigen.

Die dekonstruktivistische Gender-Theorie als Irritation und Herausforderung frauenspezifischer Beratung

Blickt man auf die Entwicklung, die feministische Theorie und empirische Geschlechterforschung seit Beginn der 1990er Jahre genommen haben, dann fällt ein deutliches Auseinanderklaffen ins Auge: Die empirische Geschlechterforschung ist – wie die Einbeziehung von Geschlechtsspezifik in die Beratungsarbeit – ein Erfolgsmodell. Geschlecht als Variable statistischer Erhebungen ist eine Selbstverständlichkeit geworden; Gender-Mainstreaming gilt als Instrument von Qualitätsentwicklung von Organisationen und Wissenschaftsmanagement, Gender ist als Querschnittskategorie in Erziehungswissenschaft (vgl. Glaser et al. 2004) und klinischer Psychologie (vgl. Gahleitner/Gunderson 2009) genauso etabliert wie in der Beratungswissenschaft (s. o.). Die feministische Theorie dagegen, von der doch eigentlich weiterhin Anregungspotenzial für Beratungstheorie und -praxis zu erwarten ist, ist immer noch mit der Verarbeitung der dekonstruktivistischen Kritik an der Kategorie »Geschlecht« (Butler 1991) beschäftigt. Was hat es damit auf sich? Judith Butler hatte in ihrem Buch *Das Unbehagen der Geschlechter* (1991) eine doppelte Kritik an feministischer Theorie und Politik formuliert. Die eine – grundlegend theoretische – Kritik bezog sich auf die Unterscheidung von »Sex« und »Gender«, die dem körperlichen Geschlecht (Sex) eine (über die anatomischen Merkmale hinausgehende) natürliche Basis zuschreibt, aus der die Dichotomie männlich/weiblich abgeleitet wird – als Grundlage sozio-kultureller Zuschreibungen (Gender). Auch die biologische Aufteilung in zwei Geschlechter – darauf verweist diese Kritik – ist bereits eine sozio-kulturelle Konstruktion, die Heterosexualität naturalisiert und sowohl Intersexe

(= körperlich nicht eindeutig männliche oder weibliche Personen) als auch Transsexualität (= eine gelebte Differenz zwischen anatomischem und gefühltem Geschlecht) und Homosexualität (= gleichgeschlechtliche Formen sexuellen Begehrens) als Abweichung markiert. Der heute wahrnehmbar breite Diskurs über Transsexualität (vgl. Hirschauer 1993) und Queer (vgl. Hark 2005) wurde durch diese Kritik freigesetzt.

Für die Frauenberatung vielleicht noch bedeutsamer ist die zweite Kritiklinie: Die Konstitution eines politischen Subjekts »Frau« – wie in der Frauenbewegung stattgefunden und der Frauenprojektarbeit zur Grundlage gemacht – hat nicht nur Ausschlüsse zur Folge (z.B. von Transgender, ethnischen und religiösen Bindungen), führt nicht nur zu Hierarchisierung (z.B. Beraterinnen versus Klientinnen), sondern verführt zu Essentialismus (= die Unterstellung von Weiblichkeit/Männlichkeit als Wesenskern von Personen) und stellt immer wieder her, was aufgehoben werden soll: Frau als Chiffre für Unterdrückung und Ungleichheit. Die beiden (mit dem Namen von Judith Butler verbundenen) Kritiklinien haben sich in beeindruckender Weise in der feministischen Diskussion durchgesetzt; sie lassen sich je unterschiedlich auf die politische Frauenbewegung, die feministische Theorie und die Frauenprojektarbeit beziehen:

Für die *politische Frauenbewegung* ist der Butler'schen Kritik ein wichtiger Hinweis zu entnehmen: Indem sie sich als politisches Subjekt konstituiert und mit einem »Wir« für die Frauen spricht, wird zwar einerseits ein Dominanzverhältnis skandalisiert – das der männlichen Dominanz – und auf Veränderung gedrängt, zugleich macht aber die inhaltliche Beschreibung dieser Dominanz eine *begrenzte* weibliche Erfahrung – die der in der Bewegung aktiven Frauen nämlich – faktisch zum Ausgangspunkt der Veränderung. Diese Erfahrungen gewinnen damit Definitionsmacht, schließen andere Subjekte (auch weibliche) aus und produzieren potenziell selbst Dominanzverhältnisse (über jüdische, schwarze, muslimische … Frauen).

Diese Kritik ist zutreffend und hat zu breiten politischen Diskussionen geführt. Auch auf der Praxisebene gibt es eine konsequente Resonanz, so zielen z.B. die Social-Justice-Trainings darauf, politische Akteure für dieses Problem zu sensibilisieren.

Für die *feministische Theorie* hat die dekonstruktivistische Kritik eine andere Bedeutung: Kritik ist eine Grundform wissenschaftlichen Erkenntnisgewinns und zeitigt im besten Falle neue/bessere Erkenntnisse. Bei manchen Richtungen feministischer Theorie, wie den kulturfeministischen Konzepten, die Frauen vom Wesen her für friedfertig halten, trifft der Essentialismus-Vorwurf. Diese Konzepte sind aus der aktuellen Diskussion weitgehend verschwunden. Auch in anderen Punkten zeigt die Kritik Wirkung. So hat die in der feministischen Diskussion über lange Zeit mit immer wieder neuen Akzenten geführte Gleichheit-Differenz-Debatte an Bedeutung verloren. Gleichheit wird zunehmend als Menschenrechtsgleichheit verstanden. Differenzen zwischen Frauen werden als Realität gesehen und empirisch untersucht; als weiterhin theoretisch interessant werden solche Differenzen behandelt, die Dominanzverhältnisse herstellen. In anderen Bereichen der feministischen Theorie hat die dekonstruktivistische Kritik Ausdifferenzierung und neue Ansätze angeregt. Sowohl die Queer-Theorien als auch das Konzept der Intersektionalität sind das Produkt entsprechender Theorieentwicklung.

In noch einmal anderer Weise hat die skizzierte Kritik in die *Frauenprojektarbeit* gewirkt. Manche Projekte im kulturellen Bereich – etwa Buchhandlungen und Kulturzentren – sind zu Nischenexistenzen geworden oder ganz verschwunden. Ob es dazu überhaupt der Kritik am Geschlechterbild bedurfte oder ob der kulturelle Separatismus aus anderen Gründen (z. B. Veränderung der Medien) nur eine begrenzte Perspektive hatte, ist offen. Andere Bereiche – Ferienzentren und ökologisch arbeitende Frauenbetriebe – haben sich mit anderen Initiativen vernetzt bzw. florieren – wie die Frauenhotels – als ein Angebot neben anderen, ausschließlich auf unterschiedliche Vorlieben möglicher Kundinnen setzend.

Dass sich einige der Frauenprojekte zwar verändert, aber nicht grundsätzlich umstrukturiert haben – die Frauenhäuser, die Notruf-Einrichtungen und viele Beratungsstellen –, hat damit zu tun, dass sie in ihren Begründungskonzepten weniger auf die Differenz der Personen (Männer versus Frauen) setzen, sondern ihre Aktivitäten vielmehr entlang von Gender-bedingten Macht- und Dominanzlinien organisiert haben. Diese haben sich verschoben, bestehen aber nach wie vor. Die Armutsverteilung, Gewalt in nahen Beziehungen und die Bindung von Identitätsentwürfen an ein dichotomes Geschlechterverhältnis erfolgen auch heute in (durch Tradition, rechtliche Bestimmungen und ökonomische Ungleichheit) gesellschaftlich abgesicherten Geschlechterstrukturen. Die dekonstruktivistische Kritik trifft daher natürlich in Einzelaspekten: wenn von essenziellen, quasi-natürlichen Differenzen zwischen Männern und Frauen ausgegangen wird, wenn die Differenzen zwischen Frauen vernachlässigt, wenn bestimmte Modelle »richtiger« Weiblichkeit vertreten oder andere Dominanzverhältnisse als die entlang der Gender-Kategorie geleugnet werden. Sie trifft jedoch nicht den Kern der Projektarbeit in diesen Bereichen. Die Herausforderung, vor der die Projektarbeit hier steht, ist – wie ich in meinen bisherigen Überlegungen zu zeigen versucht habe – eher darin zu sehen, dem Professionalisierungsprozess des Arbeitsfeldes gerecht zu werden *und* die Auseinandersetzung mit Gender-Fragen weiterzuführen, und d.h., einen eigenen Beitrag zur theoretischen und politischen Diskussion um Gender zu leisten.

Konsequenzen für Theorie und Praxis frauenspezifischer Beratungsarbeit

Konsequenzen für die Beratungsarbeit mit Frauen ergeben sich aus allen drei Überlegungen, die ich versucht habe, in den vorangegangenen Abschnitten nachvollziehbar aufzubereiten:

Die Bedeutungsverschiebungen, die sich durch die Modernisierungsschübe Mitte des 20. Jahrhunderts und im Übergang zum 21. Jahrhundert sowohl für Beratung als Interventionsform als auch für die (Sozial-)Politik der Geschlechtergerechtigkeit ergeben haben, gilt es zur Kenntnis zu nehmen, weiterhin zu analysieren sowie das eigene Handeln darauf abzustimmen. Die Beratungsarbeit mit Frauen sollte zudem vom aktuellen beratungswissenschaftlichen Stand aus erfolgen, d.h. die allgemeinen Standards umsetzen und die für den eigenen Bereich relevanten sozialwissenschaftlichen Kenntnisse einbeziehen. Für die genderspezifischen Probleme und Wissensbestände des eigenen Praxisfeldes – jede über einen längeren Zeitraum fachkundig durchgeführte Beratungstätigkeit produziert Erkenntnisse, die nur in dieser sozialen Praxis gewonnen werden können – ergibt sich aus der Frauenberatung eine besondere Expertise, die der sich entwickelnden Beratungswissenschaft auch entsprechend selbstbewusst zur Verfügung gestellt werden kann.

Aus der dekonstruktivistischen Kritik ergeben sich an zwei Punkten Schwierigkeiten für die Praxis: Dass es zu Hierarchisierungen führt, wenn sich Frauen fachlich/politisch für (andere) Frauen einsetzen, ist eine zutreffende Beschreibung, in der sich viele Mitarbeiterinnen der Frauenberatungsstellen mühelos wiederfinden können, haben sich doch Krisen und schwierige Prozesse in den Frauenprojekten gerade um dieses Problem herum abgespielt. Auf dem heutigen Stand kann man diese Problematik ein wenig entschärfen, formuliert damit aber zugleich Anforderungen an die Beratungsarbeit. Berufliche Arbeit in komplexen und mit unterschiedlichen Kompetenzen ausgestatteten Einrichtungen kann einer (auch hierarchisierenden) Organisationsstruktur nicht entgehen, wenn sie die Möglichkeiten, arbeitsteilig zu kooperieren, nutzen will. Dies schließt jedoch einen kollegialen, die unterschiedliche Fachlichkeit respektierenden Umgang nicht aus – in manchen Projekten nicht einmal eine Angleichung der Bezahlung. Die Asymmetrie zwischen Beraterin und Klientin ist in der professionellen Beratungsbeziehung nicht zu vermeiden, kann aber transparent gemacht und auf das Beratungsgeschehen begrenzt werden.

Als besonders schwierig in die (Beratungs-)Praxis umzusetzen, gilt die sich aus der dekonstruktivistischen Kritik ergebende Forderung, nicht immer wieder herzustellen, was aufgehoben werden soll: Frau als Chiffre für Unterdrückung und Ungleichheit. Wie kann man Frauen, auch mit ihren spezifischen Problemlagen, als Klientel ansprechen, ohne »Frau« als benachteiligt und problembelastet zu beschreiben und zu behandeln? Hierzu hat Ursel Sickendiek vorgeschlagen, den von Hagemann-White für die Ebene der Sozialforschung formulierten Ansatz des Perspektivwechsels auf Beratung zu übertragen:

> »Eine Beraterin kann oder sollte demzufolge bewusst zwischen zwei Betrachtungsweisen wechseln: In der einen Perspektive nimmt sie das für Frauen nachteilige Ergebnis der Konstruktion ›Frau‹ in seiner Unterscheidbarkeit vom ›Mann‹ als Tatsache ernst. In der zweiten Sichtweise interpretiert sie die Benachteiligung von Frauen – und die entsprechenden Fakten des Einzelfalls – im Licht des Konstruktivismus und entwirft mit ihren Klientinnen Gegenstrategien« (Sickendiek et al. 1999, S. 79).

Das damit eröffnete konzeptionelle und kommunikative Experimentierfeld bietet auch Raum für die Einbeziehung anderer Differenzerfahrungen (Intersektionalität!), die dabei gewonnenen Einsichten könnten auch den theoretischen Gender-Diskurs bereichern.

Gewalt gegen Frauen:
Viel erreicht!
Wenig verändert?

Von der Veröffentlichung der Gewalt gegen Frauen bis zum unterstützenden Beratungskonzept

Agnes Büchele

Anstelle eines Vorworts: Mahnwache für Hanna H.

»Am 1. November 2009 erinnert LILA – ein Zusammenschluss von Frauenprojekten in Köln – an Hanna H. und andere Frauen, die in diesem Jahr Opfer sogenannter ›Beziehungstaten‹ wurden. Diese Morde sind Ausdruck tiefster und gesellschaftlich ignorierter Frauenverachtung!« (Flugblatt zur Aktion, 1. November 2009)[1]

In der Zeit der Entstehung dieses Artikels ist die Geschichte der ermordeten Frau für kurze Zeit in der regionalen Öffentlichkeit präsent. Der Mörder verübte seine Tat am helllichten Tag und unter den Augen von Nachbarn im Innenhof der Wohnsiedlung, in der die Frau zunächst mit ihrem Ehemann und späteren Mörder und mit ihren drei Kindern gewohnt hat. Er wurde nicht an der Tat gehindert, und er ließ sich nicht von einer verhängten Wegweisung abschrecken. Die Mahnwache am Ort der Ermordung hielt eine eher kleine, versprengte, trauernde Gruppe aus Anwohnenden, Kindern, Angehörigen, jüngeren und älteren frauenbewegten Frauen, um Hanna H. und aller durch Beziehungs- und Trennungsgewalt getöteten Frauen zu gedenken.

---

1 LILA in Köln: Bündnis autonomer Frauenprojekte gegen Gewalt an Frauen und Mädchen. URL: http://www.lila-in-koeln.de/aktuelles.html (Stand November 2009)

Gewalt gegen Frauen – ein öffentliches Problem

Diese Demonstration hat etwas Symbolisches für den bestehenden gesellschaftlichen Skandal der Gewalt gegen Frauen. Seit Mitte des 19. Jahrhunderts bis zum Beginn des 20. Jahrhunderts demonstrierten und kämpften Frauen erstmals öffentlich für ihr Recht auf Teilhabe am politischen Leben, für Wahlrecht und allgemeinen Zugang zu Universitäten. Vor 30 Jahren, mit Beginn der neuen Frauenbewegung, gingen Frauen wieder auf die Straße. Sie wollten für ihre Rechte auf Selbstbestimmung eintreten und vor allem auf die verbreitete Gewalt, die Frauen in immer ähnlichen Mustern und Lebenszusammenhängen widerfuhr, öffentlich aufmerksam machen. Sie haben damit immense gesellschaftliche Veränderungen bewirkt. Die Anrechte von Frauen auf Gleichberechtigung und Würde sind weitgehend anerkannt. Die Bewusstheit über bestehende Gewalt ist gewachsen, die Dynamik der Gewalt ist analysiert, Gesetze sind geändert, ein breites Spektrum an Hilfseinrichtungen ist geschaffen, doch die Gewalt gegen Frauen ist ein (fast) unverändertes Faktum geblieben. Es fehlt die öffentliche Empörung, die Voraussetzung wäre, um weitere grundlegende Veränderungen zu erreichen. Das Problem ist gesellschaftlich an die Frauen und Helfersysteme delegiert. So entsteht da und dort wieder eine Bewegung auf der Straße, eine Form des Sichtbarwerdens in der Öffentlichkeit, wo alles angefangen hat. Im Folgenden geht es darum, die Errungenschaften, die Widersprüche und die Hindernisse der letzten 30 Jahre zum Thema Gewalt gegen Frauen im Geschlechterverhältnis zu beleuchten und daraus Perspektiven für die nächsten Jahrzehnte zu entwickeln.

Die Anti-Gewalt-Bewegung der Frauen

Nachdem sich aus dem ersten Frauenzentrum in London das erste Frauenhaus Europas entwickelte (vgl. Pizzey 1974), ist die Arbeit gegen häusliche Gewalt zu einem der wesentlichen und charakteristischen Themen der zweiten Frauenbewegung geworden. Es entwickelten sich internationale Hilfs- und Schutzorganisationen, Frauennotwohnungen, Frauenhäuser, Frauenberatungsstellen, Nottelefone, Rechtsbeistand, frauentherapeutische Einrichtungen, weltweite Organisationen von Frauen für Frauen, die in unterschiedlichsten Formen solidarischen Beistand geben. Die Mitarbeiterinnen von Frauenhäusern und anderen feministischen Organisationen wurden zu Verhandlungspartnerinnen in regionaler und bundesweiter Politik und zu Managerinnen von Sozialprojekten, die sich bis heute zu Sozialeinrichtungen etabliert haben. Damit schaffte die feministische Anti-Gewalt-Bewegung neue sozialpolitische Strukturen, die als »Erfolgsgeschichte« bezeichnet werden kann (vgl. Brückner 1996). Es wurde damit beabsichtigt, die unmittelbare Gewalt zu stoppen und Sicherheit zu bieten. Grundsätzlich sollten aber nicht immer mehr Schutzeinrichtungen für Frauen geschaffen werden, sondern das politische Ziel aus Sicht der Frauen war und ist es weiterhin, die Gewalt gegen Frauen zum Verschwinden zu bringen.

Die parallel dazu entstandene kritisch sozialwissenschaftliche Frauenforschung analysiert Zusammenhänge von individuell erlittener Gewalt der Frauen und verübten Gewalttaten der Männer mit gesellschaftlichen Machtstrukturen entlang der Geschlechterordnung in Politik, Ökonomie, Bildung, Religion und Moral sowie damit verbundenen Bildern von Weiblichkeit und Männlichkeit (Benard/Schlaffer 1978; Walker 1979; Brückner 1983). Damit wurde ein Paradigmenwechsel weg vom »individuellen Versagen« einzelner Frauen hin zu einem Verständnis von Gewalt, das ein gesellschaftliches Problem innerhalb des Geschlechterverhältnisses sichtbar macht, bewirkt. Dieser Perspektivenwechsel beeinflusste in der Folge Sozial- und Rechtspolitik.

Konfrontation mit den Gesichtern und dem Ausmaß der Gewalt

Die Veröffentlichung von und die Auseinandersetzung mit häuslicher Gewalt hat erst zu Erkenntnissen über die vielfältigen Formen und das Ausmaß von Gewalt geführt. Das öffentliche Verständnis von der Familie als Ort des Schutzes und der Intimität verträgt es bis heute nur schwer, diesen Ort als gefährlich für Frauen und Kinder zu beschreiben. Darauf bezogene Verdrängungsprozesse haben eine lange Geschichte und sind ständig wirksam (vgl. Herman 1993). Doch die Enttabuisierung schafft die Voraussetzung für eine Bewegung und für Arbeit gegen Gewalt. Danach gilt bis heute die Grunddefinition für Gewalt im Geschlechterverhältnis als die *Durchsetzung von Ansprüchen und Bedürfnissen aufgrund von Macht- und Dominanzunterschieden.* Sie wird mittels der psychischen und physischen Verletzung des Opfers erzwungen. Im alltäglichen Erleben bedeutet das verbreitet: Er schlägt sie, weil sie »seine«

Frau ist oder weil sie es werden oder bleiben soll. Das Geschlechterverhältnis trägt ein Machtgefälle in sich, das permanente Übergriffe ermöglicht, die heute mit »häuslicher Gewalt« umschrieben werden – ein Begriff, über den es ein breites Einverständnis gibt, der aber auch den eindeutigen Nachteil hat, die nach wie vor am häufigsten von Männern ausgeübten Taten zu verdecken (vgl. Kavemann et al. 2001).

Die differenzierten Varianten von Gewalt sind:
- »physische Gewalt«: Schubsen, Ohrfeigen, Schläge mit Gegenständen, Fesseln, Würgen;
- »psychische Gewalt«: Drohungen, Beleidigungen, Demütigungen, Erzeugen von Schuldgefühlen, Einschüchterung, Kontrolle;
- »sexualisierte Gewalt«: sexuelle Übergriffe gegen Kinder und Frauen, Nötigung bis zur Zwangsprostitution, Zwangsheirat;
- »soziale Gewalt«: Kontrolle der sozialen Kontakte, Isolation; und
- »ökonomische Gewalt«: Arbeitsverbot oder -zwang, Verfügungsmacht über finanzielle Ressourcen, Aufrechterhaltung ökonomischer Abhängigkeiten, Heiratsmarkt, Menschenhandel (vgl. Müller/Schröttle 2004).

Viele Aspekte von Gewalt im Geschlechterverhältnis weisen in ihrer Verbreitung eben weit über die »häusliche Gewalt« hinaus in öffentliche Bereiche, die durch das Geschlechterverhältnis mitbestimmt sind, in denen Nötigung bis zur Zwangsprostitution und Sextourismus gesellschaftlich existent und toleriert sind. Die Anti-Gewalt-Bewegung hat auch wenig fassbare Formen von Gewalt, wie Mobbing, sexuelle Belästigung und Stalking, denen Frauen in öffentlichen Bereichen wie in Organisations-, Arbeits-, aber auch Therapiezusammenhängen vielfach ausgesetzt sind, benannt und durchgesetzt, dass Gesetze nach aktuellen Erkenntnissen verbessert wurden. Dies ist die Voraussetzung dafür, dass Taten strafrechtlich anerkannt und damit verfolgbar gemacht werden[2].

---

2 Beispielhaft seien hier genannt: Bundesgesetzblatt Jahrgang 2001 Teil I Nr. 67, ausgegeben zu Bonn am 17. Dezember 2001: Gewaltschutzgesetz. Gesetz zur Verbesserung des zivilgerichtlichen Schutzes bei Gewalttaten und Nachstellungen sowie zur Erleichterung der Überlassung der Ehewohnung bei Trennung. Bundesgesetz zum Schutz vor Gewalt in der Familie, Österreich, 1. Mai 1997. »Zweites Gewaltschutzgesetz«, Österreich, 1. Juni 2009. Spezifische Errungenschaft ist die verpflichtende Etablierung von Ethikkommissionen in den Psychotherapievereinen, die vor allem sexuellen Machtmissbrauch durch Therapeutinnen und Therapeuten thematisieren und ihn einklagbar machen.

Neben den grundlegend veränderten und erfolgreich umgesetzten Hilfsorganisationen und gesetzlichen Veränderungen, die im Zuge der Frauenbewegung in den sozialen und politischen Strukturen durchgesetzt wurden, zeigt die aktuelle repräsentative Prävalenzstudie in der BRD (Müller/Schröttle 2004) beispielhaft das Ausmaß von Gewalt, das parallel existiert (Deutschland liegt im Vergleich im europäisches Mittelfeld; vgl. ebd., S. 11). In der Studie wurden 10.000 Frauen zwischen 16 und 85 Jahren zu ihren Gewalterfahrungen und ihrer psychischen, sozialen und gesundheitlichen Situation befragt.

Die Ergebnisse zeigen vier gravierende Grundzüge, die bereits seit den 1980er Jahren als Dunkelziffern von Frauenprojektebewegung und Frauenforschung angenommen wurden (vgl. ebd.; GiG-net 2008):

➤ Jede zweite bis dritte Frau erlebt demnach im Laufe ihres Erwachsenenlebens körperliche Übergriffe in oben beschriebenen unterschiedlichen Formen innerhalb und/oder außerhalb von Paarbeziehungen. Etwa jede fünfte Frau erleidet Verletzungen durch körperliche Übergriffe. 90% aller Frauen nennen männliche Täter.

➤ Etwa jede siebte Frau berichtet von sexueller Gewalt, die sie seit dem 16. Lebensjahr erlebte. Mehr als jede zweite der befragten Frauen (58%) erfährt irgendwann in ihrem Erwachsenenleben unterschiedliche Formen sexueller Belästigung in privaten und öffentlichen Lebensbereichen, jede zweite davon durch einen Mann, mit dem sie zusammenlebt.

➤ 42% der Frauen geben erlebte Formen von psychischer Gewalt in privaten wie schulischen oder arbeitsbezogenen Lebensbereichen an, z.B. Anschreien, Demütigungen, Ausgrenzungen, Psychoterror.

➤ Zwischen 18 und 20% der Mädchen erleiden in der Kindheit Formen von sexuellem Missbrauch oder Misshandlung, die sie emotional und körperlich belasten. Zusätzlich ist das Erleben von körperlicher und/oder sexueller Gewalt als zentraler Risikofaktor für spätere Viktimisierung im Erwachsenenleben deutlich geworden.

Gewalt ist nicht geschlechtsneutral, sondern ein Problem von Männlichkeit

Der Erklärungsansatz, auf den sich Anti-Gewalt- und Frauenhaus-Arbeit bezieht, geht von einem im Geschlechterverhältnis bestimmten gesellschaftlichen Gewaltbegriff aus. Als »Gewalt im Geschlechterverhältnis« hat eine solche Tat immer mit Dominanzansprüchen und Machtverhältnissen sowie mit Abhängigkeiten sozialer, ökonomischer, physischer und psychischer Art zu tun. Es geht dabei weder um Schichtphänomene noch um individuelles Verhalten, es geht weder um Familiendynamiken noch um individuelle fehllaufende Interaktionsmuster. Gewalt ist demnach eine Folge der sozialen Konstruktionen im Geschlechterverhältnis mit seinen geschlechtlichen Zu- und Unterordnungen, den zugeschriebenen Bereichen des Privaten und des Öffentlichen, die eine – auch gewaltsame – persönliche und sexuelle Unterordnung von Frauen scheinbar rechtfertigt (vgl. Scheffler 2009). In dieser Sichtweise wird das Geschlechterverhältnis als historische und soziale Konstruktion und als Ordnungssystem (vgl. Hagemann-White et al. 1997) gesehen, werden Verhaltens- und Interaktionsweisen gefördert, die das Verständnis von Weiblichkeit eng mit Rücksichtnahme, das von Männlichkeit mit Gewaltbereitschaft koppeln. In der aktuellen Studie zur Lebenssituation von Männern in Deutschland äußern 28% der befragten Männer rassistisch und sexistisch gefärbte Gewaltakzeptanz. Die Prozentzahlen differieren allerdings zwischen 64% bei »traditionell« und 2% bei »modern« eingestellten Männern (vgl. Volz/Zulehner 2008, S. 316).

Die Autoren der Studie folgen den Ansätzen der Männerforschung, in denen männliches Gewalthandeln aus den Unterschieden und Hierarchien innerhalb der Gruppe der Männer und unterschiedlichen Konzepten von Männlichkeit abgeleitet wird und weder ein biologisches noch hormonbedingtes Problem darstellen (vgl. ebd., S. 363). Wenn es in der Geschlechterforschung auch Kontroversen über männliches Gewalthandeln gibt, ob sich darin Macht oder Ohnmacht von Männern und deren Verunsicherung über zunehmend unter gesellschaftlichen Druck geratende Männlichkeitskonstrukte zeigen (Heidrich/Rohleder 2005; Büchele 2000), so weisen doch die damit befassten Sozialforschungen gemeinsam in die Richtung, dass Gewalt gegen Frauen bei Männern und Männlichkeit weiter zu erforschen und zu verhandeln ist. Zunehmende Differenzierungen in der Untersuchung von Gewalterfahrung bei spezifischen Gruppen bestätigen Annahmen, dass Jungen und Männer auch Opfer von körperlicher und sexueller Gewalt werden. In der Tendenz erleben sie aber eher körperliche Gewalt, und zwar auch öfter durch männliche Täter (vgl. GiG-net 2008).

Rechtliche Errungenschaften und gesetzliche Regelungen

Die Veröffentlichungen der Frauen zur erlittenen Gewalt in den Anfängen der Frauenbewegung haben aus der Scham heraus geführt (Meulenbelt 1976). Es ist gelungen, dass Gewalt gegen Frauen weltweit als Menschenrechtsverletzung und Straftatbestand anerkannt ist. Dies bringt zwar, wie gezeigt, die Gewalt nicht zum Verschwinden, trägt aber zur Relativierung der Opferposition der Frauen bei. Gesellschaftlich und gesetzlich anerkanntes Unrecht ist eine *der* Voraussetzungen, sich von individueller Schuldzuschreibung lösen zu können, über basale gesellschaftliche Übereinkünfte Würde wiederherzustellen und Selbstrespekt zu festigen. Seit Anfang der 1990er Jahre ist die Anti-Gewalt-Bewegung bestrebt, in der Entwicklung der Gesetze einen Paradigmenwechsel von der Sicht auf die Frauen als Opfer zur Verantwortlichkeit der Täter zu erreichen (vgl. Dohnal 1993). Die Weiterentwicklung ist in den Gewaltschutzgesetzen umgesetzt, die das Ziel der Unterbrechung des Gewaltkreislaufes über neue Wege der Lösung verfolgen: Mit den Erkenntnissen über die Vielfältigkeit der häuslichen Gewalt werden Interventionsprojekte gegründet, bei denen alle beteiligten Institutionen gemeinsame Maßnahmen zum Opferschutz und zur Einbeziehung der Verantwortung der Täter koordinieren. Für Frauen wie für Institutionen gilt es, den Weg aus der »gelernten Hilflosigkeit« (vgl. Seligman, zit. n. Walker 1979) herauszugehen. Dies verändert noch einmal die Konzepte von einer ausschließlich autonomen feministischen Arbeit gegen Gewalt zu Kooperationsbündnissen mit Polizei, juristischen Behörden und Professionellen im Gesundheitsbereich (vgl. GiG-net 2008).

Feministische Beratung und Unterstützung bei Folgen von Gewalt

30 Jahre Erfahrung in den Gewaltschutz- und Beratungseinrichtungen haben gezeigt, wie dringend notwendig Schutz, Unterstützung und Beratung für betroffene Frauen und damit meistens auch für Kinder sind. Untersuchte Prävalenzraten bei Frauen in ambulanter und stationärer Behandlung zeigen, dass die Folgen von Gewalt schwere, multifaktorielle Schäden mit

Langzeitfolgen auslösen. In diesem Rahmen sei nur beispielhaft darauf verwiesen, dass 70–80% von Psychiatriepatientinnen wiederholt Formen von Gewalt, wie sie im Geschlechterverhältnis existieren, ausgesetzt waren. Die Koinzidenz von Gewalterfahrung, schweren psychischen Störungen, psychosomatischen Leiden und Suchterkrankungen ist mehrfach nachgewiesen (vgl. Hellbernd/Wieners 2002). Die Gefahr von Chronifizierung ist erhöht, wenn eine zeitnahe und adäquate Behandlung ausbleibt. Zudem wurde in den letzten 15 Jahren ein relativer Anstieg von Tötungsdelikten mit weiblichen Opfern verzeichnet. Das Risiko, im sozialen Nahraum getötet zu werden, liegt bei 43% für Frauen und vergleichsweise bei 14% für Männer. In Trennungsphasen ist das Risiko der Tötung um ein Drittel erhöht, und zu 80% sind (Ex-)Partner die Täter (vgl. Greuel/Petermann 2009).

Die gravierenden Auswirkungen führen für die WHO zu dem Schluss, dass Gewalt einen zentralen Risikofaktor für die Gesundheit von Frauen darstellt (vgl. GiG-net 2008, S. 50f.). Studien der letzten Jahre zeigen, dass nach widerfahrener Gewalt die Verarbeitung und das *individuelle Bedürfnis* nach Unterstützung sehr unterschiedlich sind. Gleichzeitig weisen die erhobene Inanspruchnahme von Unterstützung und professionelles Wissen um Entwicklungsverläufe aber auf einen hohen *Bedarf* an spezifischer, breitgefächerter Unterstützung hin (vgl. Müller/Schröttle 2004; Hellferich/Kavemann 2004).

In frauenspezifischer Anti-Gewalt-Arbeit hat sich psychosoziale Beratung zu einer eigenständigen Methodik *neben* den etablierten Therapieverfahren entwickelt. Sie orientiert sich – anders als Psychotherapie und ihre klinische Diagnostik – am unmittelbaren Bedarf und an der Förderung individueller und sozialer Ressourcen, wie dies Scheffler (S. 45–57 dieses Buches) ausführt (vgl. Großmaß 2000; Sickendiek 2004). Sie beruht auf den von Beginn der Frauenbewegung an formulierten Grundprinzipien der *Parteilichkeit*, des *Empowerments* und der *vertrauensvollen Beziehung zur Beraterin*. Diese Prinzipien wurden methodisch zu differenzierten professionellen Konzepten weiterentwickelt. Sie gelten grundsätzlich für eine hilfreiche Beratungsbeziehung. Das Prinzip der Parteilichkeit basiert auf sozialwissenschaftlichen Erkenntnissen zu Geschlechterhierarchien und strukturellen Benachteiligungen, die geschlechtsspezifische Lebensformen schaffen, in denen Frauen tendenziell in abhängigere Positionen kommen und durch die sie auch eher

Gewalthandlungen ausgesetzt sind. Parteilichkeit beeinflusst und charakterisiert die verschiedenen Dimensionen der professionellen Beratungshaltung und Handlungskonzepte.

- Sie setzt besonderes Fachwissen um die Dynamik von Gewalt in Paarbeziehungen und Familien voraus.
- Sie beinhaltet die Grundhaltung, den Frauen Glauben zu schenken und ihnen vertrauensvoll mit Respekt vor ihren Gefühlen zu begegnen – auch wenn diese ambivalent hinsichtlich der Beziehung zum Täter sind.
- Sie verlangt die Reflexion eigener Geschlechterbilder und Wertvorstellungen seitens der Beraterin und das Erkunden der möglicherweise fremden und/oder irritierenden Vorstellungen und Verhaltensweisen der betroffenen Frau (vgl. Großmaß 2005; Hartwig/Weber 2000; Spiegel 2000; Sickendiek 2004).

Weiterhin ist ein breites Spektrum an möglichem Unterstützungs- und Informationsbedarf in der Beratung grundsätzlich am Prinzip von Empowerment orientiert, welches die Stärkung oder Wiedererlangung der Handlungsfähigkeit nach erfahrener Gewalt zum Ziel hat. Die vertrauensvolle Beziehung bietet modellhaft die Erfahrung von Solidarität in der Krisensituation, in der die betroffene Frau durch die Ergebnisoffenheit der Beratung Respekt vor ihrer eigenen Verantwortlichkeit und ihre individuellen Möglichkeiten entwickelt und erfährt. Gewalt und scheiternde Beziehungen sind kritische Lebensereignisse, die Frauen in besonderer Weise herausfordern. In der Realität des Beratungs- und Frauenhausalltags bedeuten Beratung und Begleitung von Frauen aller Schichten, denen Gewalt widerfahren ist, *frauenspezifische* Krisenberatung. Sie erfordert in den ersten Handlungsschritten Beruhigung, Entlastung, empathisches Verstehen und die Strukturierung der aktuellen Situation wie der näheren Zukunft. Diese Krisensituationen nach erlebter Gewalt beinhalten auch, dass mit traumatischem Erleben der Frauen umgegangen wird und alle möglichen Traumafolgen im Erleben der Frauen und im Beratungsprozess präsent sein können. Damit geht es in den Phasen der Unterstützung nicht um eine Traumaheilung, wohl aber um die Balance zwischen Anerkennung der erlittenen Gewalt, Stabilisierung, Zutrauen in eigene Handlungsmöglichkeiten und das Wagnis der Veränderung in der Zukunft (vgl. Großmaß 2005).

Vision für die nächsten 30 Jahre – Feministischer Perspektivenwechsel zu geteilter Verantwortung und Kooperation

Die Erkenntnis, dass die Anti-Gewalt-Bewegung immense Veränderungen und Verbesserungen des Opferschutzes erreicht hat, es aber keine bemerkenswerten Belege für die strukturelle Verringerung von Gewalt gibt, fordert den dringenden Blick auf weitere Handlungsoptionen (vgl. Heidrich/Rohleder 2005). Alle aktuellen Forschungsergebnisse über die Vielfalt der Gewaltdynamiken und über den Bedarf nach hilfreicher Unterstützung weisen auf die Notwendigkeit von einheitlichen Zielen und engen Kooperations- und Interventionsbündnissen hin – »damit wir nicht Teil des Problems, sondern Teil der Lösung sind« (vgl. Hagemann-White/Bohne 2003, S. 51–52; GiG-net 2008). Die Aufgaben, die anstehen, um in weiteren 30 Jahren Visionen zu erfüllen, sind vielfältig. Die Etablierung von Wissen über Gewalt im Kontext des Geschlechterverhältnisses als Standard bei *allen* involvierten Professionellen gehört ebenso unabdingbar dazu wie die konsequente Bereitstellung von Mitteln und differenzierte enttabuisierende öffentliche Diskurse, insbesondere unter Einbeziehung des Problems der männlichen Gewaltbereitschaft. Nach der These des Soziologen Michael Meuser (2005) wird Männlichkeit unter Männern verhandelt. Zukünftige Perspektiven zu positiver Veränderung werden davon abhängen, ob sich Männer, vor allem männliche Fachkollegen, ernsthaft der Veränderung der männlichen Rollen und besonders der Gewaltbereitschaft in ihrer Genusgruppe annehmen. Vergleichbar steht innerhalb der Frauen, vor allem der feministischen Therapeutinnen und Beraterinnen, eine verstärkte Auseinandersetzung über Aggressions- und Durchsetzungspotenziale an (vgl. Schmerl 1999). Die Entwicklung der nächsten 30 Jahre wird noch weitere Erkenntnisse über die wirklichen Ausmaße der Gewalt bringen, und dort, wo Gewalt gegen Frauen weiterhin vorhanden ist, werden die Folgebelastungen größer und vielfältiger werden (vgl. Kavemann 2005).

Die Auswirkungen beginnender und jetzt schon erfolgreicher Kooperationsbündnisse und Vernetzungen männlicher und weiblicher Fachleute aus allen beteiligten Fachbereichen werden es ermöglichen, dass der präventive Bereich breiter wird und immer frühzeitiger geholfen werden kann. Sie sind Antwort auf die Erkenntnisse der Komplexität des Phänomens Gewalt gegen Frauen, in dem die Hilfen auch komplex weiterentwickelt werden. Ein Ausdruck der Vision könnte sein, dass Mahnwachen als trauriger Bereich von Frauengeschichte der Vergangenheit angehören werden.

Frauengesundheit bewegt
Sylvia Groth und Felice Gallé

Die Frauengesundheitsbewegung stellte von Anfang an die Definitionsmacht der Medizin in Frage. Sie richtete den Blick auf die vielen Faktoren, die Gesundheit von Frauen beeinflussen: ihre wirtschaftliche Situation und die Qualität ihrer Ausbildung, ihr Alter, körperliche oder geistige Beeinträchtigungen, sexuelle Orientierung, Herkunft, die familiäre Arbeitsteilung, ihr Ausmaß an gesellschaftlicher Teilhabe und die Entscheidung für oder gegen ein Leben als Mutter: »Ob wir Kinder haben oder keine, entscheiden wir alleine!« Wichtig war und ist, ganzheitlich Zusammenhänge aufzuzeigen, Wahlmöglichkeiten zu benennen und eine informierte Entscheidung von Frauen zu unterstützen. Dies alles mit Respekt vor den Frauen und der Vielfalt ihrer Lebenswege. Der Ansatz war radikal und er ist es bis heute geblieben.

Unser Körper – unser Leben

Die Idee der Frauengesundheitszentren entstand mit der Frauenbewegung rund um das Jahr 1968. Den ersten Gesundheitsaktivistinnen ging es darum, Frauen mehr Wissen über ihren eigenen Körper zu ermöglichen. Frauen begannen, sich selbst und ihre Bedürfnisse ernst zu nehmen. Auch Ärztinnen und Ärzte sollten Frauen als Expertinnen für sich selbst ernst nehmen. Ausgehend von ihrem Konzept praktischer Selbsthilfe kritisierten sie das medizinische Versorgungssystem, verlangten eine frauengerechte Behandlung, forderten das Selbstbestimmungsrecht der Patientinnen und eine gerechte Verteilung medizinischer Dienstleistungen.

1969 trafen sich Frauengruppen während eines Feministinnenkongresses in Boston, USA, und diskutierten über das Thema Frauen und Gesundheit (Boston Women's Health Collective 1981). 1970 protestierten Aktivistinnen rund um Barbara Seaman bei Anhörungen im US-amerikanischen Abgeordnetenhaus (»Nelson Pill Hearings«), um auf die unerwünschten Wirkungen und Gefahren der Anti-Baby-Pille hinzuweisen. Sie erzielten den Beschluss, dass alle Pillen-Packungen einen Beipackzettel enthalten müssen, und trugen zur Entscheidung bei, dass der Östrogenanteil in den Pillen reduziert wurde – ursprünglich war er zehnmal höher als für die Verhütung nötig (de.wikipedia.org/wiki/Barbara_Seaman, Zugriff am 3.11.2009).

Gemeinsam sind wir stark

Die Aktivistinnen sahen den weiblichen Körper als den zentralen Austragungsort gesellschaftlicher Machtansprüche und sprachen von »gynäkologischem Imperialismus«. Sie untersuchten die Wirkung gesundheitlicher Versorgung auf Frauen, etwa die überproportionale Verschreibung von Psychopharmaka, die Abgabe von Verhütungsmitteln ohne Angabe der Risiken sowie Geburtspraktiken wie Dammschnitt und Kaiserschnitt, die für Frauen und auch ihre Kinder negative Konsequenzen haben können (Ehrenreich/English 1976). Sie dokumentierten die Benachteiligung der Frauen als Gesundheitsarbeiterinnen und analysierten patriarchale Strukturen. Sie deckten auch das Ausmaß der unbezahlten Gesundheitsarbeit von Frauen auf (Kickbusch 1981). Das war neu und es war überfällig.

Zentral wurde der Widerstand gegen die Medikalisierung. So formulierte Barbara Seaman (1972):

> »According to the Western model, pregnancy is a disease, menopause is a disease, and even getting pregnant is a disease. Dangerous drugs and devices are given to women, but not to men – just for birth control. I've reached the conclusion that to many doctors BEING A WOMAN IS A DISEASE« (http://en.thinkexist.com/quotation/according-to-the-western-model-pregnancy-is-a/761687.html, Zugriff am 3.11.2009).

Medikalisierung bedeutet, dass soziale Tatbestände als medizinische Frage definiert und in den Verantwortungsbereich der Medizin gestellt werden, obwohl sie gesellschaftlichen oder auch persönlichen Ursprungs sind und einer gesellschaftspolitischen, gemeinschaftlichen oder auch individuellen Lösung bedürfen (vgl. Zola 1979). Dass Medikalisierung gelingt, ist immer auch eine Frage der Macht. Diese Macht systematisch anzuzweifeln und zu enttarnen, war die große Leistung der Frauengesundheitsbewegung. Ihre Aufgabe ist nun, Strategien zur Veränderung zu entwickeln. Dafür braucht es UnterstützerInnen und KooperationspartnerInnen.

Mein Bauch gehört mir

Eine Grass-Roots-Frauengesundheitsbewegung mit gesellschaftspolitischer Bedeutung wie in Deutschland oder den USA hat es in Österreich nie gegeben. Hier werden gesellschaftliche Probleme noch häufig wie zu josephinischer Zeit gelöst: von den Herrschenden für die Bevölkerung. So kamen etwa in der Geburtshilfe fortschrittliche Ansätze von engagierten ÄrztInnen und nicht von Aktivistinnen oder betroffenen Frauen (Adam/Korbei 1989). Der Schwangerschaftsabbruch wurde 1975 unter der sozialdemokratischen Regierung Kreiskys mit der Fristenlösung per Beharrungsbeschluss geregelt – also ebenfalls top-down.

Die Forderung nach Legalisierung des Schwangerschaftsabbruches war das konstituierende Element für die zweite Frauenbewegung und ein zentrales Thema der Frauengesundheit (Riese 1989; Rosenberger 1998).

Zwischen der liberalen gesetzlichen Regelung und der Praxis klafft noch mehr als 30 Jahre später eine große Lücke. Das Thema Schwangerschaftsabbruch bleibt gekennzeichnet durch ein gesellschaftliches Klima der Ablehnung, unzureichende Informationen über gesetzliche Regelungen, Verfahren und Zugangsmöglichkeiten und in der Folge mangelnde Transparenz und fehlende Qualitätsstandards. Zwischen und in den Bundesländern zeigen sich starke regionale Unterschiede. Daher war es auch 2009 wieder erforderlich, eine Broschüre zum Schwangerschaftsabbruch herauszugeben, denn Frauen brauchen unabhängige Informationen, um die Entscheidung für oder gegen ein Leben mit einem (weiteren) Kind zu treffen (www.fgz.co.at/Broschueren.51.0.html, Zugriff am 3.11.2009).

By women for women – Wissen ist Macht

Die Veränderung der Abtreibungsparagrafen §§94–96 des StGB im Jahre 1975 entkriminalisierte Frauen und bewirkte auch, dass die Themen Sexualität und Kolonialisierung des Frauenkörpers in den Mittelpunkt der sich bildenden Selbsterfahrungsgruppen in den größeren Städten, vor allem im Wiener und im Grazer Raum, traten (Wieser 1996). »Wissen ist Macht und mit unserem Spekulum sind wir stark!« Dieses Motto charakterisiert die wichtigsten innovativen Entdeckungen der Frauenbewegung: die Bedeutung von Information und deren interessengeleitete gesellschaftliche Auswirkung in Form von Normierungen, die Bedeutung der Selbsthilfe sowie eine kollektive Herangehensweise (Riese 1989).

Neben Verhütung und Schwangerschaftsabbruch war Gewalt gegen Frauen ein wichtiges Thema der Frauen(gesundheits)bewegung. Die damit entfachte öffentliche Diskussion über von Männern ausgeübte Gewalt führte dazu, dass 1976 das erste Frauenhaus in Wien eröffnet wurde. Graz hat seit 1981 ein Frauenhaus. Der ursächliche Zusammenhang zwischen Gewalterfahrungen und Krankheit wurde aber erst ab 1990 thematisiert (WHO 1996). 2007 startete das Grazer Frauengesundheitszentrum gemeinsam mit der KAGes, der Steiermärkischen Krankenanstalt GmBH, dem Träger der öffentlichen Spitäler in der Steiermark, ein Projekt für MitarbeiterInnen steirischer Spitäler (www.fgz.co.at/Gesundheitliche-Folgen-von-Gewalt.264.0.html, Zugriff am 3.11.2009). Auch in Niederösterreich (www.gewaltgegenfrauen.at, Zugriff am 3.11.2009) und Wien (www.diesie.at/projekte/abgeschlossene_projekte/nach_themen/gewalt/gewaltcurriculum.html, Zugriff am 3.11.2009) werden derartige Fortbildungen angeboten. Denn während Frauenhäuser und Interventionsstellen konkrete Hilfe bieten und schon seit Jahren Polizei und Justiz fortbilden, fehlt im Gesundheitswesen noch Kompetenz bezüglich akuter und chronischer Folgen von Gewalt (vgl. auch Bundeskanzleramt 2009). HausärztInnen und Ambulanzen sind aber die ersten Anlaufstellen für von Gewalt betroffene Frauen.

Frauengesundheit im Zentrum

»Gesundheit ist ein Zustand vollständigen körperlichen, geistigen und sozialen Wohlbefindens und daher weit mehr als die bloße Abwesenheit von Krankheit oder Gebrechen« (WHO 1984). Mit diesem ganzheitlichen Zugang platzierten sich die Frauengesundheitszentren innerhalb des Gesundheitswesens. Die Arbeit von Frauengesundheitszentren steht im Einklang mit internationalen Versorgungskonzepten, wie sie auf der Weltfrauenkonferenz der Vereinigten Nationen eingefordert wurden (Gijsberg et al. 1996; United Nations 1996; Bundesministerium für Frauenangelegenheiten 1996; WHO 2001).

Das Berliner Feministische FrauenGesundheitsZentrum öffnete bereits 1974 seine Pforten. Ihm folgten viele weitere, auch das Wiener FEM (»Frauen, Eltern, Mädchen«), im Jahr 1992.

Die Grazerinnen mussten bis 1993 auf ein Frauengesundheitszentrum warten. Heute gibt es Zentren in Graz, Wien, Linz, Wels, Salzburg und Villach. Sie sind im *Netzwerk der österreichischen Frauengesundheitszentren* verbunden.

2005 gelang es der Grazer Geschäftsführerin Sylvia Groth, den Begriff »Frauengesundheitszentrum« als Marke beim österreichischen Patentamt registrieren zu lassen: ein wichtiger Schritt, um die Qualität zu sichern und eine Kommerzialisierung zu verhindern. Nun ist »Frauengesundheitszentrum« in Österreich geschützt, und auf den Broschüren des Grazer Frauengesundheitszentrums steht zu lesen: »Damit Frauen vertrauen können: Wo Frauengesundheitszentrum drauf steht, ist unabhängige Arbeit im Interesse von Frauen drin.«

Es gibt Beispiele für frauengesundheitliche Interessensvertretung, die zur lokalen Frauengesundheitsgeschichte gehören (Groth 1997a). Bereits 1989 führte die damalige Frauenbeauftragte, Grete Schurz, in Graz eine Untersuchung zum Wunsch von Frauen nach Gynäkologinnen durch. Die Untersuchung ergab, dass Frauen sich mehr niedergelassene Frauenärztinnen wünschten. Schurz zog den Schluss, dass mehr Ausbildungsstellen in der Gynäkologie für Frauen geschaffen werden müssten und die Krankenkassen und Ärztekammern vermehrt die Niederlassung von Ärztinnen ermöglichen sollten (Schurz 1989). Durch eine geschickte politische Intervention konnte sie erreichen, dass mit der Besetzung des neuen Lehrstuhls die Ausbildungsstellen an der Grazer Gynäkologischen und Geburtshilflichen Universitätsklinik paritätisch besetzt wurden. Dies kann als gelungene Interessensvertretung gewertet werden. 2009 sind in der Steiermark von 176 GynäkologInnen 50 Frauen, davon haben allerdings nur fünf einen Vertrag mit der Gebietskrankenkasse. In Kärnten gibt es bis 2009 keine einzige Kassenärztin.

Frauengesundheitszentren bieten frauengerechte Leistungen an und fordern Veränderungen im Interesse von Frauen und Mädchen. Sie informieren, unterstützen die individuelle Entscheidungsfindung, berücksichtigen psychosoziale und medizinische Aspekte und entwickeln frauenspezifische Angebote auch im Mainstream (Schultz/Langenheder 1997: Groth 1997b; Broom 1998). Das Spektrum wurde über die Jahre erweitert: Heute umfasst es auch zielgruppenspezifische Interventionsprojekte für Frauen auf dem Land, Frauen mit Behinderung, ältere Frauen, Mädchen oder Migrantinnen.

Frauengesundheitszentren arbeiten auf zwei Ebenen: individuell und strukturell. Empowerment durch gezielte Unterstützung ist untrennbar verbunden mit dem Anspruch, gesellschaftliche Strukturen zu verändern. Gesundheitsförderung geschieht in sozialen Zusammenhängen, in Settings, wo Frauen, Kinder und Männer leben, lieben, arbeiten. Insofern verstehen Frauengesundheitszentren unter Gesundheitsförderung nicht einfach soziale oder medizinische Dienstleistungen, sondern gehen von dem emanzipatorischen Anspruch des Konzeptes der WHO aus (Schmidt 1995). Wichtig ist die Entwicklung einer alternativen und kritischen Gesundheitskultur. Widerstand ist medizinisch und politisch sinnvoll: Wenn die sozialen Lebensbedingungen Frauen krank machen, dann ist Widerstand gegen diese Lebensbedingungen ein zentrales Element von Frauengesundheitspolitik.

Beratung und Information in Frauengesundheitszentren

Gesundheitsinformation und deren Qualität ist ein wichtiges Thema der Frauengesundheitsbewegung. Health Competency (Kompetenz in der und für die eigene Gesundheit) und Health Literacy (Kenntnisse in Gesundheitsfragen) sind Voraussetzungen dafür, verantwortliche Entscheidungen treffen zu können. Frauen brauchen Wissen, das sie stärkt. Denn Gesundheit ist ein Markt und Frauen können nicht per se davon ausgehen, dass LeistungsanbieterInnen tatsächlich ihre Interessen vertreten – wenn diese es auch häufig behaupten. Selbstverständlich ist das Wissen, das weitergegeben wird, evidenzbasiert, also wissenschaftlich abgesichert durch seriöse unabhängige Studien. Wer Frauen und ihre Erfahrungen und Wünsche ernst nimmt, sagt ihnen bei Beratungen nicht, was sie tun müssen, belehrt sie nicht. Stattdessen erhalten Frauen in Frauengesundheitszentren Informationen, um selbst bestimmen zu können, was für sie in ihrer Lebenssituation das Beste ist.

Fallvignette

Im August 2009 nimmt eine Klientin, Frau G., erstmals eine Beratung im Frauengesundheitszentrum in Anspruch. Sie ist 49 Jahre alt, von Beruf Verkäuferin. Im letzten Jahr hatte sie vier Mal starke Blutungen. Sie war deshalb auch bei ihrer Frauenärztin. Die Gynäkologin diagnostizierte Myome und verschrieb ein blutstillendes Medikament, das Frau G. bei Bedarf nehmen sollte.

Da man – wie die Ärztin meinte – das Myom nicht herausoperieren könne, schlug sie vor, die Gebärmutter herauszunehmen, da »Sie sie ja nicht mehr brauchen«. Es müsse sofort gemacht werden. Sie wolle selbst operieren.

Frau G. kommt zur Beratung, um sich auszusprechen und um zu erfahren, ob es noch weitere Möglichkeiten gibt. Sie fühlt sich sehr stark zu dieser Operation gedrängt und weint. Zudem äußert sie die Sorge, dass die Gebärmutterentfernung Konsequenzen für ihre sexuelle Erlebnisfähigkeit haben könnte. Nach dem Ende einer langen Beziehung genieße sie erst jetzt mit einem neuen Partner ihre Sexualität und wisse nun, »wie schön Sex sein kann«.

Sie ist sehr verunsichert, ob sie jetzt noch einen lang geplanten Urlaub antreten könne. Die Beraterin erfragt ihre Lebenssituation, ihre Blutungsanamnese und ihre Beschwerden. Sie informiert Frau G. über natürliche Veränderungen der Blutungen zu Beginn der Wechseljahre sowie über Myome, warum diese entstehen und häufig – hormonell bedingt – auch verschwinden. Frau G. hört in der Beratung zum ersten Mal, dass ihre Blutungen auch hormonell bedingt sein können und die Myome möglicherweise wieder schrumpfen.

Bei nicht akuten Operationen, etwa bei gutartigen Tumoren wie Myomen, haben Frauen zudem Zeit – insbesondere, wenn sie keine Beschwerden haben oder mit den Beschwerden umgehen können. Das zu hören, ist für Frau G. sehr entlastend.

Die Beraterin bietet ihr an, sie zu einer Gynäkologin/einem Gynäkologen ihrer Wahl zu begleiten und dort eine zweite Meinung einzuholen. Dieses Angebot nimmt Frau G. gerne an.

In einem zweiten Treffen vor dem Termin bei der Gynäkologin bespricht Frau G. mit der Beraterin, welche Unterstützung sie sich erwartet und was für sie das Ziel dieses ärztlichen Besuches ist. Sie will Alternativen zu einer Gebärmutterentfernung erfahren. Zudem unterschreibt Frau G. eine Vereinbarung, in der sie sich bereit erklärt, die Ärztin von ihrer Verschwiegenheitspflicht zu befreien. Nur so kann die Beraterin sie begleiten und die nötigen Informationen erhalten.

Die Gynäkologin erfragt Frau G.s Krankengeschichte und untersucht sie sorgfältig manuell und per Ultraschall. Der Befund ergibt, dass ihre Myome klein und nicht für Blutungen verantwortlich seien. Eine Gebärmutterentfernung sei nicht erforderlich. Sie schlägt ihr einen Labortest vor, um eine durch die Blutungen mögliche Blutarmut abzuklären. Frau G. ist sehr erleichtert. Sie verstünde nicht, warum ihre Frauenärztin sie so in eine Operation gedrängt habe. Sie würde jetzt wechseln, da sie »kein Vertrauen mehr« hat.

Dieser Bericht ist exemplarisch für Beratungen, die Frauen im Frauengesundheitszentrum erleben. Viele Frauen kommen, weil sie sich unzureichend informiert fühlen. Sie haben zuvor nichts über den natürlichen Verlauf von körperlichen Veränderungen wie den Wechseljahren erfahren, auch nicht über Wirkungen und unerwünschte Wirkungen von Medikamenten oder verschiedene Handlungsmöglichkeiten bei Beschwerden oder Erkrankungen.

Zudem schildern Frauen immer wieder, dass sie sich zu Entscheidungen gedrängt fühlen, ihre Werte in der Wahl von Behandlungsmethoden keine Rolle spielen würden.

Die Gebärmutterentfernung ist nach wie vor eine der häufigsten Operationen. Sie bedeutet ein Risiko und kann unerwünschte Folgen wie frühere Wechseljahre, verändertes sexuelles Erleben oder Blasensenkungen haben. Frauen zu stärken, damit sie auf gleicher Augenhöhe mit ihren ÄrztInnen sprechen können und vor wichtigen Entscheidungen unabhängige Beratung und eine zweite Meinung einholen, bleibt eine zentrale Aufgabe, um die Kompetenz der Patientinnen zu erweitern.

Visionen und Wünsche

- Patientinneninformation, Patientinnenrechte und Patientinnenbeteiligung bleiben wichtige gesellschaftliche Themen. Hier sollte es weg von der rhetorischen Vereinnahmung hin zur Verwirklichung gehen.
- Frauengesundheit sollte Thema in Aus- und Fortbildungen für ÄrztInnen und alle anderen Gesundheits- und Sozialberufe sein.
- Die Klitoris in die Schulbücher! Erklärungen zu und richtige Darstellungen von der Klitoris in Schulbüchern und Fachbüchern werden gebraucht, damit Mädchen und Frauen mit Selbstbewusstsein ihre sexuellen Rechte umsetzen können (Groth/Pirker 2009; Groth 1999).
- Brustzentren entsprechend der EUSOMA-Kriterien zur qualitätsgesicherten Versorgung von Frauen mit Brustkrebs müssen entstehen.
- Für systematische Rückmeldungen von PatientInnen und KonsumentInnen über ihre Erfahrungen mit Medikamenten, Therapien, Rehabilitation und LeistungsanbieterInnen braucht es Strukturen.
- Pubertät, Schwangerschaft, Wechseljahre sind Lebensphasen und sollen nicht medikalisiert werden.
- Transparenz ist wichtig, daher sollten Versorgungsdaten veröffentlicht werden, um den Abbau von Unter-, Über- und Fehlversorgung durch Qualitätssicherung voranzutreiben.
- Selbsthilfegruppen müssen öffentlich unterstützt werden, auch um sie vor dem Einfluss der Pharmafirmen zu schützen.
- Alle Policies (politische Prozesse und Aktivitäten politischer AkteurInnen) müssen daraufhin überprüft werden, ob sie den Anforderungen der Frauenfreundlichkeit und den gesundheitlichen Rechten von Frauen entsprechen (United Nations 2000; HOM 2008).
- Für die Arbeit von Frauen muss es einen gerechten Lohn und Grundsicherung geben, denn soziale Ungleichheit macht krank (WHO 2007).

stress muss sein

        ich seh wohin ich schau
        nur krankheit not und jammer
        der morgen graut und dräut
        ich pinkel in ein glas
        die leukos und das blut
        schon sprechen sie in farben
        der blutdruck ist im arsch
                so sagts der apparat
        hab ich wohl auch noch fieber
        die messgeräte raunen
        chemie physik zu dienst
        ihre erfindungen sind meine
                angestellten
        der kaffee schüttelt mein
        nervenkostüm zurecht
        wie einen von schlaf zerdrückten
                polster
        das dihydergot gibt dem gefäss-
                system
        einen morgendlichen fusstritt
        alucol legt meinen magen aus
                mit einem weissen teppich
        auf dass er diesen frühstücksgast
                namens käsesemmerl

freundlich empfange
ein supradyn erfrischt vielleicht
die erschöpften
gehirnzellen
gewadal mag den kopfschmerz dämpfen
gestärkt lange ich zum telefon
um die ersten schlimmen nachrichten
entgegenzunehmen
stress muss sein

Elfriede Gerstl (1999)

Von der Abhängigkeit über die Ambivalenz zur Autonomie
Feministische Beratung bei Trennung und Scheidung
Bettina Zehetner

> »hier soll von gefühlen die rede sein, nicht aber von tatsachen. […]
> brigitte macht keine tatsachen, die tatsachen brechen über sie herein.
> brigitte macht jetzt einen pullover für heinz.
> der pullover geht nur langsam vorwärts, weil brigitte ihre arbeitszeit für die arbeit und ihre freizeit für die überwachung, wartung und sexuelle betreuung von heinz aufwenden muß. […]
> brigittes herz hat gesprochen, es hat heinz gesagt.
> brigitte folgt diesem herzen, wohin es sie führt, nämlich zu heinz.«
> *Elfriede Jelinek: Die Liebhaberinnen (1990, S. 106)*

> »Die Liebestrennung zu untersuchen heißt, die Gegenwart des Todes in unserem Leben zu untersuchen.«
> *Igor Caruso: Die Trennung der Liebenden (2006, S. 24)*

Annäherung an eine Definition

Feministische Trennungsberatung ist differenziert parteiliche, ganzheitliche/ multiperspektivische und interdisziplinäre Beratung von Frauen für Frauen mit den Zielen gelingender innerer und äußerer Trennungsbewältigung sowie der Entwicklung und Stärkung der autonomen Entscheidungs- und Handlungsfreiheit, um das eigene Leben und Beziehungen selbstbestimmt und eigenverantwortlich zu gestalten.

Feministische Haltung als Gesellschaftskritik bildet die Basis frauenspezifischer Trennungsberatung. Das Private ist politisch: Beratung stellt einen intermediären Übergangsraum zwischen Öffentlichkeit und Privatheit her und bietet durch Einbeziehung der gesellschaftlichen Verhältnisse die Möglichkeit des Entkommens aus der Vereinzelung und der persönlichen Schuldzuschreibung.

Differenzierte Parteilichkeit

Der Begriff »Parteilichkeit« steht in der Tradition dialektischer Wissenschaftskritik in den Sozialwissenschaften und bezieht sich ursprünglich auf das »erkenntnisleitende Interesse der Forschenden und ihren gesellschaftlichen Standort« (Sickendiek 2007, S. 773), also die politische Komponente wissenschaftlicher Aussagen[3].

Eine feministische Beraterin steht auf der Seite der Klientin und berücksichtigt, was es heißt, als Frau in dieser Gesellschaft zu leben.

Feministische Beratung ist keine (vorgeblich) neutrale Vermittlung zwischen unterschiedlichen Positionen (wie etwa die Mediation), sondern die Unterstützung der Frau bei der Durchsetzung ihrer Ansprüche und die Stärkung der Position der Frau, die sich aufgrund gesellschaftlicher Rahmenbedingungen (Lohnungleichheit, unbezahlte Versorgungsarbeit etc.) häufig in der ökonomisch schwächeren Position befindet.

Frauenzentrierte Beratung nimmt die Anliegen der Frau ernst – ihre Wahrnehmung wird als subjektiv reale Erfahrung anerkannt – und unterstützt die Frau in dem, was sie will – auch wenn der von ihr gewünschte Weg nicht den Vorstellungen der Beraterin von einem geglückten Leben entspricht (z. B. sich nicht von einem gewalttätigen Partner trennen zu wollen). Die Definitionsmacht über das Problem liegt bei der Klientin (vgl. Sickendiek 2007, S. 773f.). Die Beraterin unternimmt nichts gegen den Willen oder ohne das Wissen der Klientin.

Orientierung statt Pathologisierung[4]

Die Beraterin respektiert die Werte der Klientin und kann alternative Möglichkeiten aufzeigen, ohne ihr die eigenen Wertvorstellungen als angeblich

---

3 Die dialektische Position (Adorno u. a.) im Positivismusstreit besagt: Es gibt keine wertfrei formulierten Tatsachenbehauptungen. Sie verweist damit auf die ethische Verantwortung der Wissenschaft.
4 Vgl. Großmaß 2000, S. 238 und S. 258.

»bessere« aufzudrängen. Intention der Beratung ist es nicht, die Frauen an vorgegebene Normen – seien es gesellschaftskonforme, seien es feministische – anzupassen, sondern sie bei der Entwicklung der eigenen Kompetenzen und Ziele und bei der Erweiterung ihrer Handlungsfähigkeit zu unterstützen.

Schwierigkeiten auf dem Weg zum Empowerment können dabei sowohl die Versorgungswünsche der Klientin als auch die dazu komplementären Retterinnenfantasien der Beraterin darstellen. Durch das Benennen der passiven Erwartungshaltung und eventuelle Parallelen zum Verhalten dem Partner[5] gegenüber wird dieses Verhaltensmuster bewusst und veränderbar.

Phasen der psychosozialen Trennungs- und Scheidungsbegleitung

Trennung ist ein komplexer Veränderungsprozess, der in mehreren Phasen mit je unterschiedlichen Bewältigungsanforderungen verläuft.

Trennungsberatung beinhaltet die Begleitung der gesamten inneren wie äußeren Ablösung – von der Ambivalenz (dem Entscheidungskonflikt), dem Erleben aller mit der Trennung verbundenen Gefühle über die Entscheidung bis zur Bewältigung der äußeren Auflösung der Beziehung (z. B. Scheidung) und Neuorientierung an neuen Lebenszielen, also auch die Nach-Trennungs-Phase (z. B. klare Regelungen der Besuchskontakte mit Kindern).

Parallel zur Bewältigung von Trauer, Enttäuschung, Verzweiflung und Wut sind folgende Phasen des Trennungsprozesses zu durchlaufen:
1. Leidensdruck, Belastungen, Abhängigkeit bewusst machen und benennen, Ambivalenz;
2. Entscheidungsphase – Klarheit gewinnen, Entscheidungen treffen: Was will/brauche ich?
3. Durchsetzen der getroffenen Entscheidungen, Problemlösungen erarbeiten (z. B. juristische, organisatorische);
4. Stabilisierung und Neuorientierung: neue Rollenanforderungen bewältigen, neuer Selbst- und Weltbezug.

---

5 Da meine Beratungserfahrungen überwiegend auf heterosexuellen Paaren beruhen, verwende ich die männliche Form »der Partner«.

Innere und äußere, emotionale und sachliche Ebene des Trennungsprozesses

Die Herausforderung ganzheitlicher Trennungsberatung ist, den individuellen Bedürfnissen der Klientin nach Sachinformation, Klärung, Entscheidung und emotionaler Bewältigung gleichermaßen zu entsprechen. Interdisziplinäre Beratungshaltung und flexible Methodenwahl sind gefragt.

Gute Kenntnisse von Ehe- und Familienrecht sowie Rechtsinstrumenten in Krisensituationen sind für psychosoziale Beraterinnen unbedingt erforderlich. Ebenso muss die juristische Beraterin auch über psychosoziale Kompetenzen verfügen, um die erforderlichen Sachinformationen sinnvoll und verständlich in den Beratungskontext einbetten zu können.

Häufig besteht dringender Handlungsbedarf auf der realen Sachebene, z. B. notwendiges Reagieren auf eine Scheidungsklage binnen der gesetzlichen Frist, Verlassen der ehelichen Wohnung als potenzielles Risiko, den Unterhaltsanspruch zu verlieren, mögliche Sofortmaßnahmen bei Gewalt[6].

Checkliste für die Sachebene
Ein Fragengerüst für das Erstgespräch zum Thema Scheidung kann folgende Punkte zur Orientierung beinhalten:
- Wer will die Scheidung und warum?
- Wo steht die Frau im Entscheidungsprozess?
- Ist eine Einigung möglich? → Welche Scheidungsformen sind möglich?
- Zu klärende Punkte bei Scheidung: Unterhalt zwischen den Ehepartnern (Pensionsabsicherung bedenken!), Aufteilung der Wohnung, Aufteilung des ehelichen Vermögens, Aufteilung gemeinsamer Schulden, Obsorge gemeinsamer minderjähriger Kinder, Alimente, Besuchsrecht
- Was will und braucht die Frau? → Bedingungen

---

6 Gemeinsam mit der Juristin Barbara Stekl habe ich diesem Bedarf entsprechende interdisziplinäre Fortbildungsangebote für Trennungs- und Scheidungsberatung entwickelt: http://www.frauenberatenfrauen.at/fortbildung.html.

➤ Besteht eine Bedrohung durch Gewalt für sie und/oder die Kinder? → Krisenplan!
➤ Ressourcen, Unterstützungsmöglichkeiten?

Interdisziplinäres Gruppenangebot »Aufbruch – Umbruch – Neubeginn«

Gemeinsam mit meiner Kollegin Katja Russo biete ich seit einigen Jahren bei *Frauen beraten Frauen* Gesprächsgruppen für Frauen in Trennung an. In einer Zeit starker Emotionalität (Trauer, Angst, Zweifel, Wut, Erleichterung) müssen gleichzeitig rechtliche, finanzielle, soziale und organisatorische Fragen geklärt und Probleme bewältigt werden. Psychosoziale und rechtliche Beratung sowie Erfahrungsaustausch der Teilnehmerinnen unterstützen den Prozess der Auflösung von Gewohntem und die Entwicklung neuer Perspektiven.

Die gemischte Zusammensetzung aus Frauen, die ihren Partner verlassen wollen, und Frauen, die verlassen wurden, bietet den Teilnehmerinnen die Möglichkeit, die jeweils abgewehrte komplementäre Perspektive einzunehmen und dadurch Denk- und Handlungsfreiheit (zurück) zu gewinnen. Dieser Konfrontationsprozess braucht den Mut, die eigene Haltung – z. B. »ich bin das arme verlassene Opfer, er ist der Böse« – infrage zu stellen.

Verlassen wollen und verlassen werden – anfangs ist diese Differenz zwischen den Frauen kaum auszuhalten (»Wie kannst du nur solchen Schmerz zufügen?«). Rahmenbedingungen, die Vertrauen entstehen lassen, bieten die Chance der Annäherung, des Verstehens der jeweils »anderen« Seite – Schuldgefühle, Trauer, Wut – und ermöglichen somit den eigenen Anteil an der Beziehungsdynamik, die eigene Verantwortung und die eigene Gestaltungsfähigkeit (zurück) zu erlangen.

Sozialisation und die Spannung zwischen Autonomie und Bindung

Mädchen lernen, ihren Wert als Person von der Qualität der Sorge um andere abhängig zu machen, und begründen ihre Identität auf der Fähigkeit,

Beziehungen herzustellen und aufrechtzuerhalten. Mädchen bleiben für die Entwicklung ihres Selbstwertgefühls anfälliger für Liebesverlust als Buben, deren Ich-Abgrenzung und deren Gefühl für die eigene Unabhängigkeit eher gefördert wird. Emotionale Bindungen bilden somit auch für erwachsene Frauen die primäre Basis für das Urteil über den eigenen Selbstwert. Wenn der Verlust des Partners den potenziellen Verlust der eigenen Identität und des Selbstwerts bedeutet, wird eine Trennung als extrem bedrohlich erlebt.

Hier kann feministische Beratung ansetzen, destruktive innere Aufträge und Geschlechterrollenmodelle bewusst machen (»Wahre Liebe muss alles ertragen. Im Grunde ist er ja ein guter Mensch/liebt er mich ja – wenn nur der Alkohol nicht wäre, seine schlechte Kindheit, seine Depressionen …« »Eine gute Mutter trennt sich nicht.«) und gemeinsam alternative Perspektiven entwickeln.

Der weibliche Wert des Ertragens wird oft über Generationen hinweg als Auftrag weitergegeben: funktionieren, allen Erwartungen entsprechen, alle Ansprüche erfüllen wollen – auch wenn diese noch so absurd, widersprüchlich und krankmachend sind.

Das soziale Netzwerk hat für die Entscheidung zur Trennung und deren Bewältigung ganz wesentliche Bedeutung. Es kann unterstützend wirken und es kann bremsen (»Ich hab's dir ja gleich gesagt.« »Das muss eine Frau schon aushalten, das haben wir alle ausgehalten.« »Du bist verantwortlich für den Zusammenhalt der Familie, du bist schuld, wenn's zum Streit kommt, provozier ihn nicht, halt dich zurück.«).

Reparaturprojekt Mann, Erholungsgebiet Frau – Vom stellvertretenden Leben

In Beziehungen, die nach dem Mutter-Sohn-Modell gelebt werden, »bemuttern« die Frauen, die Männer lassen (sich und andere ver-)sorgen. Die mütterliche Rolle bietet der Frau zwar eine (emotional) mächtige Position, der Mann-als-Kind wird ihr gegenüber jedoch aus genau diesem Grund die Aggression entgegenbringen, die ein Kind seiner (scheinbar) allmächtigen Mutter gegenüber entwickelt. Die aggressive Kehrseite des Bindemittels Mitleid ist die Entwertung (»Er schafft's nicht ohne mich«).

Hier zeigt sich oft die Ambivalenz zwischen narzisstischer Allmacht (»Ich kann ihn ändern/glücklich machen/heilen«) und Ohnmachtsgefühlen (»Ich bin ihm ausgeliefert. Er wird mich auch nach einer Trennung überallhin verfolgen«).

Wenn eigene Wünsche und Ziele unklar sind und kein Plan für sich abseits von »wir als Paar«/»wir als Familie« besteht, ist die Perspektive beständig auf den anderen gerichtet (»Aber mein Mann sagt …«, »Aber er will/will nicht …«). Vielen Frauen fällt es sozialisationsbedingt leichter, sich an den Plänen des Partners zu orientieren, als eigene zu entwerfen und für diese die Verantwortung zu übernehmen. Stattdessen wird Verantwortung im Gewand der Schuld delegiert: »Du bist schuld daran, dass ich …« Diese Versuche des Delegierens wiederholen sich häufig in der Beziehung zur Beraterin und werden hier bewusst und bearbeitbar.

Wenn Gebrauchtwerden als höchste Sinnstiftung dient, wird sorgen, kümmern, retten zum selbstgewählten Auftrag. Depressionen, Alkoholismus, Drogen, Spielsucht, Gewalt, schlimme Kindheit – alles eignet sich zur Entwicklung von Co-Abhängigkeit. Das Projekt »Ich ändere meinen Mann« kann zur Lebensaufgabe werden im Sinne von lebenslänglicher Selbstaufgabe.

Alibisätze entlarven: »Er braucht mich ja!« »Er kann ohne mich nicht leben!« Solche Glaubenssätze benutzen Frauen zur Rechtfertigung, um in einer oft (selbst-)zerstörerischen Beziehung zu bleiben, um sich nicht klarmachen zu müssen: Ich schaffe es (noch) nicht, zu gehen und mein eigenes Leben in die Hand zu nehmen.

Die Beratung regt einen Erkenntnisprozess mit dem Ziel an, am eigenen Leben anzusetzen und das eigene Potenzial zu verwirklichen anstatt stellvertretend zu leben.

Verschmelzungssehnsucht und Konfliktscheu

Aus Angst vor dem Verlust der Nähe halten viele Frauen ihre vom Partner verschiedene Meinung, Wünsche, Kritik zurück, bleiben vage und unklar, sind erstaunt, wenn das Gegenüber Ihre Empfindungen nicht erspürt (unrealistisches »er muss wissen, wie's mir geht/dass mich das kränkt/dass ich schon lange überlege, mich zu trennen«).

Die Angst vor Differenzen lähmt manche Frauen bis zur Handlungsunfähigkeit: »Aber dann wird er wütend/zuckt aus, schreit – und ich erstarre.«

Beratung kann dabei helfen, sich selbst aggressive Affekte und Fantasien zuzugestehen, manchmal gerade, um sie nicht ausagieren zu müssen, sondern sie als Kraft zu nutzen, um in Bewegung zu kommen und aus der Erstarrung heraus die eigene Lebendigkeit wiederzuerlangen.

Viele Frauen mit hohem Leidensdruck kommen auch mit der Bereitschaft, sich »freizukaufen«, in die Beratung (»Ich will einfach nur meine Ruhe«) und zeigen sich bereit, allen Forderungen des Mannes zuzustimmen bzw. auf alle Ansprüche (z. B. Unterhalt) zu verzichten, »nur damit es endlich vorbei ist«. Hier ist es existenziell notwendig, die langfristig wirksamen Konsequenzen einer solchen Vereinbarung bewusst zu machen und trotz der Erschöpfung das Durchhalte- und Konfrontationsvermögen für den Aushandlungsprozess um gute Bedingungen zu stärken. Es gilt, sich durch Selbstermächtigung die eigene Verantwortlichkeit und Handlungsfreiheit (wieder) anzueignen.

Die Beratung soll Mut zur Konfrontation und zur Konfliktaustragung machen, den Mut, nein zu sagen, stärken und übergriffigem Verhalten Grenzen zu setzen, mit dem Ziel, sich Neues zu trauen und Eigenständigkeit zu entwickeln.

»Ich will mich ja trennen, aber ...« – Vom Festhalten an der Vertrautheit des Leidens

Ein häufiges Phänomen ist die Aufspaltung der Ambivalenz zwischen den Partnern, etwa die Aufteilung der Zuständigkeit: Mann schafft Distanz, Frau stellt Nähe und Bindung her. Der Beratungsprozess soll zum Verstehen und Aushalten der eigenen inneren Ambivalenz hinführen, um Klarheit über die eigenen Bedürfnisse zu gewinnen und um eine gute Entscheidung treffen zu können. Wichtig ist – auch im Fall von Gewalt, auch wenn es der Beraterin schwer fällt – eine offene Haltung für alle Wahlmöglichkeiten der Frau, damit sie sich frei entscheiden kann.

Dies erfordert eine immer wieder neu zu reflektierende Auseinandersetzung der Beraterin mit ihrer eigenen Haltung zu Bindung und Trennung und ihren Gegenübertragungsgefühlen.

Freiheit wird oft verwirrend und beängstigend erlebt, nicht wenige bevorzugen das vertraute Elend gegenüber neuer Unsicherheit. »Besser jeder alte Schrecken als das Neue, Unbekannte« (Haushofer 1986, S. 67).

Margarete Mitscherlich spricht von der »Hoffnungskrankheit« (Mitscherlich 1990, S. 86f.) bei Trennung durch Verlassenwerden als dem Festhalten an narzisstischen Kränkungen, die sich aus der Unfähigkeit ergeben, das Ende der Beziehung zu akzeptieren. Die Verleugnung der Trennung (und die Angst vor dem tatsächlichen Liebesverlust) fixiert die Frau paradoxerweise auf eben diese und verhindert den seelischen Entwicklungsprozess und das Eingehen neuer tiefgehender Beziehungen.

Ein Anzeichen dafür ist das hartnäckigen Festhalten an der Vorstellung, die einzig richtige Frau für diesen Mann zu sein und in diesem Mann den einzig richtigen für sich gefunden zu haben. Die Aggression wird hier häufig auf die neue Frau als böse Verführerin des hilflosen Mannes verschoben. Die Projektion des Bösen nach außen ist erträglicher, als es innerhalb der Beziehung zu verorten.

»Die Alternative zur nicht geleisteten Trauer- und Ablösungsarbeit ist die Erstarrung, der frühzeitige geistig-seelische Stillstand, der Verlust von einem Leben in der Zeit, von innerer und äußerer Entwicklung« (ebd., S. 87).

Voraussetzung für eine gelingende Trennungsbewältigung ist das Trauern um den erlittenen Verlust, das bewusste Erleben aller mit der Trennung verbundenen Emotionen (Schmerz, Wut, Enttäuschung, Kränkung), die Aufgabe noch bestehender Hoffnungen und gemeinsamer Zukunftsperspektiven, die Rücknahme der Zuwendung. Die Paaridentität und die (selbstverständliche) Zugehörigkeit werden abgebrochen, vertraute Rollen müssen aufgegeben werden, die soziale Verortung ist bedroht.

Emanzipation ist für Mitscherlich eher Haltung als Ergebnis (1990, S. 174f.), eine lebenslange Auseinandersetzung mit Werten, Normen und Vorstellungen. In der oft bedrückenden Schwere von schmerzlicher Kränkung, Demütigung und Hass muss die Beraterin die mögliche Realität zukünftiger Erleichterung präsent halten.

Zeichen gelungener Bewältigung sind es, wenn die eigene Identität und Befindlichkeit nicht mehr durch den Verlust bestimmt ist, wenn es wieder ein eigenes Bild von sich selbst, eine eigenständige Lebensgestaltung mit eigenen Perspektiven unabhängig vom Expartner gibt. Die Fixierung auf den Verlust aufzulösen, bietet die Chance, mit mehr Bewältigungskompetenzen aus dem Trennungsprozess hervorzugehen und eine ausgeglichenere Balance zwischen Autonomie und Bindung leben zu können.

Eine Klientin, die ihre Weiterbildung abgeschlossen und die Trennung von ihrem Lebensgefährten trotz fortwährender Entmutigung durch ihn geschafft hat (»Du bist egoistisch, weil du diese Ausbildung machst, du zerstörst unsere Familie, du bist nichts ohne mich«), schrieb:

> »Diese Verantwortung/Macht ist mir in dieser Form neu. Ich bestimme ganz was zum Wohl meiner Tochter beiträgt ... in mir entstehen allerhand Emotionen. Ich erlaube mir Zeit zu nehmen, sie zu erkennen, raus kommen zu lassen, zu ordnen. [...] Ich entwickle ein neues Verständnis eine Frau zu sein. Vorbild für meine Tochter, die es hoffentlich noch zehn Mal besser macht als ich und meine Mutter.«

Herausforderungen der Trennungsbewältigung – Fallgeschichte Anna Blume

> »Die Liebe selbst wird mit aller Sehnsucht der einsamen Menschen nach Erlösung aus seiner entsetzlichen Einsamkeit ausgestattet« (Caruso 2006, S. 84).

Anna Blume, 38, Pädagogin, kommt zur Beratung, um sich Unterstützung bei der Trennung von ihrem gewalttätigen Lebensgefährten zu holen. Der Anlass, gerade jetzt eine Beratung in Anspruch zu nehmen, ist noch sichtbar: Würgemale am Hals und ein Hämatom am Kinn.
»Ich weiß, dass mich diese Beziehung krank macht. Ich will mich trennen, aber ich schaff's einfach nicht.«
Sie wirkt gehetzt und angespannt. Hinter der Fassade des selbstsicheren Auftretens werden tiefe Verletztheit und Erschöpfung spürbar. Mehrmals weist Anna darauf hin, dass sie selbst im Sozialbereich tätig ist und deshalb um die Dynamik von Gewaltbeziehungen weiß: »Ich hab das ja alles in der Ausbildung gelernt – aber dieses Wissen hilft mir nicht, meine Gefühle in den Griff zu kriegen.« Was Anna hält, ist die Sehnsucht nach Geborgenheit und ihre große Angst vor Einsamkeit. Sie präsentiert sich sehr reflektiert, quasi als Kollegin, und geißelt sich mit Selbstvorwürfen: »Wie kann ich mir das antun lassen? Ich bin doch eine emanzipierte Frau, finanziell unabhängig, kann mich in meinem Job gut durchsetzen ...« Die Spannung zwischen ihrer öffentlichen, selbstbewussten und erfolgreichen Seite und ihrer emotionalen Bedürftigkeit im privaten Bereich macht ihr schwer zu schaffen. »Bei meinem Freund werde ich zum kleinen Mädchen – und ich schäme mich so dafür.« Als unbewusste Dynamik dahinter wird

deutlich, dass sie sich für ihre verhasste Bedürftigkeit, die sie verletzlich und angreifbar macht, »bestrafen« lässt.

Die Ausgangssituation zwischen Anna und ihrem Lebensgefährten ist eine nicht-traditionelle Machtkonstellation: Anna verfügt aufgrund ihrer besseren Ausbildung über ein deutlich höheres Einkommen als ihr Partner. Dieser arbeitet aufgrund depressiver Episoden nur sporadisch und lässt sich weitgehend von ihr versorgen. Anna macht ihren Partner zu ihrem »Projekt«, bemuttert ihn, will ihm das bieten, was sie selbst vermisst (hat): Geborgenheit und Sich-aufgehoben-Fühlen, will ihn durch ihre Liebe und Fürsorge von seinen Depressionen befreien. In einer destruktiven Wiederholungsdynamik versucht Anna, ihr Bedürfnis nach harmonischer Einheit mit einem Partner zu erfüllen, der ihr gerade das nicht geben kann, den sie aber dahingehend verändern will. Der andere wird für sie zum Beschäftigungsprogramm, zum Rettungsprojekt und zum Ersatz für ihr eigenes Leben. »Ich kann nicht allein sein, Alleinsein macht mir schreckliche Angst.«

»Er hat mir gesagt: Ich bin deine Familie.« Dieser Satz hat aufgrund ihres Wunsches nach symbiotischer Verschmelzung extrem starke Verführungskraft – trotz der Erfahrung des Beschimpft- und Verletztwerdens.

Anna leidet an ihrem inneren Idealbild von Familie und Partnerschaft – ihre Fantasien davon enthalten alle Sehnsüchte, die bisher nicht gestillt wurden und von illusionären medialen Suggestionen täglich genährt werden. Die überhöhten, mit dem tonnenschweren Gewicht der Perfektion erdrückenden Ansprüche an sich selbst und den anderen, die Einheit und Harmonie der Beziehung können nur an der Realität zerbrechen, Enttäuschung und Scheitern bewirken.

Anna fühlt sich taub und abgestumpft. Aufgrund der Scham, dass sie Beschimpfungen und Demütigungen zulässt, zieht sie sich von ihrem Freundeskreis zurück. Ihre beste Freundin, der sie als einziger von der Gewalt in ihrer Beziehung erzählt, hält dieses Wissen nicht mehr aus: »Erzähl mir erst wieder etwas, wenn du dich getrennt hast.« Diese Enttäuschung erhöht den Leidensdruck zusätzlich.

An einem besonders schlimmen Abend holt die Nachbarin die Polizei, die den Lebensgefährten aus Annas Wohnung verweist. »Ich habe mich gegen den Angriff meines Lebensgefährten gewehrt und deswegen große Schuldgefühle.« Ihre Frage danach, ob sie sich wehren darf, berührt ihre stark angstbesetzten eigenen Aggressionen. Sie erlebte als Kind die Wutausbrüche ihres cholerischen Vaters als extrem destruktiv und beschreibt ihre emotionale Reaktion als »eine Art Erstarrungsreflex, unfähig, dem Gewitter etwas entgegenzusetzen«. In einer solchen Situation des Angegriffenwerdens ist sie ausschließlich bemüht, den Angreifer zu beruhigen, anstatt sich selbst wahrzunehmen und den eigenen Zorn zum Ausdruck zu bringen. Um den Preis des eigenen Selbstwerts und der Gesundheit erträgt sie Demütigungen und Angriffe, nur um die Nähe der Beziehung nicht zu gefährden.

Ihre eigenen aggressiven Regungen sind für sie stark angstbesetzt, sie hat das Bild, diese würden sie, sobald sie sie auch nur in geringem Maße zuließe, überwältigen und nicht wiedergutzumachenden Schaden anrichten. Eine wesentliche Aufgabe der Beratung besteht im Bewusstmachen dieser Entstehungsgeschichte und der Annäherung an einen konstruktiven Umgang mit ihren eigenen Aggressionen.

Sie kennt ihre Rechte im Rahmen des Gewaltschutzgesetzes, kann diese jedoch noch nicht für sich in Anspruch nehmen. Sie übernimmt die Verantwortung für die Tat ihres Partners sowie für sein ganzes Leben (»Wegweisung? Ich will ihm doch nicht schaden. Wo soll er denn wohnen? Er schafft's nicht ohne mich.«). Als er droht, sich etwas anzutun, und zum wiederholten Male verspricht, sich zu ändern, nimmt sie ihn wieder in ihrer Wohnung auf, schämt sich jedoch für ihren Rückzieher. Nach zwei Wochen Ruhe schlägt er sie im Streit wieder. Langsam beginnt sie, neben ihrer Trauer auch ihre Wut zu spüren, die sie nach wie vor als sehr bedrohlich erlebt.

Im dritten Anlauf schafft Anna die räumliche Trennung und übernimmt Verantwortung für ihr Leben, nicht mehr für seines. In einem schmerzhaften Prozess gelingt es ihr, die Unrealisierbarkeit ihrer »Realitäts-Killer-Ideale«, wie sie sie nennt, anzuerkennen und diese in weniger überfordernde, lebbare Ziele zu verwandeln.

Als Beraterin trage ich ihre »Ent-Täuschung« mit, halte für sie das langfristig befreiende Potenzial dieser schmerzhaften Erfahrung präsent und unterstütze ihr Sich-wieder-Öffnen für neue Beziehungen, die Entwicklung eines nicht mehr blinden, sondern erfahrungsbasierten Vertrauens als Grundlage neuer Kompetenzen der Beziehungsgestaltung.

Zum Abschluss:
Meine Visionen für eine feministische Zukunft

Nach einem kollektiven Streik aller Versorgungsarbeiterinnen (putzen, kochen, betreuen, pflegen) sind die gesellschaftlichen Grundbedingungen verändert. Das Prinzip des Equal Pay – gleicher Lohn für gleichwertige Arbeit – ist verwirklicht und die bisher unbezahlten Reproduktionsarbeiten werden aufgrund der guten Entlohnung geschätzt.

Die ökonomische Unabhängigkeit der Frauen bildet die Basis für gleichberechtigte Beziehungen. Die Fixierung auf den Einen weicht dem Begehren nach vielfältigen Beziehungen. Unterschiede innerhalb einer Beziehung, Verschiedenheit zwischen PartnerInnen werden nicht mehr als bedrohlich erlebt und geben nicht mehr Anlass zu Konkurrenz- und Machtkämpfen (Wer hat »recht«? Wer ist »besser«?), sondern werden als Anregung für die eigene Entwicklung wahrgenommen.

Klassische »Erstfamilien« sind nicht mehr die häufigste Form des Zusammenlebens, Patchwork- und alternative Kombinationen werden in vielen Fällen die traditionelle »Kernfamilie« ersetzen und vervielfältigen. Das romantische Kleinfamilienideal wirkt recht zerzaust und macht Platz für neue Solidargemeinschaften jenseits biologischer Verwandtschaftsdefinitionen, neue Wohn- und Lebensformen wie zum Beispiel das Frauenwohnprojekt *[ro*sa] KalYpso* (http://www.frauenwohnprojekt.info/), die Beginenhöfe (http://www.beginenhof.at) und viele, viele mehr.

Feministische Beratungsräume haben sich als freie Denk- und Handlungspielräume für unkonventionelle Selbstbilder bewährt. Frauen begreifen ihre Lebenssituation nicht als schicksalhaft, sondern als veränderbar und gestalten sie nach ihren Wünschen.

Schreiben wirkt
Feministische Onlineberatung
Bettina Zehetner

Neue Zielgruppen

Das Internet ist zu einer selbstverständlich genutzten, in den Alltag integrierten Quelle von Kommunikation, Information und Unterhaltung geworden. Die Vielfalt der Vernetzungsmöglichkeiten ist so groß wie noch nie – potenziell kann jede Person mit Internetzugang mit jeder anderen Person auf der Welt über das Netz in Verbindung treten. Zunehmend nutzen Frauen das Internet für Beratungsanfragen. Die zeit- und ortsunabhängig gestellten Anfragen im schriftlichen Medium fordern die Beratungsarbeit auf besondere Weise heraus.

Seit Februar 2006 bietet der Verein *Frauen beraten Frauen* webbasierte E-Mail- und Chatberatung an. Diese stellt eine sinnvolle Ergänzung und Erweiterung bestehender F2F-Beratungsangebote (Face-to-Face-Beratung) dar und eröffnet neuen Zielgruppen Zugang zu Information und Beratung, die (noch) nicht bereit sind, ein »persönlicheres« Angebot anzunehmen. Das Schreiben im Online-Setting gewährt höchstmögliche Anonymität – mit aller damit verbundenen Attraktivität und allen damit verbundenen Schwierigkeiten.

Diese Besonderheit der absoluten Anonymität – in der webbasierten Beratung ist nicht einmal eine E-Mail-Adresse nötig – bietet eine sehr gute Chance, neue Zielgruppen zu erreichen. Geschützt durch die Anonymität fällt es vielen Frauen leichter, scham-, angst- oder schuldbesetzte Themen anzusprechen. Für manche ist das Internet das einzige Medium, in dem sie Kontakt und Austausch über ein für sie schwieriges Thema zulassen können oder wollen; somit hat Onlineberatung eine »Türöffnerfunktion«.

Besonders geeignet ist Onlineberatung als Einstiegserleichterung für folgende Zielgruppen:
➤ Mädchen und junge Frauen, für die die tägliche Verwendung des Mediums Internet eine Selbstverständlichkeit ist und die darum auch gerade im Netz nach Informations- und Unterstützungsangeboten suchen,
➤ Frauen mit eingeschränkter Mobilität (Krankheit, körperliche Einschränkung),
➤ Frauen mit Angst- oder Panikstörungen, die ihre Wohnung nicht verlassen können,
➤ gehörlose und hörbehinderte Frauen,
➤ Frauen, die keine Beratungsstelle in ihrer Nähe haben bzw. kein verfügbares Verkehrsmittel – etwa im ländlichen Bereich mit wenig Infrastruktur –, und
➤ Frauen mit wenig frei verfügbarer Zeit (Mehrfachbelastung, Pflege- und Betreuungspflichten) – die Zeit der Anfragestellung ist frei wählbar, die E-Mailberatung erfordert keine Terminvereinbarung.

Frauenspezifische Haltung und Prinzipien frauenspezifischer Onlineberatung[7]

Die Grundprinzipien frauenspezifischer Onlineberatung entsprechen – adaptiert für den Online-Kontakt – denen der F2F-Beratung:
➤ Frauen beraten Frauen,
➤ Empowerment,
➤ Multiperspektivität und
➤ differenzierte Parteilichkeit.

Ziel ist, die Klientin in ihrer autonomen Erkenntnis- und Handlungsfähigkeit zu bestärken und sie zu motivieren, *selbstbestimmt und eigenverantwortlich zu handeln.*

»Nähe-Distanz-Paradoxon«

Erstaunlich schnell werden in Kontakten über das Internet sehr persönliche, intime, auch gesellschaftlich tabuisierte oder »peinliche« Dinge erzählt (Se-

---
7 Dazu ausführlich: Zehetner 2007 und Zehetner/Gerö 2009.

xualität, Gewalt, Affären, selbstverletzendes Verhalten, sexueller Missbrauch usw.). Eine mögliche Erklärung ist das »Nähe-Distanz-Paradoxon« (Benke 2005): Gerade aufgrund der räumlichen Distanz können manche Menschen sich schnell auf intensive emotionale Nähe einlassen. Dadurch werden Projektionen auf das Gegenüber und Idealisierungen der Gesprächspartnerin gefördert, die real nicht einlösbar sind.

Dies bedeutet Attraktivität und Gefahr gleichzeitig. Zur Auftragsklärung und im Beratungsverlauf ist es daher notwendig, immer wieder nach den Erwartungen und Wünschen der Klientin bezüglich der Onlineberatung zu fragen und Möglichkeiten und Grenzen des Angebots klarzustellen.

Beim Thema Gewalt, Selbst- und Fremdgefährdung ist es besonders wichtig, auf die Grenzen der Onlineberatung zu achten, diese offen anzusprechen und F2F-Möglichkeiten anzubieten. Bei akuter Gewaltbedrohung hat die Sicherheit der bedrohten Person Priorität, hier sind direktives Vorgehen und das gemeinsame Entwickeln eines Krisenplans sinnvoll. Suizidandeutungen erfordern unbedingt auch F2F-Angebote bei rund um die Uhr erreichbaren Kriseneinrichtungen.

Beratung im Medium Schrift: Schreiben wirkt

Schreiben stärkt die eigene Erkenntnis- und Handlungsfähigkeit. Schreiben kann Klarheit, Struktur, Orientierung, Distanz zum Problem und somit Entlastung bewirken.

Schreiben aktiviert die eigenen Ressourcen. Die Erfahrung der eigenen Ausdrucksfähigkeit, das Erleben der eigenen Kreativität kann autonomer und handlungsfähiger machen. Schreiben bietet einen Möglichkeitsraum zum Ausprobieren von Handlungen, zum Entwickeln neuer Perspektiven. Dieser Prozess kann dem empfundenen Chaos Form und Gestalt geben – einen Anfang, einen Mittelteil und ein Ende – und dieses »mit-teilbar« machen.

Grundsätze für die schriftliche Beratung sind,
- den Text genau zu lesen, den Text selbst ernstzunehmen,
- eigene Interpretationen und Bewertungen zurückzuhalten,
- der im schriftlichen Medium häufig verspürten Verführung zur Direktivität bewusst Offenheit entgegenzusetzen und

➤ Vermutungen und Interpretationen immer als Fragen zu formulieren, neue Perspektiven als Möglichkeit anzubieten.

Beispiele für Interventionsmöglichkeiten

➤ Wünsche, Bedürfnisse, Forderungen so klar wie möglich formulieren lassen;
➤ Im inneren Dialog enthaltene Botschaften konkretisieren lassen: Was genau wollen Sie welcher Person aus Ihrem Umfeld sagen?
➤ Mit Fragen steuern, in Bewegung bringen, zur Selbstreflexion anregen, neue Perspektiven aufzeigen; systemische, dissoziierende oder paradoxe Fragen für einen Perspektivenwechsel können sein:
  ➤ »Warum machen Sie das so und nicht anders?«
  ➤ »Was tragen Sie zur Aufrechterhaltung dieser Situation bei?«
  ➤ »Was würden Sie einer anderen Frau/Freundin in Ihrer Situation raten?«
➤ Schreibkompetenz als unterstützende Ressource bei Veränderungsprozessen nutzen, z. B. personen- oder situationsbezogene Abschiedsbriefe, die eigene Geschichte aus einer anderen Perspektive, in der dritten Person oder aus der Zukunftsperspektive in fünf Jahren schreiben oder eine Geschichte mit dem Titel »Ein neues Kapitel in meinem Leben begann, als ich …« verfassen;
➤ Mit der Übung »Sätze umschreiben« die Wahrnehmung einer völlig anderen emotionalen Wirkung des ansonsten selben Inhalts fördern:
  ➤ »Ich muss …« → »Ich entscheide mich für …«
  ➤ »Ich kann nicht …« → »Ich will nicht …«
  ➤ »Ich darf nicht …« → »Ich erlaube mir nicht …«
  ➤ »Er sagt/will …« → »Ich sage/will …«
➤ Genauigkeit in der Sprachwahrnehmung, die Sprache beim Wort nehmen: auf Passivkonstruktionen, Subjekt-/Objektsetzungen und Fremdattributionen hinweisen und diese infrage stellen (»›Sich opfern‹ ist eine Tat«), zum Beispiel:
  ➤ Klientin: »Nun hat es mein Lebensgefährte geschafft, mich im Laufe der Jahre völlig zu isolieren.« Beraterin: »Wer tut was? Wer isoliert Sie? Was tragen Sie dazu bei?«

- Subjekt und Selbstwert stärken: Text mit Ich-als-Subjekt-Sätzen als »Aufgabe«;
- »ständig«, »immer« – Wann nicht? Wann anders? Unter welchen Bedingungen? »Heute war es nicht ganz so schlimm wie sonst.« – »Wie genau war es?«
- Metaphern und Bilder der Klientin aufnehmen und weiterführen (z. B. Achterbahn – »Wie können Sie bremsen?«), oft besonders ergiebig bei psychosomatischen Zusammenhängen;
- mit der Betreffzeile arbeiten (»Verzweiflung« → »Veränderung«, »Krise« → »Chance«);
- mit dem Nickname arbeiten (»Supermama«, »Hexe«).

Niederschwelligkeit, Benutzerinnenfreundlichkeit

Zeitliche und örtliche Flexibilität: Die Klientin kann jederzeit, an jedem Ort mit Internetzugang ihre Anfrage formulieren und abschicken. Dies bedeutet eine sofortige Entlastung, da das Schreiben selbst oft schon einen Klärungsprozess beinhaltet.

Die *Transparenz* des Angebots und der Bedingungen – Zuständigkeit, maximale Wartezeiten, Datenschutz – sind für die Anfragenden im Webauftritt klar ersichtlich.

Datenschutz und Datensicherheit

Webbasierte Beratung ist aufgrund der Datensicherheit der Beratung per E-Mail unbedingt vorzuziehen. In der webbasierten Beratung sind alle Daten auf einem externen Server (nicht personenbezogen zuordenbar) gespeichert, nur die Klientin selbst hat über ein Login mit persönlichem Passwort Zugang zu Ihren Nachrichten. Webbasierte Beratung funktioniert wie ein persönlicher Briefkasten im virtuellen Raum. Die Anfrage hinterlässt keine Spuren am PC. Dies kann für Frauen, die von Gewalt betroffen sind und den Computer gemeinsam mit der Gewalt ausübenden Person benutzen, wichtig sein.

Qualitätssicherung

Supervision und Intervision, Gegenlesen von E-Mail-Antworten nach dem Vier-Augen-Prinzip und Chatberatung zu zweit (Co-Beratung) dienen der Qualitätssicherung der Onlineberatung. Für eine ausführliche Darstellung unserer formalen und inhaltlichen Standards verweise ich auf unseren *Leitfaden frauenspezifische Onlineberatung. Besonderheiten und Qualitätskriterien* (Zehetner 2008).

Feministische Beratung und strategisch-vernetztes Handeln
Marion Breiter

Die feministische Beratung ist eine Tochter der Frauenbewegung der 1960er Jahre. Diese sogenannte zweite Frauenbewegung wurde zu Beginn vor allem von Studentinnen entwickelt, welche die männlichen Dominanzstrukturen der Studentenbewegung nicht mehr mittragen wollten und ihre eigenen autonomen Gruppen gründeten. Die Frauen setzten sich in Gesprächsgruppen zusammen, sprachen über ihr Leben, ihre Schwierigkeiten und Anliegen. Indem sie einander zuhörten, erkannten sie die gemeinsamen Wurzeln ihrer Probleme, die gemeinsame Betroffenheit durch benachteiligende Strukturen unserer Kultur und das Dominanzverhalten von Männern. Diese Gesprächsgruppen wurden als politische Arbeit gesehen, ihre Ergebnisse in Forderungen und Aktionen umgesetzt. So entstand der Hauptslogan: »Das Persönliche ist politisch.«

Charakteristisch für die zweite Frauenbewegung ist, dass sie bis heute keine eigene hierarchische Organisationsstruktur hat, sondern von vielen kleinen und größeren Initiativen, Gruppen und Vernetzungen getragen wird.

Nach der ersten Euphorie der Gesprächsgruppen, die als politisch aktive Selbsthilfegruppen begannen, entstand jedoch langsam das Bedürfnis nach Anleitung solcher Gruppen, da tiefliegende Verletzungen von Frauen zum Vorschein kamen, mit denen die Gruppenteilnehmerinnen überfordert waren. Aus der Idee »die Frauenbewegung selbst ist Therapie« entwickelten sich schließlich feministische Beratungs- und Therapiekonzepte.

Johanna Dohnal, die erste österreichische Frauenministerin, forcierte seit den späten 1970er Jahren angeleitete Gruppen zum Thema »Selbstbewusstsein kann man lernen«. Diese Gruppen und die Vernetzung mit deutschen

Kolleginnen, die zur gleichen Zeit Frauentherapiezentren gründeten – eines der ersten entstand 1978 in München – sowie theoretische Auseinandersetzungen im Rahmen von Frauentherapiekongressen ins Leben riefen, bildeten die Initialzündung zur Gründung der ersten Frauenberatungsstelle in Wien.

Von Anfang an war das Anliegen der Gründerinnen, die Beratungsarbeit über öffentliche Gelder zu finanzieren – das war nur aufgrund von überzeugenden Konzepten, intensiver PR-Arbeit und kontinuierlicher Kontaktpflege mit PolitikerInnen und SubventionsgeberInnen möglich. Ohne strategisch-vernetztes Handeln sind die mittlerweile zahlreichen feministischen Beratungsstellen für Frauen und Mädchen in ganz Österreich nicht denkbar. Die Finanzierung durch Steuergelder ist notwendig und folgerichtig – denn es gilt, Diskriminierung von Frauen, mangelnden Schutz vor Gewalttätern und internalisierte Bilder von Frauen als unbezahlten Familien-Managerinnen durch öffentliche politische Aktivitäten zu überwinden.

Aber auch der Seiltanz zwischen inhaltlicher Autonomie und politischer Vereinnahmung als Folge finanzieller Abhängigkeit begann mit der ersten Subvention. Den Projekten der Frauenbewegung war die Betonung von Autonomie – im Sinne der Unabhängigkeit von männlich dominierten Organisations-, Denk- und Verhaltensformen – stets sehr wichtig (Hörmann 2002). Subventionen beinhalten jedoch die Gefahr der Einbindung in konservative sozialpolitische Konzepte und die Reduzierung der Projektarbeit auf bestimmte, staatlich gewünschte Kriterien. Andererseits würde der Verzicht auf Subventionen eine Beschränkung auf ehrenamtliche Arbeit nach sich ziehen, die Möglichkeiten von Fraueneinrichtungen stark reduzieren und damit letztlich patriarchalen konservativen Vorstellungen entsprechen. In Österreich haben sich daher die meisten Frauen- und Mädchenberatungsstellen trotz aller Probleme für den Seiltanz entschieden und setzen einen guten Teil ihrer Energie für Finanzierung ein. Wichtig ist jedoch nach wie vor, dass sie nicht als Vorfeld-Organisation einer politischen Partei wahrgenommen werden, denn sie werden von den meisten Frauen ja gerade wegen ihrer Unabhängigkeit und Eigenständigkeit aufgesucht.

Die Zusammenarbeit zwischen Frauen aus »autonomen« Organisationen und Frauen in Ministerien, Landesregierungen, Arbeiterkammer, Gewerkschaften und ähnlichen Behörden wurde im Lauf der Jahre immer wichtiger und konstruktiver, zumal es inzwischen auch mehr weibliche Führungskräfte in diesen Institutionen gibt. Die wechselseitige Wertschätzung, die in den 1980er Jahren noch eher ein zartes Pflänzchen war, ist gewachsen und tragfähig geworden. Strategische Partnerschaften in frauenpolitischen Projekten, Informationsaustausch und Unterstützung bei der Absicherung von Frauenorganisationen bilden wichtige Beiträge von »Behörden-Frauen« zum Fortbestand und zur Weiterentwicklung von Fraueneinrichtungen und Frauenpolitik.

Strategisches Handeln in Netzwerken

Die feministische Organisationsberaterin Marie Sichtermann definiert Netzwerke folgendermaßen: »Netzwerke sind Zusammenschlüsse von Personen, die sich selbst oder ihre Organisation vertreten, um gemeinsam bestimmte, definierte Interessen zu verwirklichen und sich gegenseitig Vorteile zu verschaffen. Es geht also um das Geben und das Nehmen« (Sichtermann 2004).

Dieses Geben und Nehmen ist ein zentrales Kriterium: Alle Beteiligten müssen bereit sein, den anderen Mitgliedern ihres Netzwerks Vorteile zu verschaffen. Wir sprechen in diesem Zusammenhang auch von »erwarteter Gegenseitigkeit«. Die Autorinnen Frerichs/Wiemert (2002) betonen, dass an dieses Geben und Nehmen noch eine zusätzliche Kondition geknüpft ist, die erklären könnte, warum Netzwerke traditionellen Organisationsformen überlegen sein können: Diese Kondition ist die freiwillige Verpflichtung zu Leistung und Gegenleistung. Sie sprechen von Reziprozität, vom »do ut des« – ich gebe, damit du gibst.

Ein Netzwerk ist ein Geflecht von Beziehungen, die teils bewusst ausgesucht wurden und teils zufällig entstanden sind oder sich z.B. aufgrund beruflicher, lebensgeschichtlicher oder geografischer Bedingungen ergaben. Netzwerke machen die Welt klein. Sie machen es möglich, dass alle Menschen miteinander in einem sozialen Kontext stehen, wie das «Kleine-Welt-Phänomen« zeigt: Eine Studie des US-amerikanischen Sozialpsychologen Stanley Milgram aus dem Jahr 1967 besagt, dass jede/n Amerikaner/in nur sechs Händedrücke von jeder anderen Person in Amerika trennen (Milgram 1967). Laut Studien, die 2003 im Wissenschaftsmagazin *Science* veröffentlicht wurden, existiert diese »Small World« auch heute noch – zeitgemäß umgelegt auf E-Mail-Kontakte (Granovetter 2003).

Erfolgreiches Networking

In jedem Netzwerk gibt es unterschiedlich intensive Beziehungen: »Starke« Beziehungen haben wir zu vertrauten Personen, Familienangehörigen, FreundInnen, KollegInnen. »Schwache« Beziehungen bestehen zu entfernten Bekannten, zu Menschen, die uns nicht sehr vertraut sind, mit denen es wenig Anknüpfungspunkte gibt. Die Erfahrung zeigt, dass gerade diese schwachen Beziehungen von großer Wichtigkeit für soziale Netzwerke sind. Je heterogener, je vielfältiger das Netzwerk und damit das Beziehungsgeflecht ist, desto wirksamer erweist es sich – im privaten wie auch im beruflichen und politisch-strategischen Bereich.

Damit das Netzwerk gut funktioniert und tragfähig bleibt, muss es entsprechend gepflegt werden. Dazu gehören regelmäßige Kontakte, Treffen und die Bereitschaft, sich und die eigenen Fähigkeiten und Ressourcen aktiv ins Netzwerk einzubringen. Nur so kann das Netzwerk im Bedarfsfall – z. B. bei der Jobsuche oder wenn es darum geht, ein bestimmtes Anliegen politisch durchzusetzen – auch zielführend aktiviert werden.

Zur Pflege eines Netzwerks braucht es also Zeit, Geld und Energie – Networking ist Arbeit! In Frauenorganisationen wird das mitunter übersehen und als Freizeitbeschäftigung bzw. mit Skepsis betrachtet. Marie Sichtermann schreibt dazu:

> »Verkäufe laufen über Klüngel und Netzwerke, gleich ob man Strümpfe oder eine Psychotherapie verkauft. Ein Frauenbetrieb muss eingebunden sein in eine bestimmte Kultur, in der andere Leute einen kennen. Männer wissen das seit Tausenden von Jahren, deswegen sind die in Karnevals- und Schützenvereinen, in Parteien, Gewerkschaften, Sportvereinen. Frauen lernen gerade mühsam, dass sie sich in der Öffentlichkeit zeigen müssen, damit sie irgend etwas verkaufen« (zit. n. Plogstedt 2006, S. 198).

Auch Beratungseinrichtungen müssen ihre Tätigkeit gegenüber SubventionsgeberInnen und SponsorInnen »verkaufen«, sie müssen bekannt sein – nicht nur bei Rat suchenden Frauen. Letzteres funktioniert so gut, dass es oft lange Wartelisten für Beratungsstellen gibt und dass der Bedarf kontinuierlich steigt. Aber weder der Bedarf noch die Qualität der Projekte ist oftmals entscheidend für ihre Finanzierung – mindestens genauso wichtig ist Networking.

Erfolgreiches Networking heißt, dass ich wissen muss, wie ich mich mit wem aus welchem Grund und zu welcher Zeit vernetze. Genauso wichtig ist es, dass ich die eigenen Ziele, die eigenen Kompetenzen und Stärken kenne und weiß, was ich selbst an Verbindungen und Kontakten einbringen kann.

Die Erfahrung zeigt auch: Netzwerke funktionieren besser, wenn ihre Mitglieder mit Freude dabei sind. Gemeinsame Unternehmungen – auch außerhalb von Arbeit und Fortbildung – stärken den Zusammenhalt. Das stellen Frauen leider aufgrund von Zeitknappheit oft hintan oder erachten es als nicht wesentlich.

In ihrem Buch *Die Kunst des Klüngelns* unternehmen Anni Hausladen und Gerda Laufenberg (2001) den Versuch, diese schon seit Langem von Männern praktizierte Methode gegenseitiger Unterstützung zu beleben und für Frauen zugänglich und akzeptierbar zu machen. Denn das Wort »Klüngeln« hat oft den schlechten Beigeschmack des Sich-gegenseitig-Vorteile-Verschaffens ohne Berücksichtigung von wirklicher Kompetenz und Eignung, was viele Frauen berechtigterweise nicht schätzen. Die Autorinnen plädieren für einen klaren Umgang mit dem Prinzip des Sich-Kennens-und-gegenseitig-Helfens und grenzen dies deutlich ab vom »fiesen Klüngeln« – von Korruption, erkaufter Macht, erkauftem Einfluss. Gutes Klüngeln ist dagegen ein feines Netzwerk, eine kluge Verknüpfung von Kompetenzen, Möglichkeiten und Verbindungen: Wir brauchen einander, wir schätzen unsere jeweiligen Kompetenzen, wir vertrauen einander und wir pflegen unsere Kontakte!

Feste, Treffen und Veranstaltungen sind optimale Kontaktmöglichkeiten, vor allem in Verbindung mit einer persönlichen Einladung. Die Autorinnen empfehlen das »Vorratsklüngeln« von Kontakten und Empfehlungen und das Anlegen einer »Klüngeldatei« mit Namen, beruflicher Tätigkeit und Interessen. Wichtig für gekonntes Klüngeln ist auch das Prinzip »Ziel in der Streudose«, das heißt, möglichst vielen Menschen über die eigenen Ziele, Pläne und Wünsche Bescheid zu geben. Denn zum Klüngeln braucht es immer ein konkretes Ziel. Erster Schritt ist das Formulieren eines Zielsatzes: »Ich will …« Dann folgt die Frage: »Was brauche ich dazu?« Als drittes werden Teilziele bestimmt.

»Strategisches Klüngeln« bedeutet, für konkrete Ziele auch konkrete AnsprechpartnerInnen zu überlegen und ganz gezielt mit ihnen Kontakte zu knüpfen. Ein zielgerichteter und eigennütziger Blickwinkel, der aber auf Gegenseitigkeit beruht – Geben und Nehmen.

Strategische Netzwerke

Strategische Netzwerke haben entweder eine ideologisch-politische oder eine kommerzielle Ausrichtung. Zu ersteren zählen z. B. der österreichische *Cartellverband (CV)*, Freimaurer, aber auch sozialpolitische Bündnisse wie das *Netzwerk gegen Armut und soziale Ausgrenzung* und verschiedene Frauennetzwerke (siehe Liste am Ende dieses Beitrags).

Der wichtigste Vorteil strategischer Netzwerke ist die Bündelung von Kräften mit der damit verbundenen größeren Gewichtigkeit und einem stärkeren Durchsetzungsvermögen. Es macht einen Unterschied, ob eine einzelne Organisation eine sozialpolitische Forderung aufstellt oder ob dahinter ein Netzwerk von 50 oder mehr Einrichtungen steht. Ein Netzwerk ermöglicht einerseits den einzelnen Mitgliedern ein stärkeres Auftreten und andererseits eine effizientere Nutzung von Ressourcen. Ein Nachteil ist die Langsamkeit: Durch den konsensualen Entscheidungsmodus kommt es mitunter zu langen »Kommunikationsschleifen«, eine gewisse Entscheidungsträgheit kann die Folge sein.

Auch aus Projekten können sich nationale und internationale Netzwerke zu einem bestimmten Thema entwickeln. Ein Beispiel ist das EU-Projekt *KLARA! Netzwerk für Equal Pay und Gendergleichstellung am Arbeitsmarkt* (www.netzwerk-frauenberatung.at/klara, Zugriff am 3.10.2009) – hier arbeiten Frauen aus Politik, Gewerkschaft und Wissenschaft mit Vertreterinnen von Frauenorganisationen zusammen. Dieses Netzwerk gibt auch nach Projektende bis heute wichtige Impulse zur Reduzierung des Gender Pay Gaps.

Netzwerke können auch strukturiert sein, z. B. in Form eines Vereins, mit Vorstand, Plena, Geschäftsordnung und regelmäßigen Aktivitäten. Ein Beispiel dafür ist das Netzwerk österreichischer Frauen- und Mädchenberatungsstellen. Der Beginn dieses Netzwerks wurde durch gelebte Solidarität ermöglicht: Mitarbeiterinnen von Frauenberatungsstellen haben die Organisation 1995, unterstützt durch die damalige Frauenministerin Johanna Dohnal, gegründet. Die Weiterentwicklung gelang auch mithilfe von EU-Projekten, für die einzelne Frauen privat Geld geliehen und Vorstandsfrauen mit Privatvermögen gebürgt haben. Das Netzwerk leistet seither wichtige Lobbyarbeit für die Mitgliedsvereine sowie für die Anliegen von Frauen, die zur Beratung kommen. Inzwischen gehören 55 Beratungsstellen in ganz Österreich mit über 600 Mitarbeiterinnen dazu, die jährlich mehr als 100.000 Frauen und Mädchen erreichen. Wichtige Vorteile bestehen u. a. darin, dass die Mitglieder inhaltlich und organisatorisch voneinander lernen und von SubventionsgeberInnen nicht so leicht gegeneinander ausgespielt werden können. Gemeinsame Qualitätskriterien und Strategien wurden entwickelt und bei Problemen solidarisch agiert.

Unterschiede von Frauen- und Männernetzwerken

Traditionelle Männernetzwerke bezeichnen sich kaum mit diesem Namen – obwohl sie bis vor Kurzem Frauen völlig ausgeschlossen haben und es zum Teil immer noch tun. Sie erscheinen als Männerbünde oder studentische bzw. akademische Verbindungen, als Geheimbünde u. Ä. Männer nutzen ihre Netzwerke meist als Karriereleiter und zum Machtgewinn bzw. Machterhalt. Beruflichen Aufstieg denken sie üblicherweise immer mit.

Frauen dagegen bringen traditionell wenig Macht mit. Sie sind es gewohnt, Netzwerke nicht für sich selbst, sondern zum Wohle anderer (Ehemann, Familie, Bedürftige) zu nutzen oder um sich im Privatleben bzw. in privaten Krisen gegenseitig zu unterstützen – unter Freundinnen, in der Familie, zwischen Nachbarinnen.

Charakteristisch für viele Frauennetzwerke ist ihr emanzipatorischer Ansatz, ihr Streben nach Chancengleichheit. Ein Hemmschuh kann in diesem Zusammenhang jedoch das Bedürfnis nach völliger Gleichheit zwischen Frauen sein, was dazu führt, dass unterschiedliche Fähigkeiten, Positionen und Erfolge nicht anerkannt und damit nivelliert werden. Oft schätzen Frauen eher diejenigen, die für etwas kämpfen, und nicht so sehr diejenigen, die tatsächlich etwas erreicht haben. Sie haben meist gelernt, mit Mangelsituationen brillant umzugehen, aber nicht mit Üppigkeit und Erfolg. Männernetzwerke dagegen verfügen häufig über reichhaltige materielle Ressourcen und pflegen ihre Anerkennungsrituale.

Frauennetzwerke können dazu beitragen, dass Frauen sichtbar werden und sich in der Öffentlichkeit stärker aufeinander beziehen – im Sinne einer Politik des Affidamento, wie sie in den 1990er Jahren diskutiert wurde (Libreria delle donne di Milano 1988, Murano 1993). Affidamento-Politik bedeutet, den Beziehungen von Frauen Wert zu geben, sie zum Ausgangspunkt von Politik zu machen, sich an Frauen zu orientieren und ihre Bedeutung öffentlich zu benennen. Wechselseitige öffentliche Anerkennung und Sichtbarmachen von individuellen Leistungen sowie von Mentoren und Förderern ist unter Männern weitaus selbstverständlicher als für Frauen.

Männer trainieren in Netzwerken soziales Verhalten und erwerben Wissen über formelle und informelle Hierarchien sowie über Karrierezugänge. Durch Ausschluss von anderen wird Exklusivität geschaffen – wie z. B. in den *Old Boys Networks*, den Netzwerken von ehemaligen Schülern englischer oder nordamerikanischer Eliteschulen, den sogenannten »Old Boys«. Solche Netzwerke waren bis vor Kurzem ausschließlich für Männer zugänglich. Public Schools bilden eine überschaubare Welt – am Netz geknüpft wird oft über Generationen. Mitglieder dieser Netzwerke besetzen Schlüsselpositionen in allen Bereichen der Gesellschaft und fördern sich gegenseitig – vor allem beruflich und machtpolitisch.

Diese Traditionen ändern sich nur sehr langsam. Eine Untersuchung von Petra Stuiber (2004) zu unterschiedlichen einflussreichen Netzwerken in Österreich und deren Mitgliedern ergab: Österreich ist noch immer fest in Männerhand. Männer – und hier vor allem jene, die sehr einflussreich sind – sind meist in mehreren Netzwerken vertreten, darauf gründet ihre strukturelle Macht.

Netzwerktraditionen von Frauen

Auch Frauen haben eine lange Netzwerkstradition, um sich gegenseitig zu unterstützen: unter Nachbarinnen, Freundinnen, in der Familie. Frauen nutzen also traditionell Netzwerkstrukturen, nennen sie aber nicht so, sondern Familienarbeit, Nachbarschaftshilfe oder Charity-Aktivitäten.

»Frauen besitzen ein ganzes Netzwerk von Kontakten, um den Alltag möglichst effizient zu organisieren« (Segermann-Peck 1994, S. 41). Charakteristisch für diese Aktivitäten ist, dass sie nicht dem persönlichen Gelderwerb dienen. Genau dies ist jedoch die Intention der *New Girls Networks* in Großbritannien und den USA. Diese Netzwerkgruppen bilden sich seit Ende der 1960er Jahre, z. B. *Women in Management* (1969) oder *City Women's Network* (1978). Im deutschsprachigen Raum erfolgte deren Entwicklung und Verbreitung ab den 1980er Jahren.

Eine exemplarische Untersuchung zu beruflichen Frauennetzwerken in Österreich wurde 2006 von Sabine Prokop im Rahmen des EU-Projektes

KLARA! Netzwerk für Equal Pay und Gendergleichstellung am Arbeitsmarkt durchgeführt, das von Hannah Steiner geleitet wurde:

> »Frauennetzwerke werden zu einem immer wichtigeren Instrument der Zivilgesellschaft – besonders für Frauen, die sich beruflich verbessern wollen. Oft bieten sie Weiterbildung an, doch über weite Strecken braucht frau die gar nicht so dringend, viel maßgeblicher ist Empowerment, d.h. gegenseitige Stärkung im Austausch, Gelegenheit Strategien auszuprobieren, Erfolge gemeinsam feiern, ergänzt durch gezieltes Lobbying für Frauenfragen«(Prokop/Steiner 2006).

Netzwerke brauchen Ressourcen: Zeit, Geld und Energie. Immer noch, so das Ergebnis der Untersuchung, wird ein nicht unbeträchtlicher Teil der Frauennetzwerkarbeit unentgeltlich geleistet, die »Bezahlung« erfolgt in anderer Form: Der Austausch innerhalb beruflicher Frauennetzwerke wirkt der Individualisierung entgegen und stärkt die Mitglieder, und eine Mitarbeit in einem Netzwerk kann auch als Referenz für weitere Karriereschritte dienen. Auch wenn ein berufliches Frauennetz nicht als »Jobbörse« fungieren kann, so ergeben sich doch durch Kontakte und Empfehlungen immer wieder Aufträge.

Strategisch-vernetztes Handeln in der Beratungsarbeit

Strategisch-vernetztes Handeln ist auch in der unmittelbaren Beratungsarbeit von großer Bedeutung. Frauen, die in Beziehungen mit Gewalttätern leben, sind beispielsweise häufig sozial isoliert, einerseits, weil der Täter soziale Beziehungen zu unterbinden versucht, andererseits, weil sie aufgrund von Scham- und Schuldgefühlen sich selbst zurückziehen. Daher besteht ein wichtiger Schritt im Beratungsprozess darin, die Frauen bei der Aufnahme von stärkenden Beziehungen zu Freundinnen, Bekannten und Verwandten zu unterstützen. Ein gutes soziales Netzwerk ist für die Überwindung von Gewalterfahrungen und für die Trennung von Gewalttätern sehr wichtig. Kontakte zu anderen Frauen in Selbsthilfegruppen, angeleiteten Gruppen und Veranstaltungen zu knüpfen, ist daher auch Teil der Angebote von Frauenberatungsstellen.

Umgekehrt kann die Beraterin einer Klientin durch die eigene, gute regionale Vernetzung vielfache Unterstützungsmöglichkeiten bieten. Gute

Kontakte zu AMS[1]-Beraterinnen können etwa bei der Suche nach sinnvollen und qualitativ hochwertigen Weiterbildungsmöglichkeiten oder Förderungen sehr hilfreich sein, ebenso wie Kontakte zu Anwältinnen, Interventionsstellen und Frauenhäusern für die Beratung von Frauen in Trennungssituationen und Gewaltbeziehungen unerlässlich sind. Das grundlegende Konzept von Frauenberatungsstellen besteht ja darin, möglichst umfassende Unterstützung in möglichst vielen Problembereichen zu bieten. Daher ist es wichtig, dass Beraterinnen sich innerhalb und außerhalb der Beratungsstelle selbst Rat holen und auf Kontakte zu SpezialistInnen zurückgreifen können.

Feministische Organisationen wollen sich aber nicht nur auf die individuelle Unterstützung von Frauen beschränken, sondern darüber hinaus zur Veränderung gesellschaftlicher Strukturen und zur Gleichstellung von Frauen und Männern beitragen. Dafür sind auch internationale Vernetzungen sehr wichtig, wie etwa die *European Women's Lobby* oder die *Europäische Plattform für angewandte Gleichstellung*, die vom *Netzwerk österreichischer Frauen- und Mädchenberatungsstellen* gegründet wurde (www.frauenberatung.eu). Feministinnen aus zahlreichen europäischen Ländern tauschen hier Erfahrungen und Informationen aus und überlegen gemeinsame Strategien zur Herstellung von Gender-Gleichstellung und zum Empowerment von Frauenorganisationen.

Ausblick

Das größte Problem von Frauen- und Mädchenberatungsstellen ist nach wie vor ihre mangelnde finanzielle Absicherung. Das Know-how und die Konzepte von Frauenberatungsstellen haben zwar inzwischen öffentliche Anerkennung gefunden und sind in den Mainstream gelangt – dies führt jedoch derzeit auch dazu, dass diese Konzepte von großen Organisationen und Bildungsträgern in verwässerter Form übernommen und »vermarktet« werden. Lohndumping – und nicht Qualität – wird oft zum bestimmenden Faktor. Auch diesem Problem wird nur durch vernetzte strategische Zusammenarbeit beizukommen sein. Es gilt, Gesetze und Richtlinien zu eliminieren, die Qualitätsverlust und Dumping fördern.

Um die Autonomie der Beratungsstellen zu unterstützen, wären auch

---

1 AMS = Arbeitsmarktservice (österr. Agentur für Arbeit).

Fonds für Fraueneinrichtungen sehr hilfreich, die z. B. von Netzwerken sozial engagierter Privatpersonen gegründet werden, die ihr Geld statt in Aktien in feministische Institutionen investieren wollen. In den USA und einigen europäischen Ländern gibt es das schon – und auch in Österreich ist ja eine »ErbInnen-Generation« am Ruder.

Gemeinsam sollten wir uns auch dafür einsetzen, dass im Zuge der Finanzkrise nach den Milliarden für Banken, Auto- und Baubranche endlich ein Sozialkonjunkturpaket beschlossen wird, um den sozialen Zusammenhalt zu stärken, Betreuungs- und Bildungseinrichtungen zu verbessern, qualifizierte Frauenerwerbsarbeit zu fördern und die Gleichstellung der Geschlechter in Beruf und Privatleben voranzubringen.

Vernetzt sind wir stärker!

Österreichische Frauennetzwerke im Internet

- *Frauenfakten* – Online-Plattform aller österreichischen Frauennetzwerke: www.frauenfakten.at
- *Netzwerk österreichischer Frauen- und Mädchenberatungsstellen* – Vernetzung von 55 Beratungsstellen in ganz Österreich sowie zahlreicher internationaler Frauenorganisationen: www.netzwerk-frauenberatung.at, www.frauenberatung.eu
- *Frauen ohne Grenzen* – PR- und Lobbying-Organisation für Frauen international: www.frauen-ohne-grenzen.org
- *Frauenring* – größter Dachverband von Frauenorganisationen in Österreich: www.frauenring.at

selbsttherapie

anstatt grantig könnte ich
fröhlich sein
anstatt ängstlich singen
anstatt zu erwarten dass mich der schwindel
    aufs trottoir schmeisst
einer freundlichen person begegnen
angenehme nachrichten im postkasten
dass mir ein gedicht
durchs hirn schwimmt
dass jemand dem ich vertraue
    es gelungen findet
manchmal greift ja die selbsttherapie
aber halt nicht immer

Elfriede Gerstl (2006)

Feministische Psychotherapie

Frauenspezifische/Feministische Arbeit mit Integrativer Gestalttherapie

Brigitte Schigl

Für diesen Artikel möchte ich auf feministische Analysen der Genese und Diagnostik von Essstörungen nur verweisen, es gibt zum Thema »Frauen und Essstörungen« eine Vielzahl guter und in Bezug auf die gesellschaftliche Bedingtheit dieser Diagnose sensibler Publikationen – angefangen von Susie Orbach (1979, 1984) über Hilde Bruch (1991) zu Kathrin Beyer (1999).

Das Verfahren der Integrativen Gestalttherapie (IGT)

IGT ist den existenziell-humanistischen Therapieansätzen zuzuordnen. Sie beruht auf der Anwendung der von den GestaltpsychologInnen im Berlin der 1930er Jahre formulierten Gestaltgesetzen als Strukturen der Wahrnehmung und menschlichen Erlebens. Weiterhin impliziert das Verfahren von der Ausbildung der BegründerInnen Lore und Fritz Perls her – beide waren AnalytikerInnen – tiefenpsychologische Grundannahmen. Neben Freud beeinflusste die aktive Analyse Sandór Ferenczis die GründerInnen. Mit dem Erscheinen des Buches *Gestalt Therapy* von Frederick (und Lore) Perls, Ralph Hefferline und Paul Goodman (1951; dt. 1979) wurde der Name »Gestalttherapie« begründet. IGT leitet sich vom sogenannten »Ostküstenstil« ab, in dem Lore Perls die Protagonistin einer klinisch orientierten, weniger spektakulär und konfrontativ arbeitenden Richtung der Gestalttherapie war. Wichtig in der IGT sind körpertherapeutische Konzepte, die von Fritz Perls' Ausbildung bei Max Reinhardt und Wilhelm Reich stammen. Lore Perls, in Elsa Grindlers Bewegungstherapie und in der Alexander-Körperarbeit ausgebildet, vertiefte dieses feine und genaue Arbeiten mit der Leiblichkeit. Weiterhin brachten die gestalttherapeutischen BegründerInnen Ideen aus der Phänomenologie Husserls, Morenos Psychodrama, der Feldtheorie Kurt Lewins, Existenzphilosophische Ansätze, Bubers Beziehungsphilosophie und Abwandlungen von zen-buddhistischen Awareness-Übungen ein. Paul Goodman steuerte sozialphilosophische Bezüge aus einer anarchistisch-gesellschaftskritischen Grundhaltung bei.

Gestalttherapeutische Theorie beschreibt v. a. Struktur und Prozesse psychischen Erlebens und beschäftigt sich mit dem Ablauf und dem Wie (mehr als mit dem Warum) des individuellen und sozialen menschlichen Erlebens. Erforscht wird dies in einem dialogischen Prozess zwischen zwei Menschen, der KlientIn und ihrer TherapeutIn.

Grundannahmen und -elemente: Wie kompatibel sind Frauenspezifische Psychotherapie und IGT?

Das erkenntnistheoretische Paradigma der Gestalttherapie ist eine phänomenologische Betrachtungsweise. Eine solche nicht wertende Betrachtung dessen, was ist, kommt der Arbeit mit weiblichem Erleben entgegen. Viele Frauen leiden darunter, sich wie von außen zu sehen und sich ständig kritisch zu kommentieren. Frauen mit Essstörungen, die mit ihrer Körperlichkeit im Kampf liegen, sind davon besonders betroffen. Eine erst einmal nur wahrnehmende, gewährende Haltung ist hier wohltuend und auch zugleich Herausforderung. Sie muss von Patientinnen erst gelernt werden und wirkt gegen Entfremdung und innere Kolonisierung (Scheffler 1987) weiblicher Leiblichkeit.

Eng damit verbunden ist »Awareness«, eine auf der methodischen Ebene angesiedelte Umsetzung jener phänomenologischen Grundhaltung: »Wie mache ich das?« Awareness bedeutet Bewusstheit in der Gegenwart, im Hier- und-Jetzt-Sein, schult das Wahrnehmen von Emotionen und hilft beim Trennen der Gefühle von Gedanken und Bewertungen. Besondere Beachtung gilt in der IGT der Leiblichkeit und dem nonverbalen bzw. paraverbalen Ausdruck. So werden Diskrepanzen zwischen körperlichen und verbal-inhaltlichen Aussagen, die auf Spannungen und Polaritäten verweisen, sichtbar. Typische innere Ambivalenzen und Gegensätze sind bei Frauen oft durch den Anspruch, fürsorgliche Mutter, erfolgreiche Berufsfrau, begehrenswerte Geliebte, perfekte

Hausfrau und sich selbstverwirklichende emanzipierte Frau zugleich zu sein, gegeben. Besonders bei essgestörten Frauen sind solche Widersprüche von Bedeutung – etwa in der Diskrepanz, selbst bedürfnislos, diszipliniert und schlank zu sein, aber Kinder und Familie mit leckerem und gesundem Essen gut zu versorgen. Oder das Dilemma der Töchter, es der Mutter recht und so wie sie, aber zugleich besser zu machen.

Auch die Geschlechterklischees sind in Polaritäten organisiert – Männlichkeit und Weiblichkeit beinhalten einander (scheinbar) ausschließende Symboliken und Zuschreibungen. Mit der aus dem Taoismus entlehnten Idee von Wirklichkeit als fließendem Wandel und dynamischem Wechselspiel von Polaritäten sowie deren Auflösung durch Verschmelzung und Integration werden in der IGT starre Rollen transzendiert und Handlungsmöglichkeiten erweitert: Den Frauen wenig verfügbare Elemente wie Stärke, Kraft, Lust, Begehren und Selbstbehauptung sollen in ihre Lebenswirklichkeit hineingenommen und nicht als Gegenpole in männlichen Beziehungspartnern gesucht werden (Flaig/Valentin-Mousli 1998).

Das dialogische Prinzip nach dem jüdischen Philosophen Buber besagt, dass eine »Ich-Du-Begegnung«, also eine Subjekt-Subjekt-Beziehung, heilsame Qualität hat und eine wirkliche Begegnung mit dem/der anderen etwas Neues »Da-Zwischen« schafft. Diese Begegnungsqualität von zwei Subjekten ist ebenso wesentliche Forderung frauenspezifischer Psychotherapie. Zwei Frauen, eine jede in Expertinnenschaft für ihr Leben, begegnen einander. Dies ist vergleichbar mit der Philosophie des »Affidamento« der Mailänder Diotima-Gruppe: Eine Frau wird für eine andere Frau die Vermittlungsinstanz zur Welt und bringt ihr durch ihr So-Sein und Mehr-Sein etwas, das diese zuvor nicht hatte (ebd.). GestalttherapeutInnen sind überzeugt, dass Menschen ein hohes Maß an Selbstheilungsfähigkeit besitzen und zu Wachstum und Reifung angelegt sind. Die Klientin ist Expertin und Handelnde und verantwortlich für ihr eigenes Leben. Diese frauentherapeutische Haltung lässt sich gut mit dem von Lore Perls ins Zentrum ihrer gestalttherapeutischen Arbeit gestellten Support-Prinzip, der Unterstützung der Klientin durch die Therapeutin, die allmählich zum Self-Support, zur Selbstunterstützung werden soll, verbinden (Schneider 1994).

Der gestalttherapeutische Kontaktzyklus mit Vorkontakt – Kontakt – Nachkontakt sensibilisiert für Grenzen; denn sosehr das Dialogische und Bezogensein Grundlage von IGT ist, so wichtig ist das Aufspüren von

Grenzen – gerade zwischen Frauen. Weibliche Sozialisation erfolgt v. a. in Hinblick auf Bezogenheit, was den Einstieg in die Therapie erleichtern kann. Dort dann die eigenen Grenzen zu spüren, ausdrücken und einfordern zu lernen, kann mit dem Instrumentarium der IGT gut eingeübt werden (Prengl 1985; Ulbing 1992).

In der Therapie geht es zunächst darum, Missstände wie etwa Symptome wahrzunehmen und zu akzeptieren, dass es sie gibt. Das gestalttherapeutische Paradox der Veränderung besagt, dass erst durch die Akzenptanz von Tatsachen der Boden für ihre Veränderung geschaffen werden kann. So ist jede, die mit dem Wunsch nach Veränderung in die Therapie kommt, zunächst aufgerufen, sich so anzunehmen, wie sie ist. Das ist besonders für Frauen mit Essstörungen schwer, deren Problem sich ja gerade daran festmacht, dass sie sich so, wie sie (körperlich) sind, nicht ertragen können.

Durch die Beiträge von Paul Goodman wohnt der Gestalttherapie ein gesellschaftskritisches Grundelement inne. Die von ihm als »klinische Soziologie« entwickelten Selbsthilfegruppen und Wohn- und Lebensgemeinschaften finden sich als Paradigmen einer emanzipatorischen Selbsthilfe ebenso in der zweiten Frauenbewegung (vgl. Ernst/Goodison 1981). Individuelles Handeln und Gesellschaft durchdringen sich aus Sicht der Gestalttherapie – der Slogan der Frauenbewegung, »das Private ist politisch«, drückt dies ebenfalls aus. Dabei sind Frauen nicht nur passives Objekt des Patriarchats, sondern wirken aktiv handelnd an der Konstruktion dieser Bedingungen mit: Mütter, die sich über ihr unbefriedigendes Leben bei den Töchtern beklagen, geben dessen Normen und Regeln an ihre Töchter (und Söhne) weiter – so wie sie es selbst erfahren haben. Die Gestalttherapie lenkt das Augenmerk auf solche Selbstunterdrückungs- und Kolonisationsmechanismen (»Top-Dog/Under-Dog«). Dies deckt sich mit einer kritisch-feministischen Haltung, die durch Erkennen des Missstands wie auch des eigenen Beitrags dazu die Verfügungsgewalt über das eigene Leben aktivieren und so Veränderung im Sinne von Integration und Wachstum möglich machen will.

Insgesamt könnte man die Eckpunkte frauenspezifischer Therapie mit IGT als Aneignung abgespaltener Leiblichkeit, verdrängter Gefühle und enteigneter Macht kennzeichnen (vgl. Prengel 1985).

Interessant ist der gestalttherapeutische Zugang zu Essen, das als Symbol für Herangehen, Zupacken, Assimilieren von Brauchbarem und Ausscheiden von Unbrauchbaren eine wesentliche theoretische Rolle spielt. Die Perls konstatierten einen »oralen Aggressionstrieb« als lebenserhaltendes und -bejahendes Prinzip der aktiven Hinwendung an die Welt, der Einverleibung des Brauchbaren (Perls 1978, S. 229). Wir würden dies in der modernen Sozialpsychologie mit »assertivness« – Durchsetzungsfähigkeit oder Selbstbehauptung – bezeichnen (Petzold 2007). Diese Gestalt-Deutung von Aggression fand gerade in der Frauenbewegung Resonanz. Welche Aggression im Essen bzw. im Nicht-Essen, d. h. in der Verweigerung der Aneignung oder im Wieder-von-sich-Geben von Nahrung liegt, sind Gestalt-Theoreme, die in der therapeutischen Arbeit mit Patientinnen mit Essstörung überaus stimmig sind.

Feministische Kritik an der Gestalttherapie

Gestalttherapie als existenzielles, experimentelles und erlebnisorientiertes Verfahren wurde von den Vordenkerinnen der feministischen Therapie als sehr geeignet für die Arbeit mit und für Frauen bewertet (z. B. Ernst/Goodison 1981). Der Hauptstrang feministischer Kritik machte sich weniger an den Grundannahmen des Verfahrens als an der Person Fritz Perls' (bzw. einzelner Nachfolger) fest: Denn ohne das Bewusstsein weiblicher Unterdrückung ist die humanistische Therapieform alleine »kein Garant für Frauenfreundlichkeit« (Mangelsdorf 1992, S. 183). Sicher scheint, dass Perls ein patriarchal geprägtes und diesbezüglich wenig reflektiertes Verhältnis zu Frauen hatte. Das zeigen Aussagen und Handlungen aus seinen Live-Demonstrationen ebenso wie sein Umgang mit seiner Frau Lore Perls, die ihn allerdings deswegen nie offen kritisiert hat. Eklatant sind von Perls überlieferte Zitate wie das aus einer Therapie mit einer Patientin, in dem er über seine Handgreiflichkeiten berichtet (Masson 1993, S. 259) oder sexualisiertes Verhalten gegenüber Frauen zeigt (Großmaß 1983).

Die Gestalt-Prinzipien sind so allgemein formuliert, dass geschlechtsspezifische Differenzen auf dieser Theorieebene nicht zum Tragen kommen. Die unterschiedlichen Erfahrungswelten von Männern und Frauen werden in Perls' Texten nicht behandelt, wenngleich er feststellt, dass »jedes Problem als Ereignis in einem sozialen, sinnlichen und physischen Feld zu betrachten« ist und »historische und kulturelle Faktoren [...] vielmehr jedem Problem inne[wohnen]« (Perls et al. 1979, S. 10). Obwohl also konzeptionell soziokulturelle Einflussfaktoren auf die Probleme der KlientInnen postuliert werden, fehlt jeder Hinweis auf die patriarchal geprägte Geschlechterdifferenz.

Das oft zitierte »Gestaltgebet« Perls' zeigt eine Sicht der Welt, in der sich ein autonomes Individuum ohne Bindung und Verpflichtung für andere selbst verwirklicht und in organismischer Selbstregulierung Kontakt aufnimmt und sich wieder zurückzieht. Dies entspricht nicht der Sozialisation und den Lebenszusammenhängen von Frauen. Aber gerade deshalb ist in der Arbeit mit Frauen die Betonung von Grenzen und Autonomie von größter Bedeutung; es wäre ein ebenso notwendiger Fokus in der Arbeit mit männlichen Klienten, die Aspekte Bezogenheit und Fürsorglichkeit in deren Handeln stärker zu beachten (Schigl 2006).

In der Entwicklung der Theorie zur konstruktiven Kraft der Aggression gingen die Perls von Beobachtungen beim Stillen und Essen-Lernen ihrer Tochter aus. Dabei argumentiert Perls, indem er die Mutter in eine Objektrolle stellt: Sie hat, um eine gesunde Entwicklung des Kindes zu gewährleisten, zu dulden, dass ihr der Säugling als Ausdruck positiver Selbstbehauptung in die Brustwarze beißt (Perls 1978, S. 129). Ebenso sind Aussagen Perls zur Aggression bei sensibler Analyse entlang der herkömmlichen Geschlechterklischees konstruiert, wenn er etwa über die Degeneration nicht mehr jagender und kämpfender Menschen oder die Spannung bei der Verfolgung eines Sexualobjekts schreibt (Großmaß 1983).

Die Analyse des ursprünglichen Verständnisses der Gestalttherapie durch Fritz Perls' West-Coast-Stil stellt Gestalttherapie in Ihrer Bewertung von Mütterlichkeit, von Aggression und Sexualität sowie der Verteilung von Aktivität und Passivität als männlich konnotiert dar (Großmaß 1986). In den neueren Veröffentlichungen zur Gestalttherapie (z.B. Ulbing 1999) werden mehr ganzheitliche, zirkuläre, maternale – also auf Verbundenheit statt paternale, auf Individuation und Separation gründende - Gestaltprinzipien betont (ebd., S. 605).

Therapiegeschichte einer jungen Frau mit Bulimie

Essstörungen aus feministischer Sicht

Essstörungen sind ein Krankheitsbild, das zu 90% bei Frauen diagnostiziert wird und das deshalb schon früh die Aufmerksamkeit der feministischen

Therapieszene auf sich zog. Es begründete sich eine feministisch-kritische Sicht auf solche, mit Essen und weiblicher Leiblichkeit assoziierte Leidenszustände (Schigl 2007). Bulimie ist nur verstehbar durch Einbezug gesellschaftlicher Perspektiven wie der ständigen Verfügbarkeit von (Mengen an) Nahrungsmitteln, dem Schlankheitsgebot und der Idee, seinen Leib zu einem »gestylten Body« beliebig manipulieren zu können. Dünnsein wird mit glücklich, schön und erfolgreich sein assoziert. In der Auslösesituation des Erbrechens berichten die Klientinnen scheinbar unaushaltbare Spannungsgefühle wie Angst, Traurigkeit, innere Leere, Einsamkeit, Wut. Die Patientinnen nehmen sich als willensschwach und hilflos wahr und leiden vehement unter Schuld- und Schamgefühlen. Zentral werden in der psychotherapeutischen Literatur aus Frauensicht Mutter-Tochter-Konflikte zwischen Abgrenzung und Identifikation, ein beschädigtes Selbstwertgefühl, Leistungsorientierung bis zum Perfektionismus und Über-Erfüllung der Anforderungen der Umwelt beschrieben. Frauen leiden unter einer Entfremdung von sich selbst, zeigen aber nach außen hin eine herausgeputzte, makellose Hülle. In der Bulimie spiegelt sich das Dilemma von Frauen zwischen Abhängigkeit und Selbstständigkeit.

Karola, eine normale Patientin mit Bulimie

Karola ist 19 Jahre alt und wirkt attraktiv, freundlich und selbstbewusst. Sie studiert und lebt in einem StudentInnenheim, die Wochenenden verbringt sie meist mit ihrer (Herkunfts-)Familie. Ihr Vater ist ihr innerlich fern, die Mutter bezeichnet sie als ihre beste Freundin. Diese ist stolz auf sie und vermittelt ihr, dass Karola es besser machen soll als sie. Karola kommt (ohne dass es jemand weiß) in Therapie, um ihr »grauenvolles« Symptom loszuwerden: Schon mit sechzehn Jahren trat zum ersten Mal Erbrechen als Episode auf, dann in der Belastungszeit um die Matura wieder und zu Beginn der Therapie, im zweiten Ausbildungsjahr, hatte sich der Ess-Brech-Rhythmus mit einer Frequenz von bis zu dreimal am Tag verfestigt. Sie konnte kaum mehr Vorlesungen besuchen, mied soziale Kontakte, fühlte sich einsam, leer und verachtenswert. Jeden Tag am Morgen nahm sie sich vor, heute nicht zu brechen, blieb (fast) nüchtern oder aß nur »Gesundes«: Obst, Joghurt und Salat. Spätestens am Nachmittag, wenn der Hunger zu groß wurde, ging sie »wie ferngesteuert« einkaufen und erlebte zu Hause ihre einsame Essorgie. Wenn sie abends dann Ihren Freund sah oder mit ihrer Mutter telefonierte, fühlte sie sich »wie ein Stück Dreck«. Wenn sie eine Mahlzeit verdaute, empfand sie sich als dick und aufgedunsen und mochte mit keinem ein Wort reden. Dreimal in der Woche arbeitete sie abends als Kellnerin, was sie unglaublich anstrengte – den ganzen Abend strahlend und freundlich zu den Gästen zu sein –, und keine/r bemerkte ihre Not.

Der Therapieprozess mit Karola

Ich kann meinen Therapieprozess mit Karola in vier Phasen unterteilen:

Die erste Phase »Wahrnehmen und Akzeptieren von Gefühlen« war gekennzeichnet von meinem Versuch, mit einer Karola, die sich selbst nicht spürte, in Kontakt und Dialog zu treten.

Sie zeigte sich mir nicht, außer in manchmal aufbrechender Verzweiflung. Sie versuchte, ihr »falsches Selbst« mit hübscher Figur und Freundlichkeit aufrechtzuerhalten. Ich arbeitete viel mit Awareness-Übungen und dem wertfreien Benennen von Gefühlen, die ich durch ihren körperlichen Ausdruck wahrnahm (was oft heftige Emotionen bewirkte). Der Schwerpunkt der Therapie konzentrierte sich darauf, im Hier und Jetzt wahrzunehmen, was ist, an den Phänomenen der Gefühle zu bleiben.

Aus Sicht der gestalt-frauenspezifischen Arbeit baute ich den Boden einer (heilenden) Beziehung auf. Ihre Gefühle als etwas Normales anzusprechen und diese an die gesellschaftliche Realität (wie schwierig es ist, die freundliche Kellnerin, fröhliche Tochter oder erotische Freundin zu sein, wenn es einem schlecht geht) anzubinden, fanden langsam Resonanz. Karola hielt es mehr und mehr aus, sich selbst zu spüren, »eigen-sinnlich« zu werden. Das phänomenologische Wahrnehmen dessen, was ist, stärkte ihr Gefühl für sich selbst und minderte Entfremdung und Kolonialisierung ihres Körpers.

Die zweite Phase der Therapie mit Karola war zu Anfang durch die Versuchung gekennzeichnet, sich in die Kollusion »Beste Therapeutin trifft beste Patientin« zu verstricken.

Karola erzählte mir freudestrahlend, dass sie weniger breche, leistungsfähiger und fröhlicher sei und wie toll wir miteinander arbeiten! Wenn sie dann doch erbrach, war sie verzweifelt und beschimpfte sich mehr als zuvor. Hier war es wichtig, die Idealisierungs- und Verdammungstendenzen, die beide in ihr wohnten, zu erkunden. In der Arbeit mit zwei Sesseln als symbolische Positionen für die Diskrepanzen in ihr wurde Karola klar, dass sich in ihr ständig zwei Teile (Perls »Top Dog« und »Under Dog«) bekämpften. Auch Essen war in gute (Obst, Mager-Joghurt, Gemüse, Salat etc.) und böse (Hamburger, Pizza, Eis, Fett, Zucker etc.) Nahrungsmittel eingeteilt, wobei die Konsumation eines bösen einen Ess-Brechanfall zur Folge hatte. Viel Arbeit war nötig, bis Karola sich wegen ihres Symptoms nicht mehr so abgrundtief verdammte und nicht darauf einstieg, es möglicht bald loszuwerden.

Aus gestalt-frauenspezifischer Sicht ging es in dieser Phase darum, der Patientin Diskrepanzen und Widersprüche aufzuzeigen und diese an ihr Frausein rückzubinden: essen, aber nicht dick werden; sich diszipliniert gesund ernähren und genussvoll sein; für den Freund da zu sein, aber auch selbstbewusst ihr Ding zu machen. Die Arbeit mit den Polaritäten bewegte sich manchmal zu einer Mitte, wenn Karola erschöpft vom Hin und Her im Raum stehen blieb und einen neuen Platz zwischen den Extremen suchte. Dabei war es hilfreich, dass auch ich eine unvollkommene Therapeutin war (ich hatte etwas Wichtiges vom letzten Mal vergessen) und mich der Kollusion verweigerte. Wir arbeiteten daran, das Symptom als ihren Umgang mit Spannungen zu akzeptieren und es als – wenn auch nicht ganz geglückte – Lösungsmöglichkeit zu betrachten.

In der dritten Phase begann Karola, intensiver von ihrer Familie und von ihrem Verhältnis zu ihrer Mutter zu erzählen:

Diese liebe sie heiß, was sich v.a. in der Versorgung mit Lieblingsspeisen und intimen Frauengesprächen zeige: Die Mutter wolle dabei alles von ihr wissen, um ihr dann wortlos ihr Missfallen oder explizit Verhaltensregeln mitzugeben. Dies alles stünde unter dem Motto: Wir Frauen müssen zusammenhalten, dein Vater ist furchtbar und versteht uns nicht. Karola erzählte, dass sie ihre Mutter nur anschauen oder den Klang ihrer Schritte hören musste, um zu wissen, wie es dieser ginge. Wenn Mutter nicht zufrieden war, spürte Karola Schuldgefühle, und wenn sie einmal ein Wochenende nicht heimkam, machte sich die Mutter Vorwürfe. Die beiden Frauen waren grenzenlos verbunden! Ein Schritt erster Verweigerung gelang Karola in diesem Sommer mit der

Kündigung ihres Kellnerinnenjobs zugunsten langer Ferien und einer besseren Arbeit im Herbst.

Aus frauentherapeutischer Sicht ging es in dieser Phase um die Klärung der Beziehung zur Mutter, die sie als (über-)mächtig und zugleich bedürftig erlebte. Hierbei sind Überlegungen zu frauenspezifischer Entwicklungspsychologie (Chodorow 1985; Olivier 1989; Benjamin 1993a) als Hintergrund für meine Arbeit über die Aussagen der IGT hinaus wichtig. Wir arbeiteten daran, wie es Karola möglich sein könnte, Grenzen zu ziehen und nicht mehr so zur Verfügung zu stehen. Wichtig dabei war, dass ich die Bindung Karolas an ihre Mutter nicht prinzipiell in Frage stellte oder die Mutter abwertete. Es galt vielmehr, diese als Frau mit ihrer eigenen Geschichte zu erkennen und dabei sich und ihren Gefühlen treu zu bleiben. Ich unterstützte Karola auch bei ihren Versuchen, Kontakt zum Vater zu suchen. Dieser schien allerdings mit seiner Tochter wenig anfangen zu können, was als schmerzliche Zurückweisung verarbeitet werden musste – die Triangulierung gelang nicht. Auch in unserer therapeutischen Beziehung ging es um Ansprüche und Grenzen. Methodisch arbeiteten wir mit Rollenspielen mit einer imaginierten Mutter, mit symbolischen Gestalten, Träumen und kreativen Medien.

Die vierte Phase ihrer Therapie begann für Karola mit einem Rückschlag: Ihr Freund trennte sich von ihr, sie verbrachte viel Zeit mit ihrer Familie und beruhigte sich mit Essen und Brechen. In dieser Phase zeigte sich jedoch auch, wie viel sie schon gelernt hatte und wie schnell es (nach einer längeren Auslandsreise mit einer Freundin) wieder bergauf ging.

Aus therapeutischer Sicht war dies die Phase der Konsolidierung, obwohl sie mit einer Krise eingeleitet wurde. Karola konnte sich in ihrem Liebesleid annehmen und hörte nach einiger Zeit auf, sich zu beschimpfen, weil ihr Freund zu einer anderen, in ihrer Fantasie dünneren, Frau gewechselt wäre. Bei ihrer Familie war es ihr möglich, nach einiger Zeit wieder ihre Grenzen zu wahren, und sie schlug einen Vermittlungsversuch ihrer Mutter (diese wollte ihren Freund einladen, um die zwei wieder zusammenzubringen) aus. Ich merkte, dass Karola viel gelernt hatte und sich viele Sätze aus der Therapie selbst sagte. Sie hatte Techniken verfügbar, um sich mit anderen Mitteln als Essen aus einem Verzweiflungsloch zu holen. Sie konnte sich Self-Support geben und hatte eine gute, freundliche Haltung zu sich internalisiert.

Karola beendete die Therapie nach drei Jahren geheilt, wenn auch nicht gänzlich symptomfrei in Bezug auf Essen – in schwierigen Zeiten tendiert sie dazu, zuviel zu essen. Das Fortbestehen einer gewissen Restsymptomatik zeigt sich oft in Therapien von Essstörungen, denn Essen ist eine hervorragende kompensatorische Methode (für jederfrau)! Hier hilft eine frauenspezifische Sicht, die die Patientin und nicht das Symptom im Blick hat.

Anmerkung zu »differenzierter Parteilichkeit« und Ausblick auf frauenspezifische Therapie

In der Therapie gehe ich meinen Patientinnen als Frau, die die gesellschaftliche Frauenposition kennt und in gewissem Sinne teilt, entgegen. Ich bin an ihrer Seite, auf einer Ebene, ein Subjekt im Dialog mit einem anderen Subjekt.

Den Ausdruck der »differenzierten Parteilichkeit« als von feministischer Psychotherapie geforderter Grundhaltung finde ich nur zum Teil treffend. Für mich beinhaltet er ein Statusgefälle – so ist die Sachwalterin, die Sozialarbeiterin für ihre Klientin, die in einer prekären Situation ist, parteilich. Ich finde die Bezeichnung »Solidarität« in Bezug auf feministische Therapie treffender, da diese von einer ebenbürtigeren Position ausgeht: Ich bin solidarisch mit jemandem, dessen Anliegen ich teile und für wichtig erachte. Eine solidarische Haltung zu den Frauen, mit denen ich arbeite, ist insofern mehr als Parteilichkeit und drückt eine ethisch-politische Haltung aus. Solidarität bezeichnet als Prinzip menschlichen Zusammenlebens ein Gefühl von Individuen und Gruppen, zusammenzugehören, und äußert sich im Eintreten füreinander (Koch-Arzberger 1994). Dies entspricht der weiblichen Lebenswirklichkeit des Denkens in Beziehungen und Netzwerken – die Bezeichnung Parteilichkeit finde ich eher paternalistisch. Solidarität umschließt die Verantwortung als Therapeutin, ohne das Machtgefälle in der therapeutischen Situation zu leugnen. Die Therapeutin trägt die Hauptverantwortung für den Prozess und die Bearbeitung und Auflösung eventueller Übertragungen (und ihrer Gegenübertragungen).

Die Frauenbewegung und ihre Beschäftigung mit seelischer und körperlicher Gesundheit hat wichtige Arbeit geleistet, viele Erkenntnisse sind in den Diskurs der Gesundheitsberufe eingegangen (Schigl 2007). Dabei ist eine Abnahme des öffentlich geäußerten feministisch- politischen Anspruchs zu verzeichnen, auch die Diktion hat sich geändert: Von »feministischer Therapie« sind wir zu »frauenspezifischer« Arbeit und »gendersensiblem« Handeln bzw. noch neutraler zu »Managing Differences« gekommen – wobei offen bleibt, ob dies eine Folge des theoretischen Diskurses vom Gleichheits- und Differenz-Diskurs zum Konstruktivismus ist (Schigl/Abdul-Hussein 2010).

Eine Schärfung unseres Blicks für Doing Gender – der Herstellung der Geschlechter(-differenzen) durch Frauen und Männer – eröffnet den Raum für eine wichtige Perspektive: Es muss gefordert werden, dass in den Therapieausbildungen *aller* Schulen die Herstellungen von Geschlecht theoretisch beleuchtet, reflektiert und praktisch erfahrbar werden, da Psychotherapie als dritte Sozialisationsinstanz an der Bildung von Identität mitwirkt (vgl. Krause-Girth 2004). Neben dem politisch-solidarischen Handeln mit und für Frauen ist eine Sensibilisierung männlicher wie weiblicher PsychotherapeutInnen auf ihre täglichen Beiträge zur Entstehung und Aufrechterhaltung der Geschlechterdifferenzen dringend nötig (Schigl 2006). Wer darüber hinaus ihre/seine Parteilichkeit oder Solidarität als gesellschaftskritische politische Haltung einbringt, wirkt in zumindest homöopathischer Dosis an einer Veränderung dieser Gesellschaft zu mehr Gerechtigkeit hin mit.

In den einzelnen Therapieschulen wäre aus feministischer Sicht eine weitere systematisch-kritische Beschäftigung mit den Aussagen der GründerInnen ebenso wie mit der zweiten Generation der Theorieschaffenden nötig – vielleicht kann dies im Rahmen der Akademisierung von Psychotherapie in Form wissenschaftlicher Arbeiten geschehen. Hier wäre auch eine konsequente »Genderung« der Begriffe und Konzepte bzw. ein Abklopfen auf Geschlechterdifferenzen in den theoretischen Annahmen zu leisten, wie dies für weibliche tiefenpsychologisch orientierte Entwicklungspsychologie schon geschehen ist. Eine gesellschaftskritische Haltung einzunehmen, ist gerade in Zeiten des neuerlichen Erstarkens (sozio-)biologischer Haltungen gefordert.

Feminismus und KIP oder: Was wir von den Amazonen lernen können
Traude Ebermann

»Niemand hat das Recht zu gehorchen.«
Hannah Arendt

Betrachten wir die Geschichte der Psychotherapie und setzen wir die Traumdeutung Sigmund Freuds (1900) als Schlüsselwerk an den Beginn der Psychoanalyse, der zufolge im letzten Jahrhundert eine Vielfalt von Psychotherapiemethoden entwickelt wurden, so wird deutlich, dass die Auseinandersetzung zwischen Feminismus und Psychotherapie erst eine sehr junge Liaison ist.

Feministisches Gedankengut ist noch nicht ausreichend in die Lehrmeinungen der unterschiedlichen psychotherapeutischen Methoden in selbstverständlicher Weise integriert bzw. strukturell verankert. Feministinnen als Psychotherapeutinnen arbeiten noch immer in Nischen mit ihren Beiträgen. Die amerikanische Psychoanalytikerin Juliet Mitchell lieferte vor mehr als 30 Jahren mit ihrem epochalen Werk *Psychoanalyse und Feminismus* (1976) eine im Wesentlichen noch immer gültige historisch-soziologische Abhandlung über die Bedeutung der Sexualität von Frauen. Ihr Fazit lautet: Wer die Unterdrückung der Frauen begreifen will, kommt an der Psychoanalyse nicht vorbei, weil Frauenunterdrückung mit ihrer Triebunterdrückung gleichzusetzen ist. Rohde-Dachser setzte dieses Vorhaben in ihren *Expeditionen in den dunklen Kontinent* (1991) fort, indem sie Weiblichkeitsbilder mit den Mitteln der Psychoanalyse dekonstruierte, Koellreuter (2000) stellte das weibliche Homosexualitätstabu ins Zentrum ihrer psychoanalytischen Betrachtung. Christlieb (1995) spricht von der Psychoanalyse als einer Art Seelengynäkologie.

In voller Anerkennung dieser und anderer Erkenntnisse von Pionierinnen kann ich darauf aufbauen.

Im Folgenden stelle ich meine psychotherapeutische Methode, die KIP, kurz vor und hinterfrage sie von einem feministischen Blickpunkt aus, bevor ich auf das Thema Frauen und Aggression eingehe. Anhand eines Fallbeispiels will ich das Potenzial negativer Übertragung für die Entwicklung weiblicher Aggressivität veranschaulichen. Als Resümee stelle ich ein neues KIP-Motiv, die »Amazone«, vor.

KIP – Eine kurze Einführung und feministische Kritik

1954 wurde das psychotherapeutische Verfahren von ihrem Gründervater Hanscarl Leuner (1987, 1990), einem deutschen Psychiater, als »Katathymes Bilderleben« oder »Symboldrama« eingeführt, inzwischen lautet die Bezeichnung »Katathym Imaginative Psychotherapie«.

> »Die Katathym Imaginative Psychotherapie (KIP) ist eine Form tiefenpsychologisch fundierter Psychotherapie, die in besonderer Weise Imaginationen nutzt, um unbewusste Motivationen, Phantasien und Abwehrmechanismen sowie bewusste und unbewusste Konflikte und die Übertragungsbeziehung und Widerstände zu veranschaulichen und deren Bearbeitung zu fördern. Dies geschieht sowohl auf symbolischer Ebene im Rahmen angeleiteter Imaginationen als auch im therapeutischen Gespräch. Theoretisch wurzelt das Verfahren in der Psychoanalyse, insofern es von der unbewussten Dynamik aktuell wirksamer Konflikte ausgeht. Unter Imaginationen versteht die KIP spontane oder durch Motivvorgabe induzierte bildhafte Symbolisierungen als Ergebnisse einer zwar verbal vermittelbaren, aber primär nicht an Sprache gebundenen Ich-Leistung. In den Symbolisierungen verdichten sich vor allem die zentralen unbewussten Beziehungskonflikte und ihre Abwehr. Sie sind daher sowohl therapeutisch als auch diagnostisch relevant und dienen insofern der Veranschaulichung und Klärung ebenso wie der Konfliktbearbeitung, Ich-Stärkung und Strukturförderung. Für den Umgang mit Imaginationen stellt das Verfahren eine Vielzahl definierter therapeutischer Interventionen zur Verfügung« (Bahrke/Nohr 2005, 5f.).

So differenziert und anschaulich die neuformulierte Theorie in diesem Artikel auch reflektiert wird, so enttäuschende Züge sind gleichzeitig auszumachen. Der Wirkfaktor Gender (die geschlechtsspezifische Sozialisierung) wird darin für das komplexe therapeutische Geschehen gänzlich ignoriert und mit keiner Silbe erwähnt. Ein Wissen über gendersensiblen Sprachgebrauch könnte ebenso als bekannt vorausgesetzt werden (vgl. u. a. Pusch 2009; Kienpointner 2000).

Wenn in diesem Artikel (exemplarisch für viele andere Therapieartikel, auch anderer Schulen) nur von Therapeuten/Klienten in männlicher Form gesprochen wird, obwohl mehr als 60% der PatientInnen und inzwischen über 80% der Auszubildenden Frauen sind, zeigt dies eine Ignoranz bezüglich der gesellschaftlichen Realität. Trotzdem existieren einzelne gendersensible Abhandlungen über die KIP (vgl. u. a. Hauler/Uhlmann 2008).

Meine feministischen Beiträge über die Auseinandersetzung mit weiblicher Sexualität kann in mehreren Arbeiten nachgelesen werden (1999, 2001, 2002, 2005), in denen ich unter anderem traditionell angewandte KIP-Motive (Autostop für die Frau, Rosenbusch für den Mann), ihre Fest- und Fortschreibung einseitiger Geschlechtsrollen hinterfrage und zu neuen, zeitgemäßen Motiven anrege. Im Zuge dessen stelle ich das Motiv »Muschel« für die Frau vor – als Symbolisierung ihrer weiblichen Körperlichkeit, ihres weiblichen Genitals. Frauen sollen durch diese Motivvorgabe im therapeutischen Geschehen eingeladen werden, vorerst ihre Subjekthaftigkeit zu entwickeln, bevor sie im weiteren Reifungsschritt zu ihrer Beziehungsfähigkeit zu anderen Liebesobjekten übergehen können.

Mein Eindruck ist, dass feministische bzw. gendersensible Reflexion zwar toleriert wird, aber noch immer nicht im offiziell verbindlichen, theoretischen Diskurs auf nachhaltige Weise ihren Niederschlag und ihre Wertschätzung findet. Auch 2010 bleibt dies der Beharrlichkeit und der unerschütterlichen Leidenschaft einzelner Feministinnen überlassen, eine Art »Sand im Getriebe« zu spielen.

Feministische Grundhaltung

Differenzierte Parteilichkeit, eine der klassischen Grundforderungen einer feministischen Therapie, sehe ich vor allem als ein Hintergrundwissen der Therapeutin an, das unter Einhaltung der Prinzipien der jeweiligen Therapiemethode im therapeutischen Geschehen wirksam sein möge. Das bloße Frausein allein reicht nicht für diese Qualifizierung. Es ist ein Wissen über die Geschlechterdifferenz und darüber, dass der Faktor Gender grundlegend auf jeden Aspekt des Lebens färbt, so auch auf den gesamten Prozess in der therapeutischen Beziehung von

Frau zu Frau (aber auch zwischen Frau und Mann). Als psychoanalytisch orientiert arbeitende KIP-Therapeutin ist das Einhalten der Abstinenz wichtig, was ihr die Möglichkeit gibt, bei der Klientin und ihrem Anliegen zu bleiben, d. h., keine Fragen zu beantworten oder Bekenntnisse abzugeben bezüglich sexueller Orientierung, Mutterschaft etc. Damit bleibt der therapeutische Raum weiter erhalten für ein Übertragungs-Gegenübertragungsgeschehen – zum Nutzen von Erkenntnismöglichkeiten der Klientin über sich selbst. Negative Übertragungen auf die Therapeutin auszuhalten und zu benennen, ist für einen Erkenntnisgewinn hilfreicher als eine vordergründige Verschwesterung und damit missverstandene Parteilichkeit, was ich im Folgenden speziell im Umgang mit Aggressionen aufzeigen werde.

Weibliche Aggressivität – Noch immer ein Tabu?!

Frauen geraten in Konflikte mit ihren Vorstellungen von Weiblichkeit, sobald sie mit Aggression und ihrer Aggressivität in Berührung kommen. Mit meiner Arbeit soll die Notwendigkeit einer positiven Bemächtigung von Aggressivität für die weibliche Identitätsentwicklung, im Selbstkonzept der unterschiedlichen Rollen als Frau, Tochter, Mutter, Partnerin, Klientin und/ oder Therapeutin angedacht werden. Im Folgenden versuche ich, theoretische Erklärungen dafür zu finden, die mich auch bei der Suche nach einem adäquaten Motiv in der KIP leiten mögen.

Halten wir Ausschau in den gängigen Weiblichkeitszuschreibungen der psychoanalytischen Theorien, so wird Aggressivität noch immer weitgehend vermieden. Dieser Tatsache trotzen zum Glück Veröffentlichungen über weibliche Aggression: allen voran das vom Hamburger Arbeitskreis für Psychoanalyse und Feminismus herausgegebene Buch *Evas Biss* (1995) sowie Prengel und Wirbel (1986), Musfeld (1997), Bell und Höhfeld (2000), Micus (2002), Hidalgo-Xirinachs (2002), Buchta (2004) u. v. m.

Vorweg eine Begriffsklärung, wie sie Buchta (2004) in ihrem Buch *Aggression von Frauen* unter Betonung des Doppelaspektes anführt: Aggression kommt von *aggredior, aggredi* (lat.) und bedeutet: »herangehen, sich an jemanden wenden, etwas unternehmen, heraustreten«, aber auch »angreifen«. Ersteres klingt nach Aktivität, Unternehmungslust und ist eigentlich ein konstruktiver Aspekt.

Üblicherweise wird aber Aggression vor allem mit der zweiten Bedeutung, dem destruktiven, sozial schädlichen Impuls, verbunden. Eine Verstärkung wird hergestellt, wenn im alltäglichen Sprachgebrauch Gewalt mit Aggression gleichgesetzt wird.

Das macht eine Verknüpfung mit der weiblichen Sozialisation, die auf soziale und konstruktive Bezogenheit ausgerichtet ist, noch schwieriger, wie Holderberg und Mielke (1995) anführen. Wesentlich ist auch die Unterscheidung von Aggression als Trieb und Aggressivität als die einer Person innewohnenden Verhaltensdisposition zu aggressivem Verhalten vorzunehmen (Micus 2002).

Zur Veranschaulichung schildere ich im Folgenden aus der Praxis.

Eine Fallvignette

Frau A ist 27 Jahre alt, als sie zu mir in die Frauenberatungsstelle zum Erstgespräch kommt. Sie ist Volksschullehrerin, studiert nebenberuflich »Interkulturelle Beziehungen« und lebt mit einem vier Jahre jüngeren Mann zusammen. Als Motiv für ihre Therapie gibt sie an, sie fühle sich depressiv und erschöpft. Ihre Arbeit mit den Kindern, die sie sehr liebe, überfordere sie derzeit gänzlich. Beim genaueren Nachfragen erfahre ich, dass sie ihren Freund im Zuge eines ganz normalen Streits geschlagen hatte, sie schäme sich dafür und könnte es nicht verstehen.

Ihr familiärer Hintergrund:
Sie stammt aus Kroatien, ihre Eltern sind als Migranten in den frühen 1980er Jahren nach Wien gegangen, als sie vier war. Sie blieb anfangs bei der Großmutter zurück, bis ihre Eltern sie nach einem Jahr zu sich holten. Sie passte sich schnell an, lernte im Kindergarten flugs die deutsche Sprache und übernahm bald die Funktion einer Erwachsenen, weil sie Formulare übersetzen und ausfüllen musste (was sie bis heute für die Familie tut). Inzwischen sind ihre Eltern mit einem eigenen Reinigungsbetrieb erfolgreich. Als sie zehn Jahre alt war, kam ein Bruder nach. Den Vater erlebte sie als autoritär, jähzornig und emotional nicht verfügbar. Die Mutter sei eine liebe Frau, herzlich, aber dennoch schwach. Sie kritisiert an ihr, dass sie kaum eine eigene Meinung vertrete und die Kinder nicht vor den Attacken des Vaters geschützt hätte. So würde sie nie sein wollen. Die Mutter suchte

immer wieder Trost bei ihr, oft durch langes Kuscheln, dem sie sich schwer entziehen konnte. Erst am Ende des Erstgespräches erfuhr ich, dass Frau A vor vier Jahren bereits 14 Monate Therapie gemacht hatte. Sie wandte sich vor Kurzem wieder an die Therapeutin, von der sie sich sehr verstanden gefühlt hatte, konnte bei ihr aber nicht „landen", da diese nicht mehr in der Familienberatungsstelle arbeite und sie sich das Honorar in der freien Praxis nicht leisten konnte. Das bedaure sie sehr.

Mich irritierte, dass sie mir ihre Geschichte von einem ständigen Lächeln begleitet schilderte, als hätte dies nichts mit ihr zu tun, – also alles Negative affektiv abgespalten war. Auf diesen Widerspruch angesprochen, meint sie: »Ja, was glauben Sie denn? Es hat eh niemand bemerkt, wie es mir geht, wenn ich dann noch gezeigt hätte, dass es mir schlecht geht, das wäre ja noch schlimmer gewesen für mich … Ich will endlich wieder eine Therapie machen. Basta. Ich will anfangen, aufhören oder wechseln kann ich ja noch immer« (!) – und sie setzte wieder ihr gezwungenes Lächeln auf.

Hinter der Maske der lächelnd auftretenden Frau waren also ihre unerträglichen Gefühle von Einsamkeit, Enttäuschung und Trauer versteckt. Sie hielt alles Aggressive unter Verschluss. Wie ihre Gefühle, hielt sie auch mich fern, die »zweite Wahl«, verweigerte, eine Beziehung mit mir aufzunehmen – das zu erlernen, würde wohl die Arbeit der Therapie sein.

Am Ende des Erstgesprächs fasste ich zusammen, dass es nach der Enttäuschung, nicht bei der vertrauten Therapeutin gelandet zu sein, sondern mit mir eine Therapie zu beginnen, vermutlich nicht leicht für sie sei. Noch dazu, wo sie schon andere frühe, ungewollte Trennungen, wie die von der Mutter, dem Vater und in der Folge von der Großmutter und dem Dorf, erlebt hat. Ich sagte, ich könne mir gut vorstellen, mit ihr zu arbeiten, sie müsse sich nun entscheiden, ob sie das auch wolle.

KIP – Therapie von Frau zu Frau – Das Potenzial aggressiven Übertragungsgeschehens nutzen

Koellreuter (2000) arbeitet die eminente Bedeutung der tabuisierten, homosexuellen Gefühle in der Mutter-Tochterbeziehung – und später wiederkehrend im Übertragungsgeschehen zwischen Klientin und Therapeutin – heraus.

Es ist naheliegend, dieses Tabu in Bezug auf die Aggression weiterzuspinnen, die nach Laplanche (1996) – in Weiterentwicklung von Freuds Trieblehre – als Reaktion eines blockierten Sexualtriebes aufzufassen ist. Wie sieht es folglich mit der Bedeutung des aggressiven Übertragungsgeschehens zwischen Mutter und Tochter aus? Welchen Tabus begegnen wir da? Wenn Sexualität zwischen zwei Frauen ein Tabu ist, wie verhält es sich gleichermaßen mit der Aggressivität? Welche Bedeutung geben wir der negativen Übertragung in der Frau-zu-Frau-Therapie? Führt sie nicht ebenso zu einer Stagnation im therapeutischen Prozess, wenn diese nicht ausreichend gehalten und ausgehalten und das Aggressionsverbot durchgearbeitet wird?

Frauen werden in unserer Kultur nicht ermuntert, Aggressivität als positiven Ausdruck ihrer vitalen Weiblichkeit zu erleben. Wird Frauen Friedfertigkeit abverlangt, bedeutet dies ein indirektes Hassverbot nach Thürmer-Rohr (1985) und verhindert auch die Entwicklung einer positiv besetzten Streitkultur von Frauen. Meines Erachtens wird damit klarer, warum es in der Therapie zwischen zwei Frauen so schwierig ist – sowohl für die Therapeutin als auch für die Klientin –, Aggression im Übertragungs-Gegenübertragungsgeschehen zu belassen und zu bearbeiten.

Es braucht beiderseits viel Mut, Geduld und Zähigkeit, sich dem zu stellen und dem Freundlichkeitsgebot zu entsagen. So ist auch nachvollziehbar, warum in manchen Therapieformen unter Vermeidung negativer Übertragung an Konflikten mit bösen Dritten gearbeitet wird. Das wäre aber eine vertane Chance, weil somit das Böse, Wilde, Neidische, Destruktive, Hasserfüllte und Mörderische weiterhin draußen bleiben muss und nicht in das eigene Weibliche integriert werden kann. Übertragen wird in jeder (therapeutischen) Beziehung, ob die Übertragung bearbeitet wird oder nicht. Die Chance wird im Dienste der Klientin genutzt, wenn in der Therapie die Übertragungsbeziehung durch das Wiederbeleben und Durcharbeiten des eigenen weiblichen Bösen – verknüpft mit dem erinnernden Verstehen der eigenen Geschichte und ihren einengenden Weiblichkeitsbildern und starren neurotischen Strukturen – aufgelöst wird und zu einem Befreien des weiblichen Begehrens führt (vgl. Christlieb 1995, S. 130f.). Der therapeutische Raum zwischen Therapeutin und Klientin wird somit zu einem Übergangsraum im Sinne Winnicotts (1993), in dem eine neue weibliche Identität entwickelt werden kann und Aggressivität einen anerkannten und selbstverständlichen Platz hat.

Dieses Wissen stand mir als Hintergrundwissen hilfreich zur Verfügung (differenzierte Parteilichkeit). Ich brauchte es, um die manchmal unerträglichen Gefühle auszuhalten.

Therapeutischer Prozess

Frau A hatte in ihrem Entwicklungsprozess einen wahrlich interkulturellen Trapezakt zu vollziehen. Nicht nur zwischen Mutter und Vater (betrachten wir Frauen- und Männerwelten auch als unterschiedliche Kulturen), sondern auch zwischen beiden Kulturen (Kroatien und Österreich) und beiden Sprachen. Vermutlich stand auch ihr Erschöpfungszustand damit in Zusammenhang, was sie alles auf Dauer zu verbinden versuchte, was ihr aber in der Tiefe nicht gelang.

Zum besseren Verständnis von Frau A hole ich kurz aus:

Inzwischen wird immer mehr von einer psychischen, bisexuellen Entwicklung ausgegangen, was bereits von Freud (1905) thematisiert wurde. Mit dem Konzept der Bisexualität ist gemeint, dass beide Geschlechter – Mädchen wie Buben – jeweils aktive und passive Wünsche haben, beide identifizieren sich mit Vater und Mutter, begehren beide als Objekt und reagieren auf die Beziehung zwischen den Eltern – so erlernen sie in Identifikation mit beiden ihre neue Geschlechtsrolle. Erst durch die Bewältigung des ödipalen wie des lesbischen Komplexes (benannt durch Poluda-Korte 1993) wird die Voraussetzung dafür geschaffen, eine weibliche Identität entwickeln zu können, die selbstverständlicheren Zugang zu Aggressivität und Sexualität, homosexuellem wie heterosexuellem Begehren hat (vgl. Becker 2005).

In Hinsicht darauf, die aggressive Entwicklung des Mädchens A zu verstehen, heißt das: Frau A lehnte in bewusster Weise ab, sich mit dem Vater zu identifizieren, weil er ihr Aggression auf destruktive Weise zeigte. Die Mutter bot ihr durch ihr abhängiges, vermeidendes Verhalten auch keine erstrebenswerte Identifikation.

Es bedarf aber einer tragfähigen, guten frühen Mutter-Tochterbeziehung mit der Befriedigung der symbiotischen Wünsche, damit ein gutes weibliches Körperselbst und die weitere Entwicklung zur Autonomie ermöglicht sind. Wenn nicht, entsteht eine Pseudoautonomie, und die ungestillten Bedürfnisse nach Symbiose müssen verleugnet werden. Frau A scheint in einem solchen

Konflikt zu stehen, Autonomie wird zum Ideal erklärt – was grundsätzlich eine wichtige weibliche Errungenschaft ist –, aber die ständige Überbetonung ihrer emotionalen und finanziellen Unabhängigkeit ihrem Freund gegenüber soll die Vereinbarkeit mit gleichzeitiger Abhängigkeit von Bezogenheit verleugnen. So droht sie ihrem Freund immer wieder mit Beziehungsabbruch, obwohl sie gleichzeitig äußert, wie gut er ihr emotional tut. Ihre aggressive Attacke (die sich einmal während der Therapiephase wiederholte) könnte also als Ausdruck ihres Autonomie-Abhängigkeitskonfliktes gesehen werden. Sie fühlt sich von der gewünschten, aber gleichzeitig gefürchteten Nähe zu ihm so bedroht, dass sie ihn mit Gewalt verjagen muss. Es könnte auch als Reaktionsbildung auf das Verlassenwordensein von der Mutter und als die Angst davor, in einer Beziehung wieder verlassen zu werden, verstanden werden. In diesem Kontext verstehe ich ihre Worte am Ende des Erstgesprächs.

Halten wir fest: Triebe sind nicht biologisch, sondern werden in der Interaktion mit der frühen Mutter entwickelt, wie Koellreuter (2000) in Anlehnung an Laplanche anführt. Folglich gilt die sexuelle Mutter durch ihre Brust, ihren Blickkontakt etc. als erste Verführerin. Verbietet sich eine Mutter nach Poluda-Korte (1995) diese Homoerotik, so entsteht im Mädchen eine tiefe Enttäuschung, was zu Aggression führt und in ihrem weiblichen Über-Ich ebenfalls gebunden bleibt. Wie vorhin festgestellt, sieht Laplanche (1996) die Aggression als blockierte Libido. Das führt uns zum Thema Negative Übertragung.

Negative Übertragung

Es schien, als ob zwischen Frau A und mir möglichst nichts Bleibendes entstehen sollte, was sie wieder allein zurücklassen könnte. So erlebte ich ihr Lächeln manchmal wie eine ambivalente Kampfansage mit durchaus sexueller, sadomasochistischer Färbung: »Beiß mich doch, ich lächle dennoch«, oder: »Egal, was du tust, ich lächle«.

Egal, was ich ihr anbot, es war nichts wert – und als ich wieder einmal einen Versuch machte, unsere Beziehung zu deuten, wischte sie diese mit einer aggressiven Bemerkung weg, ich solle mich nicht so wichtig nehmen.

Wiederholt äußerte sie, sie tue sich mit mir schwer, erlebe mich als kühl und distanziert im Gegensatz zu der herzlichen, früheren Therapeutin.

Sie wünsche sich von mir mehr Führung, denn das hätte die andere Therapeutin auch gemacht.

Frau A begann zu bemängeln, dass ich nicht wie die andere Therapeutin per du mit ihr wäre etc. Auch drohte sie nach meinem vierwöchigen Urlaub mit dem Therapieabbruch. Die Trennung reaktivierte offensichtlich das Trauma ihrer Trennungen.

Im Folgenden bekam ich viele Zuschreibungen der ungenügenden Therapeutin, bei der sie nun leider gelandet war – im Gegensatz zur idealisierten, aber nicht wieder erreichbaren, anderen Therapeutin. Die Spaltung in das gute, aber verlorene Liebesobjekt und in die negative, insuffiziente, aber präsente Therapeutin wurde streng von ihr aufrechterhalten. Sie schwankte gleichermaßen zwischen Nähe zulassen und Nähe vermeiden.

In meiner Gegenübertragung wechselten sich Gefühle der Ohnmacht, Verzweiflung, aber auch massive Aggressionen ab. Manchmal fühlte ich mich zerstückelt, klein gemacht, unschädlich, ohne Macht. So, dachte ich, muss sie sich fühlen bzw gefühlt haben. Es gab Momente, da fühlte ich mich in meiner Gegenübertragung tatsächlich so, wie Melanie Klein (1932) die Mutter mit der vergifteten Brust anspricht. Dann wiederum spürte ich den anderen Teil, heftige aggressive Impulse gegen sie. Ich wollte »sie rauswerfen«, um dem unerträglichen Gefühl eine Ende zu setzen. Aber das gestattete weder mein therapeutischer Anspruch noch empfand ich es als sinnvoll. Ich und sie mussten durch diese Hölle des schmerzhaften Durcharbeitens gehen.

Gegen Ende der Therapie verriet sie mir, wie wichtig es ihr war, mich immer wieder zu provozieren, wie genau sie registrierte, wann sie mich wieder mal getroffen hatte. Sie wunderte sich immer wieder, warum ich sie nicht hinauswarf, da dies doch ihr Bestreben war. Letztlich sei sie mir aber dankbar, dass es nicht dazu kam, sie hätte viel gelernt.

Im Bestehenlassen und Durcharbeiten der aggressiven Gefühle in der Frau-zu-Frau-Therapie macht die Klientin also die wichtige Erfahrung, dass solche Gefühle auch zu ihrem Frausein gehören. An der Therapeutin, die ihre Aggressionen aushält (die bis zu fantasierter Mordswut reichen kann), erlebt die Klientin, dass sie sie letztlich nicht zerstören konnte – auch nicht in deren Identität, dennoch eine gute Therapeutin zu sein (was die Herausforderung für die Therapeutin darstellt). Die Klientin hat die Therapeutin für eine wichtige Ich-Reifung verwenden dürfen und kann in Identifikation mit der Therapeutin Aggression als zu sich gehörig verinnerlichen (vgl. Benjamin 1990, 1993b). Christlieb (1995, S. 168) schreibt dazu: »Erst über die Destruktion wird die Andere sichtbar, existent und muß so vom Subjekt als Eigenwesen anerkannt werden. Insofern dient der destruktive Akt, der keine Rache der überlebenden Anderen impliziert, der Subjekt-Objekt-Differerenzierung«. Und weiter vorne sagt Christlieb: »[S]prach ich das Zerstörerische, was von den Patientinnen ausging, mit den dazu gehörenden Unerträglichkeiten aus, war das Böse im analytischen Übergangsraum gelandet. Es musste nicht länger abgespalten werden.«

Ja, Reden hilft, das ist auch Luepnitz' (2008) Kernaussage über die Redekur, die Psychoanalyse stellvertretend für andere Therapien.

Das führt zu meinem weiteren Anliegen: Welche Imagination in der KIP ist sinnvoll, damit sie Frauen bei der Entwicklung ihres aggressiven Potenzials optimal unterstützt?

KIP-Motiv für Frauen und Aggression

In der KIP erfolgt eine Motivvorgabe nach dem Ermessen der Therapeutin (nach ca. jeder vierten Stunde oder seltener) und danach, welches sie als augenblicklich am förderlichsten findet. Für die Motivauswahl spielt die Einschätzung der Beziehungssituation zwischen Therapeutin und Klientin ebenso eine Rolle wie das Strukturniveau und die aktuelle Thematik der Klientin. Grundsätzlich wird aber davon ausgegangen, dass, egal, welches Motiv vorgegeben wird, der aktuelle, unbewusste Konflikt sich auf der Symbolebene abbildet. Dennoch plädiere ich für einen differenzierten Umgang mit Motiven. Warum? Gängige Standardmotive zur Unterstützung dessen, dass Vitalität in Form von Aggression in die Imagination gelangt bzw. gefördert wird, sind »ein wildes Tier«, oder »ein Löwe«. Es wird nicht weiter bedacht, ob es für Frauen oder Männer vorgegeben wird. Gendersensible TherapeutInnen geben Frauen vielleicht »eine Löwin« vor, um die Annäherung einer triebhaften Wildheit mit dem Weiblichen zu verbinden – aber es bleibt letztlich im Animalischen. Es braucht ein Motiv, das explizit ein Bild von Weiblichkeit und eine ihr zugestandene Sinnlichkeit und Aggressivität verkörpert.

»Amazone« erscheint mir als ein stimmiges Bild. Die Anregung dazu verdanke ich einer Teilnehmerin meines ÖGATAP-Seminars zum Thema »Frauen und Aggression – noch immer ein Tabu?!«, Frau Elfrun Delanoy.

Motiv »Amazone«

Frau A imaginiert eine Amazone auf einem Pferd reitend, mit einem Lederschurz bekleidet; am Rücken trägt sie einen Köcher mit Speeren. Die Amazone fühlt sich sicher, sie beschreibt ihren muskulösen Körper mit den Brüsten sehr sinnlich.

Wie im Fluge reitet sie, fest an das Tier geschmiegt. Sie genießt die Wärme und den Geruch des Pferdes – sie sind eins, sagt sie. Sie hat volles Vertrauen zu dem Pferd, dass es sie gut führt. Sie ist allein unterwegs zu einer Burg, die sie bereits von Weitem sehen kann. Sie muss durch einen Wald. Vor einer Höhle steht ein Wolf, sie bekommt Angst. Die Therapeutin regt sie als Hilfs-Ich zu einer Fokussierung an (Augenkontakt mit dem Wolf aufzunehmen und ihre Gefühle dabei genau zu beschreiben). Frau A schreit ihn an, der bedrohliche Wolf verwandelt sich in einen kleinen Hund (Wandlungsphänomen durch Containing der unerträglichen Gefühle durch die Therapeutin). Sie zieht beschwingt nach ihrem Erfolg weiter, der Hund läuft vor ihnen her. Es gibt mehrere Kreuzungen, sie kann aber die Schilder nicht lesen, das nervt sie, so mühsam hat sie sich den Weg nicht vorgestellt. Sukzessive gewöhnt sie sich daran, intuitiv zu entscheiden, und freut sich zusehends, dass die Burg näher rückt. Hinter ihr taucht eine andere, reitende Amazone auf. »Die hat auch einen Speer, führt ihn aber in der Hand«, stellt sie fest. Ihr genügt, dass sie zu ihrer Sicherheit die Speere dabei hat, mehr braucht sie nicht. Es ist ihr aber wichtig, dass sie selbst vorne bleibt, nicht überholt wird. Das gelingt ihr bis zur Burg, dort stehen schon mehrere Amazonen, die ebenfalls auf den Einlass warten. Sie ist erschöpft, aber glücklich, und ganz stolz, angekommen zu sein.

Exploration: Klientinnen werden angeregt, die Imagination zu Hause als Nachgestaltung zu malen. Die Zeichnung, die Frau A in die nächste Stunde bringt, ist die farbenprächtigste von allen, die sie bis dahin gemacht hatte. Sie hätte viel Lust und Energie gespürt, beim Imaginieren wie beim Malen. Zur

Amazone fällt ihr ein, das sei ein Teil von ihr, das Vitale, das sich schon mehr traut, neue Wege zu gehen. Es mache sie stolz, dass sie dem Wolf standgehalten hätte.

Ohne mich hätte sie die Angst nicht durchgestanden, benennt die Klientin ihr erfolgreiches Probehandeln im Schutz der therapeutischen Begleitung. Mit dem Speer verbindet sie sich wehren, mit neuen Waffen kämpfen dürfen. Das sei zwar ungewohnt, aber es sich vorzustellen, mache schon Lust. Mit dem Weg, den Kreuzungen erkennt sie ihren langen Weg von Kroatien bis zur Burg, die für die Universität steht; das unverständliche Schild erinnert sie an ihren Umzug nach Wien, alles war so fremd, ist es noch immer zum Teil, aber sie kann damit leben. Mit der anderen Amazone taucht das Rivalitätsthema auf, ohne direkte Konfrontation, aber sie kämpft um ihren Platz. Bei der Burg warten auch andere, eine neue Gruppenzugehörigkeit zu anderen Frauen. Unschwer ist in der Beziehung zwischen Pferd und Amazone die Verbindung der Frauengestalt mit ihrem Triebhaften zu erkennen, gleichermaßen sehe ich darin eine Symbolisierung der sexuell konnotierten therapeutischen Beziehung, die sie trägt und genießen kann. Mit dem Wolf kommt die Angst, die aggressive Herausforderung ins Bild, der sie standhält und wodurch eine Integration stattfinden kann. Was ihre eigentliche Waffe sei, frage ich sie abschließend. Nach kurzer Überlegung bricht aus ihr hervor: »Dass ich denke – und dass ich mir selbst immer mehr traue.«

Frau A beendet ihre Therapie nach drei Jahren. Sie hat gelernt, ihre aggressiven Gefühle weit mehr zu integrieren. Auch wenn es für mich nicht immer leicht war, ihre Attacken auszuhalten, allein dafür hat es sich gelohnt.

Was können wir von den Amazonen lernen?

Amazonen – ob Mythos (Wenskus 1999) oder doch Historie (Croissier 2007), darüber spalten sich auch die Geister von Frauenforscherinnen. Ihre Lektüre ist empfehlenswert für die Vertiefung. Gräberfunde in Libyen und am Schwarzen Meer (1700–1200 v. Chr.) bezeugen ihre Existenz. Amazonen umgibt der Mythos von Solidargemeinschaft mit Frauen, selbstbestimmter Sexualität, Macht und Waffen. Dies alles ist öffentlich und gehört zu ihrer anerkannten Identität. Aus ihrem Selbstverständnis können wir lernen und es als Vorlage (Ich-Ideal) benutzen. Damit kann weibliche Sexualität und Aggressivität mit einem existierenden Weiblichkeitsbild verbunden werden, was aufzuzeigen mein Anliegen war. Ich denke, die Betonung der Autonomie ist ein hilfreicher Ausgleich gegenüber der realen Überbetonung der Bezogenheit für Frauen. Amazonen sind nicht brustlos, dieser Mythos ist historisch nicht bewiesen (Wenskus 2000). Dennoch kommt ein wesentliches Frauenthema – die Brust – ins Bild und in die Bearbeitung (siehe u. a. auch Laplanche, Melanie Klein). In der KIP die Imagination »Amazone« vorzugeben, heißt, Frauen eine Folie mit diesem offenen Potenzial anzubieten, auf die sie projizieren können. Was sie und ihr Unbewusstes daraus machen, soll den Versuch wert sein, den potenziellen Raum der Imagination auch für den spezifischen Symbolisierungsprozess ihrer weiblichen Identität zu nutzen.

Vision 2040 – Die Situation in 30 Jahren

Eine befreundete Kollegin und KIP-Therapeutin machte mit mir eine angeleitete Imagination zu dem Thema:

Zwei Bilder kamen hoch, bei dem einen bin ich tot, schwebe auf einer Wolke und blicke auf die Erde, bei dem anderen sitze ich zufrieden als alte Frau im Lehnstuhl in meinem Wohnzimmer der Mehrgenerationen-Hausgemeinschaft.

Fallweise kommen junge Kolleginnen auf einen Plausch oder zu einer Oldy-goldy-Supervision.

full service

        ich bin eh schon schmähstad
        ich geh eh schon zum therapeuten
        ich suder euch eh nicht an
        ich hör ja eh zu
        wenn ihr mir eure schas
              ins ohr blast
        ich bin eh da
        wenn einer mein geld
              meine zeit braucht
        mit meinen organen
        werds ka freud haben
        SORRY

Elfriede Gerstl (1999)

Weder Analytikerin noch Analysandin: Keine ist Herrin im eigenen Haus
Anna Koellreuter

»Wer sich nicht in Gefahr begibt, kommt darin um.«
Wolf Biermann

Seit zehn Jahren hat sich bezüglich meiner Kritik an der feministisch-psychoanalytischen Literatur nicht viel verändert. Nach der Publikation meiner Fallvignette (Koellreuter 2000) haben sich meine Einsichten vertieft. Diese stehen weiterhin im Zusammenhang mit meiner Beschäftigung des Triebhaften, des Sexuellen in der Frau-Frau-Analyse respektive mit deren Eliminierung in der feministischen Literatur und Praxis, was zu Stagnationen in der Therapie führen kann. Deshalb zitiere ich zu Beginn meine Vignette, anhand derer ich einige Themen neu besprechen möchte:

> »Vor Jahren führte ich Abklärungsgespräche mit einer Frau, die sich nach einer dreijährigen mißglückten Therapie zu einer Analyse entschlossen hatte. Sie war um die 30, Soziologin und zum damaligen Zeitpunkt arbeitslos. Eine Fabrikantentochter und Feministin – so stellte sie sich mir vor. Am Ende der ersten Gesprächsstunde, welche Beziehungsprobleme mit ihrer längjährigen Lebenspartnerin zum Thema hatte, sagte sie, sie käme unter folgenden zwei Bedingungen zu mir in Analyse: Erstens wolle sie, dass wir uns ›du‹ sagten, sie sei mit allen Frauen per Du, das ›Sie‹ unter Frauen empfinde sie als fremd, eigenartig. Die zweite Bedingung sei, daß ich sie als Lesbe akzeptieren müsse. Ich antworte ihr, das Duzen käme für mich nicht in Frage, denn es ginge nicht darum, eine Freundschaft aufzubauen, sondern eine Analyse zu machen. Das ›Sie‹ gäbe uns den nötigen Raum dafür. – Mit dem zweiten, sie als Lesbe zu akzeptieren, damit hätte ich keine Probleme. Relativ gereizt verließ sie die Stunde. Ich dachte mir: Sie kommt bestimmt nicht wieder …

> Aber sie kam zum vereinbarten nächsten Termin. Ihre Bemerkung zu Beginn der Stunde betraf meine klare Ablehnung, einander ›du‹ zu sagen. Sie meinte, ich hätte wohl Nähe-Distanz-Probleme und sei deshalb gegen das Duzen, aber damit könne sie leben … Wichtig sei ihr, daß ich sie als Lesbe akzeptiere. Ich spürte ein diffuses Gefühl von Unbehagen, spürte, daß etwas nicht stimmig war, konnte jedoch nicht eruieren, was« (ebd., S. 136f.).

Diese kurze Sequenz enthält vielfältige Aspekte, die aufzeigen, was sich damals vor vielen Jahren zwischen Analytikerin und Analysandin abgespielt hat. Sie bietet die Möglichkeit, darüber zu reflektieren, was feministische Psychoanalyse heute bedeutet, welchen Stellenwert wir den Geschlechtervorurteilen im therapeutischen Prozess beimessen, was die primäre von der sekundären Homosexualität unterscheidet, wie die Bisexualität gewichtet werden kann, wie mit der Übertragung umgegangen wird, was das Begehren im Vergleich zur Sexualität besagt, wie Desexualisierung zur Triebabwehr führt und damit zu den besagten Stagnationen im therapeutischen Prozess, und vieles mehr, was ich in diesem Rahmen weglassen möchte.

Jedoch zwei für mich wichtige Fragen sind jene der gegenseitigen Übertragung in der Frau-Frau-Situation, die Geschlechtervorurteile mitbeinhaltet, und: Was heißt frauenspezifisch analysieren? Vor allem interessieren mich die Fallen, in welche die Analytikerin und in der Folge die Analysandin geraten können, wobei die Analytikerin im Fokus steht.

Geschlechtervorurteile

Warum sucht jemand gezielt eine Frau (wie meine Analysandin) oder einen Mann für die Therapie? Wird von einer Frau mehr Verständnis erwartet? Kann ein männlicher Therapeut eine Frau in ihren Beziehungsdefiziten besser unterstützen als eine Frau – unter der Bedingung, dass die Frau heterosexuell ist? Oder kann eine Frau eine Lesbe besser verstehen als ein Mann? Dies sind Zuschreibungen, die zu Vorurteilen werden können, also zu Geschlechtervorurteilen. Psychoanalytisch ausgedrückt, handelt es sich um unbewusste Übertragungen und Projektionen. An der Tagung mit dem Titel »Mann oder Frau? Wie bestimmend ist das Geschlecht in der psychotherapeutischen Interaktion?«[1]

---

1 Organisiert von der Schweizer Charta für Psychotherapie in Zürich, 2001.

war beispielsweise vom Referenten Markus Fischer zu hören, dass Patienten[2] im Allgemeinen mehr Probleme hätten, Informationen von gleichgeschlechtlichen Therapeuten aufzunehmen, wohingegen dies bei gegengeschlechtlichen Therapeuten kein Problem zu sein schien. Hier spielte wohl eine Angst auslösende homoerotische Komponente hinein, die dem Referenten nicht bewusst sein dürfte, die jedoch für unsere Fragestellung der Frau-Frau-Analyse eine wichtige Rolle spielt. Weiter sagte er, man müsse sich als Therapeut Geschlechtervorurteile eingestehen, statt sie auszuagieren. Ich bezweifle, ob wir wirklich vorurteilsfrei denken können, denn Übertragungen sind *immer* vorhanden, sei das Gegenüber nun ein Mann oder eine Frau. Die Quintessenz dieses Vortrages war: Frauen oder Männer entwickeln nach erfolgreicher Therapie mehr Weiblichkeit bzw. Männlichkeit, was immer das heißen mag. Letztendlich ist der Referent selbst seinem Geschlechtervorurteil aufgesessen, d. h., er hat unbewusst übertragen und aus einer patriarchalen Denkweise reagiert.

Fest verankert ist die Idee, dass Geschlechtervorurteile sehr früh auf das Kind übertragen werden, nicht nur beim obigen Referenten, und dass in unserer Kultur die Baby- und Kinderbetreuung ja meist von den Müttern besorgt wird. Also bekomme die »Achse Grossmutter mütterlicherseits – Mutter – Kind besondere prägende Bedeutung« (Fischer 2008), womit der Einfluss des Vaters auf die Übertragung von Geschlechtervorurteilen auf das Kind eher gering ausfalle. Dies solle zwar keine Schuldzuweisung an die Mütter sein, genau genommen ist es aber eine!

Das Geschlechtervorurteil kann auch in die gleichgeschlechtliche therapeutische Situation hineinfließen, was in der Auffassung wurzelt, dass Frauen Frauen besser verstünden, weil sie beide Töchter von Müttern seien (Koellreuter 2000). Hier haben männliche Therapeuten keine Chance, da können sie noch so sensibel sein und eine weibliche Intuition haben. Gleichgeschlechtlichkeit unter Frauen bietet jedoch nicht die geringste Garantie dafür, sich freier und besser mit Sexualität, Gewalt und Aggression auseinanderzusetzen. Im Gegenteil: Die *gleiche Geschichte* kann dann verhängnisvoll werden, wenn Analytikerin und Analysandin dasselbe ausklammern: Lust und Begehren! Dies geschieht nach wie vor, wie wir in den feministischen Publikationen nachlesen können.

---

[2] Er gebraucht nur die männliche Form.

Feministisch psychoanalysieren

Was heißt nun »feministisch psychoanalysieren«? Für mich heißt es, das vorhandene patriarchale – und damit auch das Freud'sche – Denken immer wieder von Neuem gründlich infrage zu stellen, ohne daraus eine »feministische Therapie« entwickeln zu wollen, denn diese ergibt sich in der Folge von selbst. Feministische Psychoanalyse beinhaltet für mich, sich mit den Leerstellen in Freuds Texten bezüglich Weiblichkeit auseinanderzusetzen und dies selbstverständlich auch in den feministisch-psychoanalytischen Publikationen zu verfolgen. Das bedeutet, auch dort den blinden Flecken auf die Spur zu kommen, die unser Denken bis hinein in die Analysestunden lähmen können. Denn blinde Flecken können als Folge der gemeinsamen Triebabwehr, des gemeinsam verdrängten Sexuellen verstanden werden. Hier stelle ich fest, dass in der zeitgenössischen feministischen Literatur weiterhin auf die Triebtheorie verzichtet wird.

Anstelle von Sexualität und Triebtheorie stehen die Beziehungen, die Bindungen und Affekte, sagt beispielsweise Karin Bell (1997, S. 69). Jessica Benjamin formuliert ihre bekannte Absage an die Triebtheorie so: »Die Vorstellung von der Übertragungsliebe als Ort des Kampfes zwischen Analytiker und Patient[3] gegen die Triebe, in dem der Analytiker nur den idealisierten wissenden und Mächtigen repräsentiert, erscheint antiquiert« (1993b, S. 124). In einem ihrer neueren Texte (2006) versteht sie erneut das psychoanalytische (Trieb-)Objekt als ein *reales* Objekt, d. h., die eine tut der anderen was an – eine ist Subjekt und die andere ist Objekt. Als ursprüngliche Soziologin befasst sie sich seit Beginn mit den Herrschaftsstrukturen – zuerst zwischen Mutter und Kind, dann zwischen Mann und Frau –, um später ihre Gedanken in der intersubjektiven (relationalen) Psychoanalyse weiterzuentwickeln. Durch ihre Intersubjektivitätstheorie würde die Psychoanalyse auf eine neue Grundprämisse gestellt, nämlich dass wir vor allem soziale Wesen seien (1993, S. 20). Deshalb, so Benjamin, musste Freuds Vorstellung von einem monadischen Energiesystem zugunsten der Vorstellung von einem aktiven Selbst, das auf andere angewiesen ist, revidiert werden. Dazu ist zu sagen: Ja, wir sind soziale Wesen – wir sind aber auch Triebwesen! Die nicht fassbaren Triebe sind therapeutisch sicherlich schwieriger zu handhaben als die gegenseitige Anerkennung.

---

3 Auch J. Benjamin gebraucht nur die männliche Form.

Eine weitere Autorin, die Französin Jacqueline Godfrind (2001), befasst sich mit dem Thema »Wie Weiblichkeit entsteht« und meint, dies könne nur über eine Frau-Frau-Situation geschehen. So sagt sie beispielsweise:

> »*Wie* gewisse Vertraulichkeiten formuliert werden, hängt von den unbewussten Fantasien ab, die spezifisch mit der Begegnung mit einer Frau verbunden sind. [...] [D]eren Bewusstwerden und Durcharbeitung in der Übertragung mit der Analytikerin *ermöglichen so eine geteilte Erfahrung, deren ›restaurierender‹ Charakter anders ausfällt, wenn sie mit einer Frau gemacht wird*« (ebd.).

Was heißt das? Eine solche Aussage beinhaltet im Prinzip, dass es um die Restaurierung des Selbst und nicht mehr um sexuelle Unterdrückung, also Triebkonflikte, geht. Der Differenzgedanke wird ausgeklammert; eine Differenz zwischen beiden, die Distanz markiert, aber gerade dadurch Begehren freisetzt. Es ist das Fremde, das Unbekannte, das Angst auslöst. Das Fremde ist das Unbewusste, das Triebhafte. Die Tatsache des gleichen Geschlechts, des gleichen Körpers, der *gleichen Geschichte*, verschleiert, dass auch zwischen Frauen ein Graben besteht. Die Distanz fehlt. Das eigene Unbewusste der Analytikerin vermischt sich mit dem Unbewussten der Analysandinnen. Die Versuchung, die Grenzen zwischen Frauen zu übersehen, entspringt einerseits der frühen Mutter-Tocher-Beziehung und andererseits dem Homosexualitätstabu, das Differenz, die Begehren auslöst, nicht zulässt. Darauf komme ich noch zu sprechen.

Godfrind steht zu ihrer Position, dass sie als Analytikerin prinzipiell desexualisierende Absichten verfolgt, und gerät dadurch in eine Kontroverse mit Jean Cornut[4], den sie als »leidenschaftlichen Verteidiger des Sexuellen und der Triebtheorie« beschreibt. Sie möchte die Patientinnen »diesseits der Triebturbulenzen in der Zärtlichkeit einer beruhigenden Beziehung« einbetten, worauf Cornut ihr widerspricht: »Kann die Intervention einer Analytikerin desexualisierend und beruhigend sein, während die analytische Situation per definitionem ein aus Überhitzung bestehender Schmelztigel ist?« Er sagt, dass die Hoffnung, die Triebwelt stillzulegen, einer *Fantasie* entspringen würde, die sich »an ein Theoretisieren« anlehnen würde, also einer Fantasie, die bewirke, »dass man von einem Frieden ohne Triebe – und

---

4 Ehemaliger Vorsitzender der Pariser Gesellschaft für Psychoanalyse (Société Psychanalytique de Paris).

alles in allem, von einem Paradies, das man, schuld- und schambeladen, verloren hat – träumt« (ebd.). Als Triebtheoretikerin kann ich dem nichts mehr beifügen.

Auf der anderen Seite ist kürzlich ein interessanter Artikel von Susann Heenen-Wolff (2009) erschienen, in dem sie das Verschwinden des Sexuellen in der Psychoanalyse beklagt. Sie beschreibt die Überbewertung der genitalen Sexualität (sekundär organisierte Sexualität), die sexueller eingestuft werde als die prägenitale Sexualität (primäre, infantile Sexualiät), auf welcher doch das ganze Freud'sche Denken beruhe. So würde die in den letzten Jahren öffentlich zur Schau gestellte Sexualität Formen annehmen, die aus psychoanalytischer Sicht als *prägenital* eingestuft werden müssen. »Freie, enthüllte Körper zeigen sich, gefallen sich in narzisstisch getöntem Exhibitionismus, verführen, ohne jedoch unbedingt auf eine genitale Objektbindung abzuzielen« (ebd., S. 178), womit die allgemeine sexuelle Lustlosigkeit angesprochen wird, weswegen nicht wenige Menschen therapeutische Hilfe aufsuchen. Zwar habe die sexuelle »Befreiung« Tabus verlagern, aber keinesfalls sexuelle Befriedigung sichern können. In der Psychoanalyse geht es nicht um die gelebte, sekundär organisierte Sexualität, sondern um die infantile – prägenitale – Sexualiät, die für das psychosexuelle Schicksal des Erwachsenen von großer Bedeutung ist. Diese Freud'sche Sichtweise ist für die weibliche Subjektkonstitution besonders bedeutsam. Denn laut Freud sind viele Wesenszüge und Haltungen des Menschen nicht das Resultat von sublimierter genitaler Sexualität, sondern sie entstehen aus den infantilen Sexualstrebungen[5] wie Neugier, Geiz, Großzügigkeit, Scham, schöpferisches Handeln u.a.m. Das würde heißen, dass feministisch-psychoanalytische Ansätze die Einbeziehung der Triebtheorie nicht länger vernachlässigen können, dass also der infantilen Sexualität, die sich in der prägenitalen Phase zwischen Mutter und Tochter abspielt, wieder mehr Gewicht beigemessen werden muss. Dazu dienen mir die Konzepte von Jean Laplanche, dessen Theorie ich nicht ausführlich diskutieren (vgl. u.a. Koellreuter 2000; Passett 2005; Aichhorn 2005), sondern einzig auf seine Grundidee der Urverführung kurz eingehen werde.

---

5 Also der prägenitalen Sexualität, d.h. dem, was sich zwischen Mutter (Vater) und Kind in der frühkindlichen Phase abspielt.

Anthropologische Grundsituation

Laplanches Konzept der Urverführung beschreibt die *anthropologische Grundsituation*, dass Kinder von Erwachsenen erzogen und betreut werden, als ein Faktum. Dem Neugeborenen, das keine angeborenen Sexualtriebe hat, stehen also die Erwachsenen einerseits mit ihrer Erwachsenensexualität, andererseits mit ihrer eigenen infantilen Sexualität gegenüber. Es handelt sich folglich um deren verdrängte eigene infantile, primär auf Erregung und narzisstische Befriedigung abzielende Sexualität, die jedoch um die Triebdynamik der Erwachsenen verstärkt ist (Laplanche 2009). Als Urverführung wird die grundlegend dissymmetrische Situation zwischen Mutter (oder Erwachsenem/r) und Kind bezeichnet. Dies bietet eine Möglichkeit, zu verstehen, was triebmäßig zwischen mir und einer Analysandin abläuft. Das heißt, der Trieb wird von Laplanche intersubjektiv begründet, was jedoch nicht mit der Intersubjektivitätstheorie zu verwechseln ist, sondern er zeigt, welche konstitutive Rolle der Anderen, die dann zum Objekt des Triebes werden wird, in der Entstehung des Triebes zukommt[6].

Die Mutter (oder der/die Erwachsene), die ein sexuelles Unbewusstes hat, begegnet dem Neugeborenen, das noch kein sexuelles Unbewusstes hat. Das heißt, die verdrängte infantile Sexualität der Mutter mischt sich in die Kommunikation mit ihrem Säugling ein und sorgt dafür, dass das Kind mit *rätselhaften Botschaften* überflutet wird, die es nicht entschlüsseln kann, weil diese der Mutter selbst unbewusst sind. Eben diese rätselhaften (sexuell gefärbten) Botschaften bringen – so Laplanches mittlerweile bekannte Hypothese – die sexuelle Entwicklung des Kindes in Gang. Das Kind wird diese *Botschaften* sehr verschieden verarbeiten. Einerseits werden sie möglicherweise vom Kind gar nicht symbolisiert, d.h. gar nicht in Sprache und Denken umgesetzt werden. Dann bleiben sie im Unbewussten verankert und sind sozusagen *eingeklemmt* (ebd., S. 536). Andererseits kann es im Laufe der Entwicklung des Kindes zu einer Beschäftigung und symbolischen Verarbeitung, also zu einer *Übersetzung* der Botschaften kommen. Damit können sie zu einem kleinen Teil in die persönliche Geschichte integriert werden. Der größte Teil wird jedoch unbewusst und verdrängt bleiben, was

---

6 Eben dies wird im Anerkennungskonzept mit dem realen Objekt verwechselt und so das Triebhafte ausgeblendet.

sich später in der analytischen Situation auf beiden Seiten – bei Analytikerin und Analysandin – wieder zeigen wird.

Urverführung ist nichts Ungewöhnliches, nichts, was eine normale Mutter (oder Vater) nicht von alleine und ganz selbstverständlich täte. »Nicht ungewöhnlich« heißt aber auch nicht problemlos und konfliktfrei. Die Geburt eines Kindes reaktiviert bei den Eltern die eigenen gelösten und ungelösten ödipalen Konflikte und präödipalen Verstrickungen erneut. Wenn das sexuelle Paar oder die alleinerziehende Mutter ihr Kind mit Spannung, Freude und Lust erwartet und gleichzeitig die damit verbundene Angst und Ambivalenz bewältigen kann, wird die Urverführung von alleine geschehen. Die Beziehung und die Kommunikation mit dem Kind sind von Anfang an von ihrer Erotik durchdrungen und gesättigt, aber gleichzeitig auch von ihren Konflikten. Denn da existiert etwas, das zwischen den Worten der Eltern liegt. *Die rätselhafte Botschaft zu übersetzen,* heißt, dort *zwischen den Zeilen zu lesen,* wo das Begehren zu vermuten ist und wofür es letztendlich Worte zu finden gilt (Fink 2006, S. 80). Dies begründet die wesensmäßige Konflikthaftigkeit des Menschen, mit der wir es in der psychoanalytischen Arbeit zu tun haben. Denn nicht selten geschieht es, dass das Nicht-Gesagte oder Verdrängte der Eltern an irgendeinem Punkt wieder in der Biografie des Kindes oder der späteren Erwachsenen, die unter Umständen unsere AnalysandInnen werden, wieder auftaucht – als eine nicht-verstandene Geschichte oder als ein Tabu.

Übertragung in der Frau-Frau-Analyse

Wie zeigt sich nun in der Übertragung einer Frau-Frau-Analyse das Triebhafte, das Begehren? Laplanches Übertragungskonzept hilft, dies zu verstehen.

Das Wechselspiel zwischen Übertragung und Gegenübertragung des Sexuellen, Triebhaften nimmt seinen Anfang mit der Übertragung der Analytikerin auf die Analysandin. In der ersten Begegnung mit der Analysandin beginnt die Übertragung der Analytikerin, die immer schon unbewusst vorhanden ist. Es handelt sich um schwer zu enträtselnde Momente von Anziehung und Berührtwerden, wie Grunert (1989) dies formuliert. Denn warum nehmen wir diese Analysandin in Analyse und die andere nicht (Morgenthaler 1986)? Hier beginnt die Verführung der Analytikerin, oder anders ausgedrückt: das Begehren, mit dieser Analysandin etwas zu tun haben zu wollen. Die analytische Situation selbst ist Übertragung, und zwar in dem Sinne, dass sie eine ursprüngliche Situation wiederherstellt, nämlich jene zwischen Erwachsenem und Kind. Was immer die Optionen seien, die Freud'sche Grundidee bleibe unverändert, sagt Laplanche: Es geht um die Aufrechterhaltung des Sexuellen in der Übertragung. Dies ist nur über die Aufrechterhaltung der Dimension der inneren Alterität möglich, also über das Aushalten des eigenen Fremden, Triebhaften. Das heißt, dass es in uns etwas gibt, das wir nicht verstehen und das in der Begegnung mit der Anderen aktiviert wird und unter Umständen ängstigen kann.

Die Idee, die kleine Tochter oder, später in der Analysesituation, die Analysandin funktioniere unbewusst und die Mutter oder die Analytikerin sei sich ihres Handelns immer bewusst, lässt die unbewusste triebhafte Dimension in dieser Beziehung verschwinden. Von Verführung, von sexueller Interaktion kann dann keine Rede mehr sein. Das Sexuelle ist nicht in Worte zu fassen.

In der Übertragung geht es also um die Beziehung zum Rätsel der Anderen. Wie wird dies von der Analytikerin nun gehandhabt? Laplanche schlägt drei Funktionen der Analytikerin und dessen, was sie bewirkt, vor (Laplanche 1996). Erstens muss sie Konstanz garantieren können, d.h. die Regeln des analytischen Settings einhalten. Zweitens ist sie Steuerfrau der Methode (sie kennt die psychoanalytische Technik) und Begleiterin des Primärvorganges, der die unbewussten Regungen im Es betrifft. Die dritte Funktion besteht darin, dass die *Analytikerin die Hüterin des Rätsels und Provokateurin der Übertragung* ist (ebd., S. 192), womit wir am Ort der Urverführung angelangt wären. »Es ist die Aufrechterhaltung der Dimension der inneren Alterität, die die Aufrichtung der Alterität in der Übertragung möglich macht. Innere Beziehung, Beziehung zum Rätsel, *Beziehung zum Unbekannten*« (ebd., S. 193). Das heißt, das Bewusstsein über das eigene innere Fremde (der Analytikerin) ermöglicht und sichert so nicht nur den Weg zur Verschiedenartigkeit der Begehren, sondern erzeugt, ja provoziert die Übertragung (ebd., S. 194).

Laplanches Text trug ursprünglich den weitaus verständlicheren Titel »Die gewöhnliche und die aussergewöhnliche Übertragung«. Die Gedankengänge dieser Arbeit verdeutlichen die Triebdynamik im Analyseprozess. Er unterscheidet die Analyse *an* der Übertragung von der Analyse *in* der Übertragung. Freud sah die Übertragung als Übertragung von ungelösten Konflikten, die zur Neurose führen. Dementsprechend arbeitete er *an* der Übertragung. Dies beinhaltet rekonstruktive Deutungen auf die Kindheit bezogen. Demgegenüber sieht Laplanche *in* der Übertragung die größere Relevanz, denn *in* der Übertragung spielt sich das Triebhafte, Sexuelle ab. Es existieren dafür keine Worte, weil das Fremde, das Sexuelle, nicht zu benennen ist. Es geht um das Bewusstsein und damit um das Aushalten des eigenen Fremden, Triebhaften. Wird die innere Fremdheit abgespalten, d. h. das Triebhafte verdrängt, dann beschränkt sich die Analyse auf die Arbeit *an* der Übertragung, was identisch mit dem sekundärprozesshaften – und nicht mit dem triebhaften – Geschehen wäre. Um nochmals auf die Stagnationen im Analyseprozess zurückzukommen: Diese entstehen dort, wo die Primärprozesse (infantile Sexualität) unbewusst bleiben oder, mit Laplanche gesagt: wo die Beziehung zum Unbekannten nicht ausgehalten wird, weil es so schwer fassbar ist und deshalb ängstigt.

In seiner Arbeit »Le transfert« (dt.: »Von der Übertragung und ihrer Provokation durch den Analytiker«, 1996), also Übertragung, beschreibt Laplanche die *»gefüllte«* und die *»gehöhlte«* oder *»hohlförmige« Übertragung*, die nebeneinander stattfinden. Die gefüllte Übertragung ist diejenige, die von Freud als typische Übertragungssituation beschrieben wird. Sie besteht in der Wiederholung archaischer Situationen, die als »Füllsel« bei der Analytikerin deponiert werden. Die hohlförmige Übertragung, welche in ständiger Wechselwirkung mit der gefüllten Übertragung steht, bedeutet, dass das Hohle der Analysandin in der »Höhlung« der Analytikerin untergebracht wird (ebd.). Die Höhlung der Analytikerin ist »die innere wohlwollende Neutralität unserem eigenen Rätsel gegenüber« (ebd., S. 194). Letzlich sind wir (Analytikerinnen) uns also fremd und dieser unserer eigenen Fremdheit gegenüber offen. Wir sind nicht Herrin in unserem eigenen Hause. Bringt die Analysandin ihr Hohles in die Höhlung der Analytikerin, so heißt das: Sie bringt in der Höhlung der Analytikerin ihre eigene Höhlung unter, d. h., das Rätsel ihrer ursprünglichen infantilen Situation wird bei der Analytikerin deponiert, ohne gedeutet werden zu können. Eben das ist die hohlförmige Übertragung, in der sich das Triebhafte und Sexuelle zwischen Analytikerin und Analysandin abspielt.

Zurück zur Vignette

Meine über viele Jahre dauernde Distanz zu dieser Analyse sowie meine berufliche Weiterentwicklung haben mir vermehrt Klarheit in die Geschehnisse dieser zwei denkwürdigen Erstgespräche gebracht. An anderer Stelle

(Koellreuter 1996, 2000) habe ich diese Vignette besprochen und möchte nun Neues hinzufügen. Viele Monate nach Beginn dieser Analyse, die aufseiten der Analysandin von depressiven Verstimmungen und Lebenssinnfragen geprägt waren und während der ich meinerseits zunehmende Lähmung und Stagnationen in den Stunden empfand, wurde in meiner Kontrollanalyse die erste Stunde mit den zwei Bedingungen der Analysandin Thema. Die Verführung, bei mir eine Analyse zu beginnen, bestand (abgesehen davon, dass es zwingend eine Frau sein musste, was unter die Vorurteile zu subsumieren wäre) darin, dass ich durch meine Ablehnung, einander »du« zu sagen, die Differenz aufrechterhalten habe, welche die nötige Distanz markierte und dadurch ihr Begehren auslöste, bei mir eine Analyse machen zu wollen. Denn das »Du« mit der vorherigen Therapeutin war mit ein Grund, dass jene Therapie misslang. Gleichzeitig wurde der Differenzgedanke jedoch missachtet, indem ich sie als Lesbe unhinterfragt akzeptierte. Unanalytisch habe ich ihr vermittelt, ich fände es gut, dass sie Lesbe sei, und ihr damit ein offenes Suchen verbaut. Es war meinerseits eine Flucht nach vorn, um mein Unbehagen in Schach zu halten – was ich im Nachhinein eindeutig als Triebabwehr betrachte, die den analytischen Prozess zum Erliegen brachte. Ich habe meine Höhlung verlassen und damit das Begehren eliminiert.

In Bezug auf Godfrind (2001) könnte man sagen, ich habe versucht, eine *desexualisierende zärtliche Beziehung* herzustellen, habe *an* der Übertragung gearbeitet und so die Triebwelt stillgelegt, wie Cornut mit Sicherheit bemängeln würde. Es war also ein Theoretisieren, ohne dem Sexuellen Beachtung zu schenken. Wenn ich das Übertragungsgeschehen mit Laplanche analysiere, kann ich sagen: Den hohlförmigen Übertragungsraum gab es nicht, weil die Beziehung zu meinem Fremden, berührt durch die Andere, nicht ausgehalten wurde. Das heißt, die Arbeit *in* der Übertragung (gehöhlte Übertragung) war nicht identisch mit dem sekundärprozesshaften Geschehen, meinen Deutungen, also der Arbeit *an* der Übertragung (gefüllte Übertragung). Dagegen wurde in dieser Analyse von beiden Seiten rebelliert.

Eine Entspannung konnte erst stattfinden, nachdem ich mir meiner eigenen Angstabwehr bewusst wurde, ohne dass mir klar war, worum es eigentlich ging. Denn ein lockerer Umgang mit dem Thema Homosexualität bedeutet noch keineswegs innerpsychische Konfliktfreiheit. Der Analysandin zu sagen: »Mit Lesben habe ich keine Probleme«, stellte im Prinzip eine Idealisierung dar, die gleichzusetzen ist mit Angst- oder Triebabwehr (Flaake 1995). Ich habe folglich durch die Ablehnung, einander zu duzen, eine Distanz – oder eben Differenz – hergestellt, die es ihr möglich machte, eine Analyse bei mir zu beginnen. Gleichzeitig habe ich mit dem fraglosen Akzeptieren ihrer Lesbe-Bedingung diese Distanz wieder aufgehoben, sodass eine symbiotische Nähe entstanden ist, die von Langeweile geprägt war, weil darin eben die Differenz nicht ausgehalten wurde: *Ich bin nicht du und du bist nicht ich!* Ihr jedoch, nach vielen Monaten, sagen zu können: »Ob Sie Lesbe sind oder nicht, spielt keine Rolle, wir machen eine Analyse, darin ist der Ausgang offen«, ließ der Differenz wieder den dafür nötigen Raum. Denn anschließend an meine Bemerkung entstand eine heftige Debatte über die Abwertung der Lesben durch die Heteras, wie ich eben eine war – jedoch die Sprachlosigkeit löste sich auf.

Feministisch analysieren oder therapieren würde also heißen, den Differenzgedanken aufrechtzuerhalten, d. h. all dem Raum zu geben, was nicht verstanden wird, und zu akzeptieren, dass manches unlösbar bleibt. Denn diese nicht-decodierbaren rätselhaften sexuellen Botschaften formen die Fantasien, die Voraussetzung sind für das Denken, für das Forschen und Suchen, für das Wissen-Wollen, wer wir sind.

Systemisch-feministische Paartherapie
Annäherungen an das Unmögliche?
Sabine Kirschenhofer

Systemische Therapie

Als Vorspann für die LeserInnen, denen systemische Therapie als psychotherapeutische Richtung nicht vertraut ist, möchte ich einige mir wichtige Punkte skizzieren: Systemische Therapie sieht Menschen nicht (nur) als Individuen, sondern immer auch im Kontext ihrer sozialen Beziehungen und geprägt von gesellschaftlichen Diskursen (Normen, Werten). Dieses Menschenbild beeinflusst die therapeutische Arbeit dahingehend, dass darauf fokussiert wird, wie Mitglieder sozialer Systeme über Handlungen und Sprache Wirklichkeiten und Sinn erzeugen und diese/n über spezifische Muster und Interaktionsprozesse aufrechterhalten; Probleme werden kontextuell und in Beziehungszusammenhängen gesehen. Systemische Praxis orientiert sich am Anliegen der KlientInnen. Im Dialog mit KlientInnen wird an Veränderungen gearbeitet, die die Möglichkeiten zu handeln, zu denken und zu empfinden erweitern und bereichern. Die therapeutische Haltung zeichnet sich durch Unvoreingenommenheit sowie Wertschätzung bisheriger Lebensstrategien und Denkweisen des/der Klienten/in aus. Die Aufmerksamkeit der Therapeutin ist stark auf vorhandene Kompetenzen und Fähigkeiten der KlientInnen gerichtet (Ressourcenorientierung). Methodisch gibt es ein breites Repertoire an »Handwerkszeug«, wie etwa zirkuläres Fragen, selbstreflexive Dialoge, Arbeit mit inneren Anteilen, visualisierende Techniken wie das Familienbrett, Genogrammarbeit oder Beziehungsskulpturen im Raum, Metaphernarbeit, Imaginationsübungen oder narratives Externalisieren.

Systemisch und feministisch –
Vom Entweder-oder zum Sowohl-als-auch

Als feministisch-systemische Therapeutin ist frau ein Kuriosum: In der systemischen KollegInnenschaft hat man mit dem Label Feministin ein Qualitätssiegel von zweifelhaftem Ruf (»Ob man zu der auch männliche Klienten oder gar Paare schicken kann?«), denn es wird einer zugeschrieben, das systemische Prinzip der *Allparteilichkeit* nicht zu praktizieren. Vonseiten der feministischen Kolleginnenschaft anderer fachspezifischer Provenienzen bin ich immer wieder mit Skepsis konfrontiert, weil die systemische Familientherapie mit dem Verdacht der patriarchalen Mittäterschaft belegt ist. Dieser etwas polemisch anmutende Einstieg bildet bereits die Geschichte der Ideologisierung und Polarisierung ab, die sehr lange das Verhältnis von systemischen und feministischen DenkerInnen und PraktikerInnen prägte. Dabei spielte das Thema »häusliche Gewalt« wohl eine zentrale Rolle: Systemiker unterstellten einen »Feminismus erster Ordnung – einer linearen hierarchischen Haltung, die den symmetrischen, feindseligen Kontext zwischen Männern und Frauen, der auf der Prämisse von Macht und Kontrolle beruht, aufrechterhält« (Lane/Russell 1987, S. 115). Feministische Theoretikerinnen und Praktikerinnen (vgl. z. B. Goldner et al. 1992; Hare-Mustin 1994; Walters et al. 1991; Welter-Enderlin 2000) kritisierten Ansätze, die häusliche Gewalt als funktional im Sinne einer Regulierung von Intimität und Distanz oder der Erhaltung des familiären Gleichgewichts fassten – aber auch systemisch-zirkuläre Beschreibungen, die Gewalt unsichtbar werden lassen: »In einer Welt, die aus systemischen Metaphern besteht, gibt es keine Schläger und Geschlagenen, sondern lediglich Beziehungsdilemmata« (Goldner 1993, S. 217). Im Zuge der 1990er Jahre kann in Bezug auf das Thema Gewalt von einer Integration feministischer Ideen in den systemischen Diskurs gesprochen werden.

Das Stichwort Integration lässt sich auch auf theoretischer Ebene fortsetzen: In den 1980er Jahren etablierten sich in der systemischen Therapie erkenntnistheoretische Grundlagen, welche die Unmöglichkeit einer beobachterInnenunabhängigen Wirklichkeit festhielten. Dies brachte nun auch das systemische Konstrukt der »Neutralität«, die in der Arbeit im Mehrpersonensetting zu einem fachlichen Grundpfeiler geworden war, ins Wanken – ein Versuch der Umschiffung dieser Schwierigkeit wurde dann der Begriff der »Allparteilichkeit«. Die systemische Therapie wurde mit konstruktivistischen und narrativen Konzepten angereichert, die sich auch mit eigenen beobachterInnenabhängigen Wirklichkeitskonstruktionen bzw. selbstreflexiven Prozessen auseinandersetzten; weiterhin beschäftigte man sich mit den Einflüssen von dominanten Diskursen und gesellschaftlichen Strukturen der Unterdrückung und Marginalisierung (Freedman/Combs 1996). Somit zeigen sich systemische und feministische Ansätze innerhalb eines konstruktivistischen Denkgebäudes nicht als widersprüchliche Ansätze, sondern als solche mit Gemeinsamkeiten: zum einen in einer Möglichkeiten und Freiräume eröffnenden und erweiternden Form der Unterstützung von KlientInnen, zum anderen in ihrer Kritik an Objektivitätsansprüchen. Feministisch betrachtet steht die Leugnung der eigenen Verortung in einer Tradition männlicher »Vorherrschaft«, in der die männliche Position mit Allgemeingültigkeit bzw. Objektivität gleichgesetzt wurde. Die Interessen dieser »Vorherrschaft«, die im Dienste ihrer Selbsterhaltung stehen, werden über diskursive Praktiken unsichtbar gemacht, die deren »Normalität« oder »Natürlichkeit« zu beweisen versuchen. Feministische wie konstruktivistische und narrative systemische Ansätze machen ihre Verortung transparent und setzen sich selbstreflexiv damit auseinander, was die Wahrscheinlichkeit verringert, dass im therapeutischen Raum »herrschende« (sexistische, rassistische oder ähnlich diskriminierende, normative) Verhältnisse reproduziert werden.

Paartherapie als besondere Herausforderung für die feministische Praxis

Paartherapie ist für mich das schwierigste Unterfangen, weil ich immer wieder die größten Zweifel hege, ob ich beiden Partnern gerecht werden kann und ob ich nicht durch mein therapeutisches Handeln zur Verfestigung von problematischen patriarchalen Strukturen beitrage: Diesem Zweifel, der mir persönlich unauflösbar scheint, verdankt sich auch der Titel dieses Beitrags, nämlich »Annäherungen an das Unmögliche«. Gerade in der Paartherapie spielen Fragen des Geschlechterverhältnisses und damit verbunden Fragen von Machtungleichheit und Diskriminierung eine wichtige Rolle. Die Umsetzung der systemischen Haltung *Allparteilichkeit* oder von Konzepten wie *Konstrukt-* oder *Veränderungsneutralität* kann nur teilweise gelingen: Wie »neutral« können wir unseren Bildern und Vorstellungen über die Geschlechter gegenüber sein? Und sitzen wir nicht als sozial gewordene Frauen und Männer unseren KlientInnen gegenüber und treten mit ihnen – verbal und non-verbal – in Beziehung in einem komplexen Geschehen, das durch die Unmittelbarkeit und den Handlungsdruck der Selbstreflexion nicht gänzlich erschließbar ist? Dieses Unbehagen hat mich und meine Kollegin Verena Kuttenreiter dazu gebracht, ein Forschungsprojekt zum Thema Konstruktion von Geschlecht in systemischen Paartherapien zu starten. Damit wollten wir auf Mikrostrukturen von Macht in therapeutischen Gesprächen und die Koppelung derselben an das soziale Geschlecht aufmerksam machen. Wichtige Ergebnisse bestanden darin, dass wir bestätigen konnten, dass manche systemische Fragetechniken, die sehr stark in Richtung Nutzen, Zielgerichtetheit, Effizienz und schnelle Veränderung abzielen, gerade in der Paartherapie problematisch werden können, wenn dies (wahrscheinlich) für den männlichen Klienten anschlussfähiger ist als für die weibliche Klientin. Wiewohl wir ursprünglich auch die Hypothese hatten, dass der therapeutische Gesprächsraum für Frauen eine vertrautere Spielwiese als für Männer sein würde, machten wir in vielen Sequenzen die Erfahrung, dass affektive Kommunikation von Frauen eher marginalisiert wurde. Gleichzeitig wurden jedoch Männer, die sich emotional bewegt zeigten, mit großer Aufmerksamkeit und Zuwendung bedacht, was auf den *gender-bias* schließen lässt, dass es etwas enorm Kostbares ist, wenn Männer sich emotional zeigen, und kaum veränderungsträchtig, wenn Frauen dies tun.

Die Idealbesetzung in der paartherapeutischen Arbeit mit heterosexuellen Paaren ist meines Erachtens auch ein Paar aus Therapeutin und Therapeut, wobei dies in der Praxis aus Kostengründen selten angeboten wird. Wiewohl hier auch anzumerken ist, dass es immer auf die Reflektiertheit der TherapeutInnen in Bezug auf Fragen des Geschlechterverhältnisses ankommt, ob ein TherapeutInnenpaar für KlientInnenpaare tatsächlich das bessere Angebot darstellt.

Ich denke, dass jede/r Paartherapeut/in eine fachliche Verantwortung trägt, sich fundiert und kontinuierlich mit dem Thema Geschlecht sowie der unvermeidbaren Mitwirkung am Geschlechterverhältnis zu beschäftigen: Jede/r Therapeut/in strickt über Art und Inhalt von Fragen und Aussagen, Blicken, Stimme und Tonfall, aber auch darüber, wofür wir uns nicht interessieren, was wir nicht hören (wollen), an der »heterosexuellen Matrix« mit. Jede/r Paartherapeut/in, der/die sich hinter Schlagworten wie *Neutralität* oder *Allparteilichkeit* verschanzt, sollte ergänzen, dass dies stets ein Bemühen darum bleiben wird, und lediglich das Eingestehen unserer *blinden Flecken* ermöglicht eine Auseinandersetzung und therapeutische Selbsterfahrung und Entwicklung, die langfristig zu mehr Achtsamkeit gegenüber der eigenen Mitwirkung an Machtgefügen führen kann.

Frau und Herr Ofner: Seine Freiräume und ihr Zurückstecken

Ich möchte vom Paar Ofner (der Name wurde geändert) erzählen und mich darauf konzentrieren, was die Schwierigkeiten im Sinne oben skizzierter Herausforderungen waren und welchen Spielraum bzw. welche Möglichkeiten an systemisch-feministischer Arbeit ich trotz allem nutzen konnte.

Herr und Frau Ofner kamen über einen Zeitraum von ca. eineinhalb Jahren am Institut für Ehe- und Familientherapie zur Paartherapie zu mir. In diesem Zeitraum gab es zwölf Doppelstunden sowie jeweils zwei Einzelgespräche. Herr und Frau Ofner sind beide Mitte 50, seit fast 30 Jahren verheiratet, und sie haben vier erwachsene Kinder. Herr Ofner ist Facharbeiter in einem Großbetrieb, Frau Ofner arbeitet als Sekretärin.

»Deine Veränderung ist die Lösung«

Beim Erstgespräch schildert Herr Ofner, er hätte auf eine Paartherapie bestanden, denn dies wäre die letzte Chance, um die Paarbeziehung zu retten. Als Kernkonflikt kristallisiert sich bereits bei der ersten Sitzung Folgendes heraus: Er möchte mehr Freiräume und fühlt sich von ihr eingeschränkt; sie erlebt sich als diejenige, die unter seinen Freiraumansprüchen leidet. Diese Konstellation hat bei den beiden eine lange Tradition, beginnend in der Zeit, als Frau Ofner mit drei kleinen Kindern zu Hause war und Herr Ofner nach der Arbeit seinen Hobbys nachging. Aus dieser Zeit stammen auch massive Gefühle der Kränkung und des Im-Stich-gelassen-Werdens bei Frau Ofner versus schlechtem Gewissen, aber Hilflosigkeit ob der Nichtveränderbarkeit der Vergangenheit bei Herrn Ofner.

Ich sehe zum einen ungleiche Voraussetzungen für die Paartherapie, weil Herr Ofner freiwillig hier sitzt, Frau Ofner nicht: Sein Plan einer räumlichen Trennung auf Zeit ließ sie schließlich mitgehen, weil Frau Ofner die Paartherapie als Möglichkeit sieht, ihn vom Ausziehen abzubringen. Zum anderen erlebe ich ein Machtgefälle, weil sich Herr Ofner immer wieder als autonom und fordernd darstellt, Frau Ofner sich als bezogener und als (auf seine Wünsche und Bedürfnisse) Reagierende zeigt. Auf die Thematisierung meines Geschlechts (Wie ist das für Sie, dass ich als Therapeutin mit Ihnen beiden arbeite? Haben Sie Bedenken, über die wir reden sollten?) reagieren die Ofners gelassen, beide sagen, sie hätten mit dieser Besetzung kein Problem.

Herr Ofner äußert die Überzeugung, dass sie sich auf verschiedenen »Wegen« befinden und sehr unterschiedliche Anschauungen vom Leben haben: Ihm wären in diesem Lebensabschnitt persönliche Weiterentwicklung und neue Erfahrungen wichtig, er denkt, dass seine Frau daran wenig interessiert ist. Ihn stört, dass er initiativ ist und sie dann mitmacht – das lässt ihn im Unklaren darüber, ob sie das will, was er initiiert hat. Seine Frau war lange Zeit vor allem mit den Kindern beschäftigt, diese wären erwachsen und er wünscht sich, dass nun gemeinsam etwas Neues entdeckt werden kann. Herr Ofner wünscht sich Veränderungen von seiner Frau: Sie sollte mehr verbal artikulieren, wenn etwas positiv gelaufen ist, und er will von ihr Offenheit für Neues. Frau Ofner weist die Beschreibung ihres Mannes, sie wäre »Mitläuferin« seiner Initiativen, von sich. Sie hat das Gefühl, von ihm Zuschreibungen und Erwartungen »übergestülpt« zu bekommen. Sie befindet sich in der paradoxen Situation, dass er von ihr mehr Eigeninitiative erwartet (z.B. bei Ausflügen), aber wenn ihre Initiativen nicht seinen Vorstellungen entsprechen, wäre er damit unzufrieden. Sie könne sehr wohl zum Ausdruck bringen, was ihr wichtig ist und was sie will; sie wünscht sich dafür mehr Verständnis und Akzeptanz. Während die beiden ausführlich von den Problemen in ihrer Beziehung erzählen, wird deutlich, dass sie die Lösung der Probleme jeweils im Gegenüber verorten: Herr Ofner befindet, seine Frau sollte sich verändern; Frau Ofner sieht Veränderungsbedarf in Bezug auf sein Verständnis für sie.

Frau Ofner erwähnt am Ende des Erstgesprächs, dass ihr Mann in seiner Herkunftsfamilie der Älteste und einzige Sohn war, der seine Schwestern herumkommandierte; seit Beginn ihrer Ehe müsse sie ihm klar machen, dass das mit ihr nicht so ginge, sie glaubt, dass ihr Mann damit Schwierigkeiten hat. Dies ermöglicht mir, Frau Ofners emanzipatorische Seite wahrzunehmen, die im Paar-Setting wenig sichtbar wird, jedoch im Laufe des therapeutischen Prozesses für Frau Ofner spürbarer wurde.

Unerfüllbare Wünsche

Der therapeutische Prozess ist gekennzeichnet von Pendelbewegungen zwischen zuversichtlicher Aufbruchsstimmung und resignativer Gereiztheit. Beide halten ihre Konfliktkultur für schwierig: Herr Ofner hat es gerne harmonisch, Frau Ofner erlebt streiten auch als lustvoll – sehr oft geht er bei einem Streit, was sie schwer aushält. Frau Ofner kennt seine Sehnsüchte nach Freiräumen nicht, sie will mit ihm gemeinsam leben; Veränderungen sind für sie okay, aber sie möchte einbezogen werden. Sie hat Angst davor, dass er seine Sachen macht und sie zurücklässt, gleichzeitig will sie sich seinen Vorstellungen nicht unterwerfen. Herr Ofner stellt den Sinn der Beziehung immer wieder in Frage, Frau Ofner tut dies nicht. Diese Konstellation führt zu einem Machtungleichgewicht, da der Partner, der sich als der Autonomere ausgibt, seiner Partnerin suggeriert, sie bräuchte ihn mehr als er sie, wodurch es ja legitim wäre, dass sie mehr für die Beziehung tun sollte als er: Dieses Konstrukt halte ich für mächtig, weil es in die weibliche und männliche Identitätsbildung in unserer Gesellschaft eingeschrieben ist; ich halte es auch für schwierig, da Beziehungsrealitäten oft ganz anders aussehen.

Insgesamt bestätigt sich der beim Erstgespräch gewonnene Eindruck, dass für Herrn Ofner die Paartherapie ein Projekt zur Veränderung seiner Frau ist. Dass meistens der/die andere das Problem ist bzw. hat, begegnet PaartherapeutInnen häufig: Beide PartnerInnen neigen dazu, den/die jeweils andere/n für die Schwierigkeiten in der Beziehung verantwortlich zu machen. Herr Ofner spricht in fast jeder Paarsitzung von seinem frustrierenden Erleben, dass seine Frau sich für wenig begeistern könne und kaum Interessen habe und ihn dies enttäusche. Das lässt mich denken, dass Herr Ofner ein sehr konkretes und klar definiertes Bild davon hat, wie ihre Begeisterung aussehen und was sie interessieren könnte. Wiewohl ich dadurch von seinen Sehnsüchten nach einer innigen Verbundenheit erfahre, so können diese tragischerweise nicht verwirklicht werden, weil seine Frau als eigenständiger Mensch nicht in sein

Bild hineinpasst. Er erwartet, dass ihr Weg *seinem* identisch ist, was er daran merken würde, dass sie spontan und eigeninitiativ die Dinge will, die er auch will. Solange sie lediglich das mitmacht, was er vorschlägt, lebt er in dem Misstrauen, dass sie das ja nicht selbst will. Das folgende Beispiel wurde für mich, diese Thematik betreffend, das Einprägsamste:

Herr Ofner erzählt vorwurfsvoll, dass sich seine Frau (seines Erachtens fälschlicherweise!) in einer Woche, in der er sich zwecks Selbsterfahrung in die Natur zurückzog, um den Liebeskummer eines Sohnes kümmerte und nicht der Selbsterfahrung widmete. Frau Ofner schüttelt lediglich den Kopf, sie will dazu nichts sagen. Er hatte unausgesprochen von ihr erwartet, dass sie sich in der gleichen Zeit ebenfalls Sinnfragen über das Leben stellen sollte! In dieser Situation sagte ich ihm, dass ich sehr verblüfft über seine Idee bzw. den Anspruch wäre, dass seine Frau genau das Gleiche machen müsse wie er, wenn er nicht da wäre, und dass ich nicht verstehen würde, wie er darauf käme. Infolge meiner Positionierung nahm er diesen Vorwurf (zumindestens im Kontext der Paarsitzung) zurück.

Frau Ofners Wünsche nach Akzeptanz für ihre Sichtweisen und Bedürfnisse wirken zwar bescheidener, stellen sich aber im Laufe des therapeutischen Prozesses als genauso unerfüllbar heraus wie Herrn Ofners. Diese Unerfüllbarkeit liegt meiner Einschätzung nach darin begründet, dass er möchte, dass sie zu der wird, die das Gleiche will wie er; sie wiederum möchte als Partnerin wahrgenommen und als jemand gesehen werden, die möglicherweise etwas anderes will. Sie möchte auch als eine, die keine Hobbys (wie etwa Radfahren, Wandern, Musizieren, Selbsterfahrung) betreibt wie er, aber damit zufrieden ist, akzeptiert werden. Ich ertappte mich irgendwann dabei, dass auch ich Frau Ofner beim Thema Freizeitgestaltung in eine Richtung gedrängt hatte: Ich begriff, dass das hartnäckige Befragen nach Freizeitgestaltungsideen und -plänen eine diesbezügliche Norm impliziert. Das ist wohl passiert, weil meine eigenen Konzepte von Freizeitgestaltung und persönlicher Weiterentwicklung Herrn Ofners ähnlich sind.

Das Paar arbeitet in einer Reihe von Sitzungen daran, über eine Veränderung ihrer Kommunikationskultur zu mehr Verständnis füreinander zu gelangen. Dies erfordert viel an Bemühen, weil die über Jahrzehnte konstruierten »Vorurteile« übereinander das Zuhören erschweren. Das Hineinversetzen in den/die andere/n ist für beide die größte Herausforderung, das deutliche

Aussprechen der eigenen Bedürfnisse in Anwesenheit des/der anderen ist für beide schwierig. Als bei Herrn Ofner wie so oft der Vorwurf »sie redet nicht über das Positive« auftaucht, biete ich folgende provokative Reflexion an, um beiden zu spiegeln, dass sie keineswegs hilflos sind: »Das könnte bedeuten, dass Sie einander gut ärgern können. Ich hätte dazu noch einen Vorschlag: Wenn Sie Ihre Frau ärgern wollen, dann bedrängen Sie sie unerbittlich, genau zu erzählen, wie sie etwas Schönes erlebt hat. Wenn Sie Ihren Mann ärgern wollen, dann reagieren sie grantig, wenn er sie frägt, ob Ihnen etwas gefallen hat.« Interventionen wie diese kommen bei den Ofners gut an, sie erleben es als hilfreich, um sich selbst in ihrem Hickhack nicht so ernst zu nehmen und aus Situationen auszusteigen, die unvermeidlich in immer dieselben Endlosschleifen führen.

Zwei Einzelgespräche mit Frau Ofner

In den Paarsitzungen erlebte ich Frau Ofner meistens als eine, die dem entspricht, worüber ihr Mann sich beklagt: Sie spricht wenig, zeigt sich verschlossen, bringt keine eigenen Themen ein und reagiert eher aus einer aufmerksamen Lauerhaltung heraus. Insofern erwartet mich in den Einzelgesprächen eine Überraschung, weil mir eine Frau gegenübersitzt, die klar und deutlich und in mir ungewohnter Eloquenz von ihrer Ehe spricht.

Frau Ofner erzählt, dass ihr Mann sie unheimlich nervt, wenn er über sich referiert, sie belehrt oder sie Sätze hört, die sie schon hundertmal gehört hat; sie sagt dann zu sich: »Lass ihn reden!«, und hört weg. Ich frage sie, ob sie ihrem Mann manchmal sage, dass sie nicht mehr zuhören könne oder wolle. Frau Ofner meint, das hätte sie bisher nicht gemacht, es wäre aber einen Versuch wert. Weiterhin berichtet sie, dass sie es als ungerecht erlebe, dass er aufgrund seiner »Harmoniebedürftigkeit« sich ihr entzieht, wenn sie »Dampf ablassen« wolle, sie bekäme dann ein wütend-verzweifeltes Gefühl, dem wir den Titel »immer muss ich zurückstecken« geben. In einer Reflexion biete ich Frau Ofner folgende Überlegung an: Was wäre, wenn der Rückzug ihres Mannes seine Art wäre, stopp zu sagen, und sie das akzeptieren lernen könnte? Und wenn sie sich überlegt, wo und wie sie stopp sagen kann, wenn es ihr zu viel wird: Hier landen wir wieder bei seinem vielen Belehrungsgerede: Sie hat keine Chance, ihrem Mann zu sagen, was sie zu sagen hat, weil er weggeht. Sie fühlt sich seinem Gerede ausgesetzt, das sie nicht – außer über innerliches Ohrenzuklappen – stoppen kann, wobei sie sich jedoch nicht als stark erlebt, sondern eher als ausgeliefert. Wir kehren zu dem Satz »immer muss ich zurückstecken« zurück, der für Frau Ofner emotional sehr wichtig ist. Das sorgfältige Explorieren solcher Sätze lässt oft Diskurse sichtbar (und erfreulicherweise auch dekonstruierbar) werden, die unser Denken, Handeln und Fühlen prägen: Frau Ofner wurde dieser Satz über ihre Mutter und Großmutter vermittelt, die erklärten und danach lebten, dass man als Ehefrau und Mutter einfach »immer zurückstecken muss«, die Aufopferung für andere erschien ihnen in das weibliche Schicksal eingeschrieben. Frau Ofner hatte als junge Frau beschlossen, dies nicht als Schicksal hinzunehmen. Im Laufe ihrer Ehe beschlich sie jedoch zunehmend die Erkenntnis, dass es ihr teilweise ähnlich wie ihrer Mutter und Großmutter ergeht: Das macht sie sehr wütend – vor allem auf ihren Mann. Aber sie ist auch auf sich wütend, und das ermöglicht uns, danach zu suchen, welche Möglichkeiten sie selbst gehabt hätte oder zumindestens jetzt hat, um sich nicht von diesem Dogma beherrschen zu lassen.

In einem weiteren Einzelgespräch gegen Ende der Paartherapie sagt Frau Ofner, dass sie mittlerweile nicht mehr weiter um Zuwendung und die Akzeptanz ihrer Bedürfnisse kämpfen wolle. Sie wollte zwar anfangs überhaupt nicht in die Paartherapie kommen, aber sie hat durch diese Gespräche viele Erkenntnisse gewonnen und vieles beobachtet, was sie nicht für möglich gehalten hatte: Erst im Zuge der Paarsitzungen realisierte sie, wie wenig ihr Mann sie wahr- und ernst nimmt. Mittlerweile ist sie mit Trennungsgedanken beschäftigt. Neben ihrer Traurigkeit über diese Erkenntnisse bemerkt sie zu ihrem eigenen Erstaunen jedoch auch, dass es ihr besser geht, sie sich stärker fühlt, weil sie zu sich steht und nicht mehr so viel zurücksteckt. Aus ihrer Sicht ist keine Paartherapie mehr notwendig, denn mehr wäre derzeit nicht klärbar.

Ein unscheinbares Ende?

In dem darauf folgenden Einzelgespräch mit Herrn Ofner höre ich, dass er gerne einen »Schlussstrich« ziehen würde, aber noch wäre er zu ambivalent, ob er das auch wirklich wolle. Er hat Mitleid mit seiner Frau, weil sie nichts aus ihrem Leben mache.

In der Abschlusssitzung sagen beide, die Paartherapie wäre ein Erkenntnisprozess gewesen, der in Bezug auf das Zusammenbleiben oder eine Trennung noch offen ist. Frau Ofner stellt abschließend mit Vehemenz in den Raum, dass ihre Sichtweisen und Wünsche die gleiche Wertigkeit haben wie seine und sie nicht mehr bereit wäre, sich an seine anzupassen.

Diese Therapie zeigt sehr deutlich die in manchen Paartherapien auftretende Differenz der Kommunikation im Einzel- versus Paarsetting (offen versus diplomatisch): Motiv war in diesem Fall die vermeintliche Schonung des/der anderen, die Folgen sind jedoch Erstarrung in den Vorannahmen sowie der fixen Bilder übereinander. Diese Entwicklung führt meiner Beobachtung nach zu dem Effekt, dass man sich in Interaktion mit dem/der Partner/in chronisch so wenig gesehen fühlt, dass man sich irgendwann so verhält und zeigt, wie der/die andere es immer schon befürchtet hat. Oder die Zuschreibungen werden Teil der eigenen Identität, woran ich kürzlich denken musste, als eine Klientin sagte: »Mein Mann hat mir 15 Jahre lang gesagt, ich wäre so dominant, und irgendwann hab ich es dann selbst geglaubt.«

Immer wieder enden Paartherapien so unscheinbar und ernüchternd wie im vorgestellten Fall. Herrn Ofners Sicht auf seine Frau hat sich bestätigt, was ihn zu Mitleid führt. Frau Ofners Perspektive auf ihre Ehe und auf sich selbst hat sich verändert: Sie ist nicht mehr diejenige, die vor allem an ihm hängt und ihn halten will, sie hat aufgehört, (aus einem Mangelgefühl heraus) um ihre Position als gleichberechtigte Partnerin zu kämpfen, wodurch sich das Machtgefälle verschoben hat. Vielleicht wirkt dies ebenfalls unscheinbar, das emanzipatorische Potenzial dieser Veränderung wird sich zeigen.

Logbuch aus dem Jahr 2040

Wir schreiben das Jahr 2040. Nun, es gibt immer noch Menschen, die in Paartherapie gehen. Was anders ist? Es ist bunter geworden in den Therapien mit hetero- und homosexuellen Paaren, Menschen können sich vielfältigst zeigen in ihren (nicht-)männlichen und (nicht-)weiblichen und sonstigen Besonderheiten und Eigenheiten und können vom Gegenüber auch damit und darin wahrgenommen werden, ohne dass dies für irgendwen bedrohlich ist.

Was jenseits des therapeutischen Rahmens anders ist? Zum Beispiel konnte die Einkommensschere zwischen Männern und Frauen durch drakonische Strafen für die Arbeitgeber auf eine Differenz von fünf Prozent verringert werden, die Quote der Männer in Elternzeit beträgt immerhin bereits 35 Prozent und die Präsenz von Männern in Sozialberufen (wie Kindergartenpädagogen, Volksschullehrer etc.) konnte – durch eine starke Anhebung der Gehälter – auf 40 Prozent erhöht werden. Diese Veränderungen im Großen spiegeln sich auch im therapeutischen Raum wieder: Die Paartherapeutin sieht kaum noch Paare, die eine Alibi-Therapie machen, weil sie sich zwar nicht mehr leiden können, aber aus ökonomischen Sachzwängen beieinander bleiben. Paare mit (kleinen) Kindern teilen sich die Erwerbs-, Haushalts- und Familienarbeit partnerschaftlich und leben nicht mehr in Paralleluniversen (wogegen angeblich Bücher wie *Männer sind vom Mars, Frauen von der Venus* als Erklärungs- und Normalisierungsversuch helfen). Lebhaft gestritten wird weiterhin auf der Paarebene und auch in Paartherapien, aber mehr Respekt füreinander schafft auch dafür einen tragfähigen und fruchtbaren Boden.

Feminismus
und Personzentrierte Psychotherapie
Marietta Winkler

»Das Persönlichste ist das Allgemeinste« (Rogers)

Carl R. Rogers schreibt: »Politik hat im heutigen psychologischen und gesellschaftlichen Sprachgebrauch mit Macht und Herrschaft zu tun [...]; kurz, Politik ist der Prozess des Erwerbs, Gebrauchs, der Aufteilung oder des Verzichts auf Macht, Herrschaft und Entscheidungsbefugnis« (1985, S. 15).

Wenngleich er hinter aller Politik den Menschen, die Person sieht, die in der Lage ist, Veränderungen in Gang zu setzen, ist es nicht schwer, anhand dieser Aussage die Frage von Macht, Herrschaft und Kontrolle auch unter dem Genderaspekt kritisch zu durchleuchten. Die mögliche politische Sprengkraft des Ansatzes wird augenfällig, wenn Rogers formuliert: »Ich betrachte die Selbstverwirklichungstendenz als eine grundlegende Antriebskraft des menschlichen Organismus [...]. Der Organismus ist selbstbestimmt. In seinem normalen Zustand strebt er nach seiner Entfaltung und nach Unabhängigkeit von äußerer Kontrolle« (ebd., S. 265).

Das Individuum bewegt sich jedoch vorsichtig, ängstlich und anfangs ohne Vertrauen auf diese Freiheit zu und ist in seinen sozialen Bezügen existenziell auf Bindung und Kontakt, auf personale Gemeinschaft angewiesen, damit diese Entwicklung stattfinden kann (vgl. Schmid 1989).

Wem es erlaubt wird, sich jeglicher Fremdherrschaft zu widersetzen, die persönliche Entfaltung und die Selbstbestimmung zu verwirklichen, der oder die wird in der Lage sein, sich selbst zu behaupten, Widerstand zu leisten, sich zu verweigern und Auseinandersetzung und Konfrontation nicht zu scheuen.

Die Entfremdung des Menschen von seinen richtungsweisenden Prozessen ist demnach kein unvermeidlicher Teil unserer menschlichen Natur, sondern etwas Erlerntes.

Es klingt naiv und wie ein Versprechen auf Heilung und Ganzheit, das so nicht zu halten ist, das Psychotherapie im Allgemeinen und auch der Personzentrierte Ansatz im Einzelnen nicht einlösen kann. Psychotherapie kann nur das innere Erleben einer Person verändern. Wir können lernen, Grenzen zu akzeptieren und andere zu überschreiten, wir können uns mit der schmerzlichen Erkenntnis der patriarchalen Grenzen von Wachstumsmöglichkeiten auseinandersetzen, wir können uns neue Handlungs- und Erlebnisspielräume erobern, aber wir können Biografien nicht umschreiben oder real existierende Beschränkungen oder behindernde Lebensbedingungen unwirksam machen.

Dennoch empfinde ich den Personzentrierten Ansatz unvermindert und mehr denn je als zeitgemäß, weil ich mit meiner Personzentrierten Haltung die Vision von einer humanen Gesellschaft, von einem anderen gesellschaftlichen Leben hege, das neben meiner Selbstverantwortung die Verantwortung für andere – Menschen wie Natur – einschließt.

Wenn sich die Anforderungen auf dieser Erde in ökonomischer, ökologischer, kultureller und gesellschaftlicher Hinsicht ständig ändern, dann geht es im Großen wie im Kleinen nicht ohne den einer Personzentrierten Haltung zugrunde liegenden einfühlenden, wertschätzenden und offenen Dialog zwischen den Handelnden und den von den Handlungen Betroffenen. Diese wiederum brauchen mehr Mut, sich von bisher Wert gebenden, aber häufig unterdrückerischen und ausgrenzenden Traditionen, Regeln und Dogmen zu befreien, um zu selbstverantwortlichen und stimmigen Entscheidungen zu kommen.

Personzentrierte Psychotherapie geht von einem Menschenbild aus, das die Verantwortung für Entwicklung und Veränderung bei der Klientin oder dem Klienten belässt. Personzentrierte PsychotherapeutInnen nehmen für sich nicht in Anspruch, ExpertInnen für anderer Menschen Lebensgestaltung zu sein.

Als TherapeutInnen bewegen wir uns zudem immer auf dem schmalen Grat zwischen professionellem Abstand und eigener Betroffenheit. Diese Gratwanderung erfordert, dass wir die eigenen individuellen Erfahrungen für uns ausreichend abgeklärt haben, bevor und während wir therapeutisch tätig sind.

Parteilichkeit versus Neutralität

Dass die Personzentrierte Psychotherapie als wissenschaftlich begründetes, nachgewiesen effektives und zudem effizientes heilkundliches Verfahren international und national anerkannt ist, verdankt sie, von Rogers einmal abgesehen, nicht zuletzt den Personen, die sich um fortschreitenden Erkenntnisgewinn bemüht haben und dies unbeirrt weiter tun.

Bei verschiedenen Gelegenheiten treffe ich aber auch auf Personzentriert arbeitende Kollegen, die vorwiegend innerhalb unseres magischen Dreiecks »Empathie – Kongruenz – Wertschätzung« empirisch im Kreis forschen, statt sich den zeitgemäßen und gesellschaftsrelevanten Themen, die uns alle angehen sollten, zu widmen.

Mein Credo ist, dass wir noch mehr und deutlicher politische Stellung beziehen müssen. Ich stelle mir Personzentrierte TherapeutInnen vor, die als Menschen mit Meinung und Standpunkt sichtbar werden, denn wenn wir in Beziehung sein wollen, müssen wir uns auch angreifbar machen.

In der Therapie soll sowohl die Möglichkeit als auch der Anreiz geboten werden, sich aktiv für Veränderung einzusetzen, andernfalls besteht für die Klientin die Gefahr, in der Opferrolle zu verharren, endlos über Beschränkungen und Hindernisse zu lamentieren und so die damit verbundenen Gefühle zu kultivieren und zu festigen.

Wie kann ich also als Therapeutin hilfreich sein, der Klientin die Freisetzung von vorhandenen Potenzialen zu ermöglichen, die Funktionsfähigkeit der Selbstaktualisierungstendenz zu fördern und die Kraft der Aktualisierungstendenz nicht zu behindern? Ich muss mir als Therapeutin wenigstens vorstellen können, worin das Potenzial einer Klientin oder eines Klienten besteht, und ich muss mich entscheiden, wie ihre Verwirklichung am besten gefördert werden kann.

Das Erleben von eigener Wut und Aggression, das Erkennen von strukturellen Gewalt-, Abwertungs- und Ausbeutungsmechanismen gegen Frauen in unserer Gesellschaft oder die Erfahrung, sich den tradierten Ansprüchen an die Frauenrolle zu verweigern, sowie die dann eintretenden Folgewirkungen, sind für Frauen oft besonders erschütternd und erschreckend.

Zu verlockend könnte es für die Klientin wie für die Therapeutin oder den Therapeuten sein, in den Geschlechtsrollenklischees zu verharren, auf sicherem Terrain sozusagen, anstatt sich gemeinsam dem Faktum entgegenzustemmen, dass die Lebensbedingungen von Männern und Frauen bis heute ungleich und ungerecht sind.

Dies in der Therapie entdecken, aussprechen und erleben zu dürfen und sich dann nicht mit einer sogenannten »objektiven, wertneutralen und abstinenten« TherapeutInnenpersönlichkeit endlos herumquälen zu müssen, erachte ich als eine der zentralsten Bedingungen für gelungene Persönlichkeitsentwicklung (vgl. Winkler 1992; 2002).

Unser therapeutischer Beitrag für Rat- und Hilfesuchende sollte sein, dass wir einen klaren Standpunkt über die Begebenheiten und Zustände einnehmen, von denen uns berichtet wird. Wenn schon keinen solidarischen Standpunkt, dann wenigstens einen offenen, ehrlichen und für unser Gegenüber klar verständlichen, d. h., ich muss meine Grenzen kennen und meine Abhängigkeit von meiner Persönlichkeit und von der Begrenztheit des Verstehens bei mir und meinem Gegenüber aushalten.

Wider den Zeitgeist

Frauen haben zu wenige weibliche Vorbilder. Die Frauenbewegung der 1970er Jahre des letzten Jahrhunderts ist sanft entschlafen. »Wellness«-Feministinnen (so Alice Schwarzer am 4. Mai 2008 in ihrer Rede zum Dank für die Verleihung des Ludwig-Börne-Preises) sind an die Stelle der »Emanzen«-Feministinnen getreten. Schwarzer zielt mit ersterem Begriff auf jene Frauen, die vorwiegend für die Verbesserung des Eigenwohls für ihre Rechte kämpfen. Feministinnen früherer Jahre, zu denen ich mich zähle, haben das globale Ganze im Blick und leisten ihren Beitrag, indem sie andere Frauen ermutigen, ihre Grenzen zu überschreiten, indem sie Männer zur Solidarität auffordern, indem sie Gesellschaftskritik nicht nur im Privaten, sondern zentral innerhalb der Institutionen vorbringen und Veränderungen da erproben, von wo sie sich multiplikatorisch ausbreiten können.

Das Besondere an meiner persönlichen Therapietheorie ist, dass ich gemeinsam mit anderen Frauen einen spezifischen Beratungs- und Therapiezugang entwickelt habe, der meine berufliche Grundqualifikation als Sozialarbeiterin und als Personzentrierte Psychotherapeutin ergänzt, erweitert und teilweise in kritischer Auseinandersetzung mit anderen Psychotherapiemethoden steht.

Die wohl wichtigste Grundlage für mein breites Wissen über frauenspezifische Beratung und Psychotherapie ist die Auseinandersetzung mit und Selbstreflexion über weibliche Sozialisation, die Werte und die Wertigkeit von Frauen in unserer Gesellschaft und die Konfliktpotenziale, die sich für uns Frauen daraus ergeben.

Rogers, dessen Theorieentwicklung in einem bestimmten gesellschaftlichen und historischen Zusammenhang entstanden ist und der seine Theorie selbst nie als abgeschlossen betrachtet hat, würde sich heute (hoffentlich) einer Ausweitung des Konzeptes auf frauenspezifische Notwendigkeiten nicht verschließen, schrieb er doch selbst, dass es gelte, »Institutionen von innen her zu humanisieren und sich über sinnlose Regeln einfach hinwegzusetzen« (1985, S. 298).

Das Zwei-Geschlechter-/Ein-Wert-System, in dem wir leben, hält für Frauen nach wie vor eine Vielzahl solcher sinnloser Regeln bereit.

Ihr individuelles Leiden, ihre Inkongruenz und die daraus resultierenden Symptome ausschließlich auf einen inneren Konflikt zwischen Selbst und Erleben zurückzuführen, ist zu vereinfachend. Wenn ihr Selbstbild nicht mit ihren Wahrnehmungen übereinstimmt, so sind es zumeist die gesellschaftlichen Rahmenbedingungen, die Beschränkungen, Ansprüche und Ambivalenzen, die bei Frauen zu neurotischen, psychotischen oder sonstigen Leidenszuständen führen.

Es ist der Therapeutin und dem Therapeuten und ihrer oder seiner Lebenserfahrung bzw. ihrem oder seinem politischen Bewusstsein überlassen, dies in der Therapie zu erkennen und zu unterscheiden. Die notwendige Selbstexploration der Klientin, die Beschäftigung mit ihrem eigenen, inneren Konflikt als Voraussetzung für Veränderung, ist ein wichtiger Schritt in der Therapie, kann wohl der Ausgangspunkt sein, nicht aber der Endpunkt.

Politisches Bewusstsein und frauengerechte Gesundheitsarbeit erfordern mehr denn je frauenspezifisches Handeln in Beratung und Psychotherapie! Zu selbstgerecht tönt es aus der Gesellschaft, dass die Gleichberechtigung schon umgesetzt sei.

Ein geschlechtsspezifischer Gesundheitsbegriff basiert auf der Erkenntnis, dass die sozialen Strukturen und Verhältnisse, in denen Frauen und Männer leben, bei der Entstehung von Krankheitsbildern eine wichtige Rolle spielen, aber auch bei den möglichen Bewältigungsformen.

In Freuds Psychoanalyse war und ist Frauenfeindlichkeit am leichtesten nachzuweisen, doch geistert sie noch immer auch in den Köpfen anderer PsychotherapeutInnen und PsychiaterInnen herum, die von angeblich angeborenen weiblichen Eigenschaften – passiv, friedliebend, masochistisch, emotional und infolge zur Machtbeteiligung ungeeignet – zu wissen glauben (vgl. Freud 1925). Gegen Herrschaft könnte man wenigstens rebellieren, gegen Natur nicht.

Nicht, weil Frauen von Geburt an bestimmte physische und psychische Konstitutionen haben, müssen sie spezifische Tätigkeiten verrichten, sondern weil ihnen die Verantwortung für Hausarbeit, Kindererziehung und das Wohlergehen des Ehemannes bzw. der Familie obliegt, müssen sie die entsprechenden Eigenschaften, Fähigkeiten und Fertigkeiten im Prozess der Sozialisation erwerben. Das Resultat davon ist: Weiblichsein und Männlichsein ist nicht Ursache, sondern Folge geschlechtsspezifischer Erziehung und Lebensbedingungen.

So hat Simone de Beauvoir (1949) es damals formuliert, so ist es leider unvermindert aktuell.

Kein sicherer Ort, nirgends

Frau H., 61 Jahre alt, geboren und aufgewachsen in Deutschland, kommt auf Empfehlung einer Ärztin in meine Praxis. Sie hat im Zuge eines sogenannten Elterngesprächs in der Wiener Klinik, in der ihre 40-jährige Tochter wegen Anorexie in Behandlung ist, von ihren jahrelangen, immer wiederkehrenden Depressionen, ihrer Migräne und ihren starken Rückenschmerzen gesprochen und dort offenbar den Eindruck erweckt, selbst psychotherapeutische Hilfe nötig zu haben.

Frau H. gibt offen zu, dass sie sich von dieser Ärztin in Therapie geschickt fühlt und selbst wenig Hoffnung verspürt, dass ihr geholfen werden kann. Sie hat schon einige, länger zurückliegende Therapieversuche gemacht. Nie sei es ihr danach wirklich besser gegangen. Sie führt dies vor allem darauf zurück, dass ihre Depressionen von der familiären Situation verursacht seien, und diese sei nun einmal unabänderlich verfahren. Für ihre physischen Beschwerden gibt es scheinbar keine medizinisch nachweisbaren Ursachen.

Frau H. ist seit 42 Jahren verheiratet, der Ehe entstammen vier Kinder, drei Töchter und ein Sohn, der im Alter von vier Monaten am plötzlichen Kindstod verstarb.

Die älteste Tochter leidet seit ihrem 14. Lebensjahr an Essstörungen, ist derzeit mit einem BMI von 11,3 in akuter Lebensgefahr. Die Klinik lehnt eine weitere Behandlung ab, mit einer deutschen Klinik ist man in Verhandlung, unter welchen Bedingungen eine Aufnahme erfolgen kann.

Die mittlere Tochter, 30 Jahre alt, steht mit beiden Beinen im Leben, ist verheiratet, hat seit Kurzem ein Baby und plant den nächsten Karriereschritt in einer Bank, wenn die Elternzeit beendet ist.

Die jüngste Tochter, 26 Jahre alt, Studentin, lebt noch zu Hause und sieht keinerlei Veranlassung, dies zu ändern, da sie die Bequemlichkeit des Versorgt-Werdens schätzt und überdies zu ihrem Vater ein inniges, beinahe intimes Verhältnis pflegt.

Der Ehemann, 66 Jahre alt, pensionierter Direktor eines humanistischen Gymnasiums, sportlich, unternehmungslustig, gebildet, eloquent, narzisstisch und despotisch, erschien Frau H. zu Beginn ihrer Ehe als Retter aus der Not ihrer Ursprungsfamilie.

Sie wuchs in einer deutschen Kleinstadt als drittes von vier Kindern auf. Vom acht Jahre älteren Bruder, dem Liebling der Mutter, wurde sie stets herablassend behandelt. Von der vier Jahre älteren Schwester wurde sie wegen ihrer viel besseren Schulerfolge neidvoll und als Konkurrentin bekämpft. Der drei Jahre jüngere Bruder bekam wegen ständigen Kränkelns sowie seiner disziplinären Schwierigkeiten in der Schule sehr viel Aufmerksamkeit. Frau H. empfand ihre Kindheit als endlosen und erfolglosen Kampf um Liebe und Aufmerksamkeit.

Die Schilderung dieser Eckdaten erfolgt routiniert und scheinbar emotionslos. Es ist erkennbar, dass Frau H. ihre Anamnese schon mehrmals vor ÄrztInnen und TherapeutInnen ausgebreitet hat. Sie beschränkt sich also auf Fakten und bemüht sich unaufgefordert um eine nachvollziehbare Chronologie ihrer Geschichte.

Am Ende der Therapiestunde bemerkt sie plötzlich enttäuscht, dass ich mir keinerlei Notizen gemacht habe. Sie deutet dies so, dass es mir wahrscheinlich zu viel an unbedeutender Information gewesen sei bzw. als Bestätigung dafür, dass ihr ohnedies nicht zu helfen sei, weil alles so verfahren ist.

Ich erkläre ihr, dass ich nie während der Sitzungen mitschreibe, sondern dies nach der Stunde erledige, und dass es mir vorrangig wichtig ist, von ihr als Person, als Frau einen Eindruck zu bekommen. Es sei mir dabei aufgefallen, dass sie von vielen belastenden und schmerzhaften Begebenheiten ohne sichtbare Regung berichte und dass ich mir ständig versuchte vorzustellen, wie es wohl in ihrem Inneren aussehen möge.

Frau H. schaut mich lange forschend an. Ihre Augen füllen sich langsam mit Tränen, denen sie ungehindert freien Lauf lässt. Es ist ein lautloses, schier endloses Fließen, kein Schluchzen, keine Regung des Gesichts oder des Körpers, wie erstarrt im Schmerz und dennoch wie endlich zum Leben erwacht.

Nach einer langen Weile beginnt Frau H. zu lächeln und kramt ihren Terminkalender aus der Tasche. Sie möchte einen weiteren Therapieversuch unternehmen.

Die folgenden Stunden sind dominiert von der Sorge um ihre älteste Tochter, die von sich aus keinerlei Anstrengung unternehmen mag, um zuzunehmen, und für ihre Krankheit schonungslos ihre Eltern, vor allem ihre Mutter, verantwortlich macht. Frau H. nimmt ihrerseits die Schuld auf sich. Sie glaubt, dass sie ihre damals vierjährige Tochter tatsächlich vernachlässigt hat, als ihr Sohn verstarb und bei ihr die Depressionen erstmals auftraten.

Meine Frage, ob sie diese Schuldzuschreibungen einer nunmehr immerhin 40-jährigen Tochter nicht auch wütend machten, verneint Frau H. vehement. Es stellt sich heraus, dass auch ihr Mann der Meinung ist, sie sei eben nicht sehr belastbar und als Ehefrau für ihn eine Enttäuschung. Frau H. vermutet, dass er ihr auch den Tod des einzigen Sohnes nie verziehen hat.

Beiläufig erwähnt sie in der zwanzigsten Stunde, dass nun endlich ihr Pensionsbescheid eingelangt ist. So erfahre ich, dass sie als Lehrerin berufstätig war und ein Pädagogikstudium abgeschlossen hat. Sie hat also nicht nur einen akademischen Titel, sie hat 30 Jahre lang ihr eigenes Geld verdient, drei Töchter großgezogen, musste den Tod ihres Sohnes verkraften, hat ein großes Haus geführt und eine Ehe, in der sie alles versucht hat, um ihrem Mann keinen Anlass für Kritik zu geben. Sie tat dies unter anderem dadurch, dass sie lange Zeit alle sportlichen Aktivitäten ihres Mannes teilte – Skifahren, Klettern, Windsurfen – und mit ihm viele anstrengende Fernreisen an die exotischen Plätze dieser Welt unternahm. Tatsächlich ist sie sehr gepflegt, schlank, durchtrainiert und immer geschmackvoll gekleidet.

Für sie scheint das alles nicht der Rede wert und selbstverständlich zu sein.

Zu meinem Erstaunen berichtet Frau H. in einer der nächsten Stunden wie nebenbei, dass sie anlässlich einer derzeit stattfindenden Hausrenovierung dem Architekten den Auftrag erteilt hat, dass er zwei der am schönsten gelegenen Zimmer für sie gestalten möge. Für sie alleine wohlgemerkt! Sie erzählt, dass sie in all den Jahren im ganzen Haus keinen Ort für sich gehabt habe. Ja, nicht einmal einen fixen Schlafplatz, da ihr Mann sie häufig auffordere, den Platz im Ehebett zu räumen, um mit der jüngsten Tochter ungestört alte Filme im Fernsehen ansehen zu können, ein Hobby, das Vater und Tochter schon lange teilen. Auch in der Zeit vor ihrer Ehe, zu Hause bei den Eltern, habe sie kein eigenes Bett gehabt, sondern immer nur wechselnde Schlafplätze.

Meiner geäußerten Verblüffung begegnet Frau H. damit, dass sie das nie sonderlich gestört habe, ja im Gegenteil ein Schutz für sie gewesen sei, sie hätte sich damit öfter entziehen können – damals und bis heute.

Frau H. spricht damit deutlicher als bisher aus, was in manchen ihrer bisherigen Schilderungen latent durchklang – Inzest und sexueller Missbrauch.

Auf meine behutsame Nachfrage, wovon sie sich entziehen wolle, damals wie heute, erzählt Frau H. stockend und von heftigem Schluchzen begleitet, dass ihre ältere Schwester und sie selber dem älteren Bruder regelmäßig sexuell zur Verfügung stehen mussten. Sie habe sich zwar der Mutter anvertraut, diese habe sie jedoch für ihre »Lügengeschichten« mit einer Tracht Prügel bestraft und ihr verboten, je wieder darüber zu sprechen. Sie habe sich deshalb immer sehr schuldig und abstoßend gefühlt und leidet bis heute darunter, wenn ihr Mann sexuell zudringlich wird und sie dann, nach dem Sexualakt, wie Luft behandelt.

Sie sei zwar oft wütend auf ihre jüngste Tochter, wenn sie ihr den Platz an der Seite ihres Mannes streitig macht, letztlich sei sie aber froh, da sie dann wenigstens ihre Ruhe habe. Ich entscheide mich dafür, in dieser Stunde nicht weiter nachzufragen, für wie intim sie das Verhältnis ihrer Tochter zu ihrem Mann einschätzt. Die Sache scheint ohnedies klar zu sein.

Am Ende dieser Stunde drückt Frau H. ihre Überraschung darüber aus, dass sie mir das jetzt alles erzählt hat. Seit der Strafe der Mutter habe sie nie mehr mit jemandem darüber gesprochen. Sie sei froh, dass sie jetzt drei Wochen auf Kur fahre und in Ruhe darüber nachdenken könne, was dies alles nun für sie und für ihr weiteres (Familien-)Leben bedeute, denn es sei ihr klar, dass sich da einiges ändern müsse.

Die Geschichte von Frau H. zeigt deutlich auf, wie die Erfahrung früher sexueller Übergriffe die gesamte Persönlichkeit nachhaltig in ihrer Entwicklung beeinträchtigt. Der emotional nicht zur Verfügung stehende Vater, die schwierige Geschwisterkonstellation, die wie selbstverständlich erlebte Bevorzugung des männlichen Kindes seitens der Mutter, der allgemeine Mangel an emotionaler Zuwendung bzw. die erlebte Solidarisierung der Mutter mit dem männlichen Täter – all dies hat in Frau H. eine profunde Erschütterung ihres weiblichen Selbstwerts bewirkt. Diese Diskrepanz zwischen eigenem Erleben und der dann gemachten Erfahrung der Negation der Übergriffe und der Strafe für sie als Opfer hat bei Frau H. eine tiefsitzende Inkongruenz ausgelöst. In der Folge hat Frau H. ein Leben gelebt, das von Anpassung und Unterordnung geprägt war. Sie hat sich bei vielen Gelegenheiten eher selbst infrage gestellt als sich aufzulehnen, wenn sie in ihrem ausgefüllten und anstrengenden Frauenleben an den Rand der Belastbarkeit und Erschöpfung geriet. Sie nahm die Schuld auf sich, als ihr Sohn starb, als ihre Tochter an Anorexie erkrankte und als der Ehemann sich (auch sexuell) der Tochter zuwandte. Sie verbat sich, diesen Umstand zu bemerken und die Konsequenzen daraus zu ziehen. Sie stagnierte in zerstörerischer Umklammerung mit ihrem Ehemann – erstickend, bedrohlich und dennoch Halt suggerierend für sie, die sich selbst nicht zutraute, alleine überlebensfähig zu sein. Sie verwechselte ihr verzweifeltes Ringen um Zuwendung und ihre Abhängigkeit mit Liebe.

In der Personzentrierten Psychotherapie erlebt Frau H., vielleicht erstmals in ihrem Leben, empathisches Interesse an ihrer Person, bedingungslose Wertschätzung und eine kongruente Therapeutin, die eine Meinung hat und diese auch äußert. Im Mittelpunkt der Aufmerksamkeit steht nicht das Symptom und die Diagnose, sondern Frau H. als Person. Den vielen, von ihr als eigenes Versagen gewerteten Erlebnissen wird das Angebot gegenübergestellt, ihren bisherigen Sichtweisen eine andere Gewichtung bzw. Bedeutung geben zu dürfen. Personzentrierte Psychotherapie vertraut auf die Aktualisierungstendenz, die jedem Individuum innewohnt. Die Aktualisierungstendenz operiert nicht in einer zufälligen oder beliebigen Weise, sie ist selektiv und zielgerichtet. Rogers geht davon aus, dass diese Selektivität wirksam wird, »sobald Gelegenheit zur eindeutigen Wahl zwischen Vorwärtsbewegung und regressivem Verhalten geboten wird« (1983, S. 424).

Frau H. schöpft in diesem offenen, einladenden Gesprächsklima wieder Mut, über die in ihrer Kindheit erlittene Erfahrung sexueller Gewalt zu sprechen und die Gefühle von Scham und Wut zuzulassen, die damals durch die Strafe der Mutter tief in der Seele versenkt wurden. Frau H. spürt endlich kongruent die damalige Verzweiflung und Verlassenheit und stellt einen Zusammenhang mit ihrer gegenwärtigen Lebenssituation und Befindlichkeit her. Sie getraut sich nun, ihre bisher nur intuitive Wahrnehmung zuzulassen, dass auch ihr Mann ihre Tochter missbraucht, und hält die Gefühle aus, die dadurch in ihr erweckt werden. Sie traut sich zu, ihre Situation aktiv verändern zu können, und lässt die Angst vor der Erfahrung der Ohnmacht und des Ausgeliefertseins hinter sich.

Frau H. hat in der Folge vieles an ihrer Situation verändert. Sie hat ihren Mann mit ihrem Verdacht konfrontiert und ihm unmissverständlich klargemacht, dass sie sich trennen wird, wenn er nicht sein Verhalten ändert und selbst in Psychotherapie geht. Sie erlebt erstaunt, wie sehr er offenbar auf sie angewiesen ist und dass er sofort alle Bedingungen akzeptiert, um sie nicht zu verlieren. Die Tochter ist aus dem Elternhaus ausgezogen und Frau H. hat im Haus viel Platz für sich geschaffen und besteht auf ihren Freiräumen. Die Kommunikation in der Familie hat sich grundlegend verändert, weil Frau H. sich nicht mehr scheut, Unzumutbares zurückzuweisen und all das einzufordern, worauf sie bisher verzichtet hat – vor allem Respekt und Wertschätzung für ihre Person.

Das Private bleibt politisch

Wie positioniert sich der Personzentrierte Ansatz im Zeitalter der Globalisierung, ist er unter den beschriebenen Kontextbedingungen zeitgemäß?

Je globalisierter die Welt, umso wichtiger ist meines Erachtens der Personzentrierte Ansatz, der dazu ermutigt, dass wir uns selbst ermächtigen und uns mit der Mächtigkeit von Institutionen anlegen. Es geht nicht darum, dass dieser Ansatz der Person Frau Macht verleiht, sondern nach Rogers geht es darum, dass er sie ihr niemals wegnimmt.

Überall dort, wo sich Kontakt, Kommunikation und Beziehungen verbessern sollen, scheint mir der Ansatz unverzichtbar, hilft uns doch die Kompetenzvertiefung im sozialen Dialog bei der Alltagsgestaltung sowie der Bewältigung des Lebens in seinen mannigfachen, sich ständig verändernden Herausforderungen.

Die natürliche Entwicklungstendenz des Menschen, die Rogers beschreibt, macht uns Frauen nicht nur für das eigene innere Erleben bereit und offen, sie will uns in gleichem Maße ermutigen, aktiv die eigene Lebensgestaltung in die Hand zu nehmen und so auch zur Änderung von äußeren Lebensbedingungen beizutragen. Dies scheint mir eine der Grundvoraussetzungen zur Bewältigung der Ereignisse in der Gegenwartsgesellschaft zu sein. Wenn es uns Frauen gelingt, durch Selbstexploration verlässliche Bezugspunkte in uns selbst zu finden, im tiefsten Inneren mit uns selbst zu kommunizieren, uns selbst in all unseren Möglichkeiten wahrzunehmen, dann werden wir in uns selbst auch die Bewertungsinstanz finden, die uns Orientierung und Halt und Freiheit in komplexen Lebensanforderungen gibt.

Weibliche Identität im sozialen Zusammenhang

Veränderliche Geschlechtsidentitäten
Sex/Gender-Fluktuationen in der Gesellschaft und in psychoanalytischen Therapiegruppen[1]
Alice Pechriggl

Was haben die Schuhe, die jemand trägt, mit ihrem oder seinem Geschlecht zu tun? Eine psychoanalytische Therapiegruppe, die dies diskutiert, aktualisiert das Geschlechterimaginäre. In Anschluss an Castoriadis' Begriff des Imaginären (1975) bezeichne ich damit die zu kollektiver Bedeutung gelangte geschlechtsbezogene Vorstellungswelt jener Gesellschaft, in der diese Gruppe stattfindet (und natürlich auch anderer Gesellschaften, in denen die Gruppenmitglieder gegebenenfalls auch noch leb[t]en). Mit dem jeweiligen Geschlechterimaginären sind immer auch Affekte und Wünsche verknüpft, und diese Gesamtheit könnte im Anschluss an Foulkes' Matrix-Begriff (Foulkes 1974) die »gesellschaftliche Geschlechtermatrix« genannt werden. Dabei ist es egal, ob in dieser Gruppe Männer und Frauen, nur Männer oder nur Frauen anwesend sind. Die Schuhe sind nicht nur ein sexueller Fetisch, sie sind auch ein Geschlechtermarker, der auf zentrale Bedeutungen in diesem Imaginären verweist und sie zugleich evoziert. Ich werde später auf das Beispiel zurückkommen.

Davor möchte ich etwas theoretischer ansetzen und die weibliche und/oder männliche Geschlechtsidentität im psychosexuellen Sinn infrage stellen. Damit unmittelbar verbunden ist die Frage nach der sexuellen »Identität«: Ein »weiblicher Mann« muss nicht notwendig schwul sein, eine »männliche Frau« nicht notwendig lesbisch. Dazu kommt, dass »Identität« im starken Sinn in diesem Zusammenhang und vor dem Hintergrund philosophischer Kritik am Identitätsbegriff mehr als fraglich ist[2].

---

[1] Ich danke Nina von Korff für ihre umsichtigen Anmerkungen.
[2] Ich nenne in diesem Zusammenhang »Dissidentitäten«, was sich im Prozess der Infragestel-

Je nachdem, wie starr und ausschließlich heterosexuell bzw. binär das sexuelle Imaginäre und das damit untrennbar verbundene Geschlechterimaginäre gestaltet ist, wird sich darin das vielfältige Spektrum menschlicher Sexualität und Geschlechtlichkeit mehr oder weniger differenziert entfalten können. So wie es in liberalen Gesellschaften bezüglich der Geschlechtsidentitäten ein weites Auffassungsspektrum gibt, so weist auch die Gemeinschaft der TherapeutInnen ein solches Spektrum auf. Bestimmte Auffassungen darüber durchzusetzen, was und wie Frau oder Mann und deren Sexualität sei oder zu sein habe, kann als Geschlechterpolitik bzw. als geschlechtspolitische Dominanzkultur (in) der Psychotherapie (als Institution) bezeichnet werden. Diese wird oftmals als von den Prämissen oder »Prinzipien« der jeweiligen therapeutischen Schule oder »Methode« ableitbar erachtet, ist es erfahrungsgemäß aber nicht. Die je dominanten Auffassungen verlaufen quer zu den Schulen und sind gleichsam vor der Schulenwahl in den angehenden TherapeutInnen wirksam, von denen sie reproduziert und theoretisch teilweise untermauert bzw. rationalisiert und ideologisiert werden. Wir können allerdings innerhalb bestimmter Richtungen verschiedene Gruppierungen ausmachen, die – mehr implizit als explizit – eine mehr oder weniger rigide »Sexualpolitik« agieren und rationalisieren, und zwar theoretisch wie auch praktisch. Aus einer strenger wissenschaftstheoretischen Perspektive erscheint die analytische Theoriebildung zumeist ideologisch. Sie ist aber zugleich der Versuch sowohl der Systematisierung als auch der Rationalisierung eines hochkomplexen schöpferischen Tuns und Handelns, das letztlich nicht begrifflich bestimmbar ist. Die Theoriebildung als öffentliches Nachdenken von bestimmten ihr besonders zugeneigten TherapeutInnen wird dann im institutionellen Alltag und zum Zweck der Abhebung von anderen KollegInnen von den AnhängerInnen zum Dogma bzw. zur Leitideologie (auch außerhalb des therapeutischen Feldes) erhoben. Im günstigsten Fall dient die therapeutische bzw. klinische Theoriebildung dem selbstkritischen Nachdenken über die eigene und gemeinsame klinische Erfahrung, ja auch der Vertiefung der Erkenntnis über das Konflikthafte und Krankmachende im Seelenleben, und zuweilen auch als Stütze, wenn wir in der klinischen Praxis gerade nicht weiter wissen, oder um uns nicht einer gerade noch als

---

lung fixer Identitäten zwischen Dissidenz als Praxis in Bezug auf die je bestehende Norm einerseits, wechselnden Identitäten als hauptsächlich imaginär effektive (Ver-)Ortung der individuellen sowie kollektiven Subjekte andererseits ansiedelt.

unpassend erkannten Routine hinzugeben. Am besten scheint mir jeweils die Theoriebildung zu passen, die jedeR für sich aus Gründen der Kohärenz, der Machbarkeit und der Sympathie wählt und in der eigenen klinischen Erfahrung sowie im Austausch mit anderen selbst bestmöglich fortzusetzen imstande ist. Denn niemand kann durch die bloße Theorie besser therapeutisch arbeiten als er/sie praktisch, also durch die Tätigkeit selbst und durch die Freude daran zu werden vermag. Vielleicht ist aber gerade die Illusion theoretischer Macht über das zu Machende die größte Modemacherin von Theorien.

Geschlechtsidentitäten und sexuelle Identitäten: Anatomisches und psychisches Geschlechterimaginäres im Kontext des Bio-Logos

Die folgende Auseinandersetzung mit der Frage nach Geschlechter(-diss-)identitäten und sexuellen Geschlechtervorlieben setzt diesseits der exklusiven »Weiblichkeit« (Frauenberatung durch Frauen) therapeutischer Gruppen an, die zumindest auf der Ebene des Phantasmatischen und der psychischen Inszenierungen immer auch schon gemischtgeschlechtlich, homo- und heteroerotisch bzw. -sexuell »veranlagt« sind[3].

Aus der klassisch psychoanalytischen Perspektive auf die Seele der Einzelnen im kleinfamiliären Verband herrscht seit Freud der Ödipuskomplex als Paradigma psychosexueller Sozialisation vor. Obschon Freud selbst von einem »normalen« und einem »konträren« Ödipus sowohl bei Mädchen/Frauen als auch bei Jungen/Männern schrieb, übernahm der Mainstream der psychoanalytischen Theoriebildung naturgemäß nur den Mainstream, sprich den normalen Ödipus: Das kleine Mädchen wechselt ihr Liebesobjekt von der Mutter zum Vater und rivalisiert mit der Mutter, mit der sie sich zugleich identifiziert; der Bub behält sein Liebesobjekt (bzw. dessen Geschlecht) bei, liebt

---

3 Mit der sexuellen »Veranlagung« einer Gruppe ist metaphorisch im Sinne aller diesbezüglichen Potenzialitäten dieser je spezifischen Zusammenkunft von Individuen gemeint. So wenig wie eine Gesellschaft ein Unbewusstes im Sinne der individuellen Seele hat, so wenig hat eine Gruppe eine Veranlagung im Sinne der Veranlagung eines einzelnen Menschen. Metaphern und Übertragungen müssen aber erlaubt sein, damit wir in einem weiteren Schritt begrifflich genauer differenzieren oder passendere Ausdrücke finden, wie etwa Gruppenmatrix (Foulkes) oder gesellschaftliches bzw. instituierendes Imaginäres (Castoriadis), Gruppenpotenzialitäten etc.

die Mutter und rivalisiert mit dem Vater, mit dem er sich zugleich identifiziert. Dass dieses stereotype Szenario Züge des Unheimlichen in sich trägt, schien schon Freud zu ahnen, der mit dem »konträren« Ödipus mehr als nur eine Konzession an den damals durchaus als revolutionär geltenden Sexualwissenschafter Magnus Hirschfeld machte. Denn zwischen diesen Normidealtypen und den konträren (das Mädchen liebt die Mutter und identifiziert sich mit dem Vater; der Bub identifiziert sich mit der Mutter und liebt den Vater) gibt es, so Freud in Anerkennung Hirschfelds, unendlich viele »sexuelle« Zwischenstufen, sowohl auf der Ebene der geschlechtlichen Identifikation (Gender) als auch auf jener der geschlechtsspezifischen und sexuellen Objektwahl (Sexus) und schließlich auch auf der Ebene der phantasmatischen Interpretation der geschlechterdifferenten genitalen Anatomie.

Was aber die geschlechtsspezifische und sexuelle Idealtypisierung noch weiter gehend zersetzt, und zwar zuerst in der Praxis und dann in der Theorie, das ist die Gesellschaft selbst, in der jedem infans (der Mensch, der noch nicht sprechen kann) ein Platz eingeräumt werden muss. Piera Aulagnier (1984) spricht in diesem Zusammenhang von »contrat narcissique«. Dieser »Vertrag« ist dem infans aufgezwungen, und insofern kann es sich dabei nicht um einen Vertrag im eigentlichen Sinn handeln (dem alle Vertragspartner willentlich zustimmen können müssen). Dieser »narzisstische Vertrag« geht dem infans ebenso voraus wie die Sprache und ist damit immer schon in den gesellschaftlich vorherrschenden »Geschlechtervertrag« eingebettet.

Wenn Monique Wittig (1998) von einem solchen »contrat (hétéro)sexuel« spricht, dann meint sie damit die aufgezwungene Heterosexualität (und hierin knüpft Butler seit *Gender Trouble* [dt. 1991] explizit an Wittig an), der auch jene Individuen unterworfen werden, in deren Anlage und/oder psychosexueller Entwicklung der konträre Ödipus sowie ein homosexuelles Begehren überwiegen. Sie spart jedoch die konkurrierenden, mit dem vorherrschenden Geschlechterimaginären und -dispositiv in Konflikt stehenden Sub-Verträge (Diskurse und Praktiken) aus. Diese werden vom vorherrschenden Vertrag zwar unterdrückt, aber gerade in liberalen Gesellschaften sind sie zum Teil schon zu ihrem Recht gekommen und haben im Zuge von Antidiskriminierungsbestrebungen in die europäische Grundrechtscharta sowie in die partnerschafts- und eherechtliche Normsetzung Eingang gefunden, wenn auch nicht in gleichberechtigter Weise (vgl. hierzu zuletzt Klapeer 2009; Mesquita 2009).

Ob die sexuelle und geschlechtliche Pluralität und »Dissidentität« in ihrer

Bedeutung nun durch den vorherrschenden Diskurs unterdrückt oder durch einen antinormativen Diskurs nivelliert wird, der den vorherrschenden Diskurs zum allumfassenden Dispositiv der Heteronormativität schlechthin erklärt, macht theoretisch einen Unterschied. In beiden Fällen jedoch wird die Relevanz der Heterogenität und der Konfliktualität durch eine vorwiegend funktionalistische Sichtweise auf Sexualität, Sozialisation und Gesellschaft nivelliert, in der die Fortpflanzung und der sie rahmende Bio-Logos die Normsexualität diktiere (Basaure 2008; Pechriggl 2008).

Soweit einige theoretische Vorübungen.

Zur Frage nach der Geschlechtsidentität in Gruppen

Im Folgenden möchte ich mich der Frage nach den Geschlechterverhältnissen und -identitäten in Gruppen sowohl theoretisch als auch klinisch zuwenden, und zwar beginnend mit der Rolle des Ödipus und seiner Erweiterung durch die Einbeziehung der Geschwister.

Das Thema der Geschwister ist innerhalb der Gruppenpsychoanalyse ständig präsent, und zwar zuerst im Sinne einer Ausweitung und Relativierung des »Ödipus«. Bereits Lacan (1984) hatte in Anlehnung an die ethnologische Forschung seiner Zeit festgestellt, dass die kleinbürgerliche Variante dieses Begriffs anthropologisch gesprochen eine Einengung darstellt und dass vielmehr die erweiterte Familie, ja das gesamte Verwandtschaftsgefüge die geschlechtliche Differenzierung strukturieren und deshalb viel stärker zu berücksichtigen seien. In einem mehr philosophisch-anthropologischen Sinn fasste er denn auch den Ödipus als die Triangulierung hin zur Gesellschaft, als den schwierigen und als frühnarzisstische »Kastration« erlebten Austritt aus der Mutter-Kind-Dyade[4] (der Dritte ist nicht nur der/die oder das, welche/n bzw. was die Mutter oder erste Bezugsperson begehrt, sondern auch und vor allem die Gesellschaft/Sprache, an deren Regeln sich die als allmächtig fantasierte Mutter mehr oder weniger strikt halten muss).

Je enger nun der Platz, an dem sich dieses in die Gesellschaft hineingeworfene infans als Selbst ent-werfen kann, desto kastrierender und auch neurotisierender, ja psychotisierender wird die »soziale Geburt« ausfallen

---

4 »Mutter« hier im Sinne der ersten Bezugsperson.

können. Jedes spätere Trauma, jede Erfahrung der Ausgeschlossenheit, der narzisstischen Kränkung, vermag diese frühe soziale Kastration wieder zu aktualisieren.

Vor allem dagegen – so meine These – vermag die Gruppenpsychoanalyse zu wirken, und zwar auch dann noch, wenn die oder der Therapeut/in ein diesbezügliches Trauma reaktualisieren (z. B. wenn die GruppenleiterInnen ihrerseits, im Zuge unerkannter Gegenübertragung, verdrängte Ausschluss-, Abspaltungs- und Traumaerfahrungen auf Kosten bestimmter Gruppenmitglieder reinszenieren). In solchen Fällen ist der Schaden wahrscheinlich weniger groß als im dyadischen Einzelsetting, weil die Gruppe aufgrund der Pluralität der Erfahrungen hier viele »Einseitigkeiten« zu kompensieren und die damit verbundenen Affekte im Sinne Bions zu containen bzw. zu metabolisieren vermag (Bion 1990). Diese autoritätskritische und zugleich kompensierende Kraft der Gruppe möchte ich als einen therapeutischen Faktor im Sinne Yaloms festhalten (Yalom 1996). Anhand eines Beispiels möchte ich dies etwas eingehender beleuchten und wieder in den thematischen Rahmen der Geschlechtsidentität zurückführen.

Im Rahmen meiner gruppenpsychoanalytischen Ausbildung nahm ich im Jahr 2000 an einer Gruppe teil, in der die Gruppenleiterin bei einem Gruppenmitglied eine »diffuse Geschlechteridentität« feststellte (was damals noch eine ICD-10-Diagnose war). Das betreffende Gruppenmitglied – eine deklariert lesbische Frau – fragte nach, woraus die Leiterin dies schließe. Die Antwort bestand in einem Verweis auf ihre Schuhe. Die Schuhe waren eher robuste Halbschuhe, keine ausdrücklichen Herrenschuhe. Die Gruppe, in der sich auch ein schwuler Mann befand, diskutierte daraufhin, ob von einem bestimmten »konträrgeschlechtlichen« Kleidungsstil oder auch von konträren sekundären Geschlechtsmerkmalen bzw. sexuellen Präferenzen auf eine Diffusion der Geschlechtsidentität geschlossen werden könne. Das betreffende Gruppenmitglied sagte, dass sie diese Szene als eine Reaktualisierung früherer Diskriminierungen und sozialer Beschämungen aufgrund einer tatsächlich etwas von der (niemals klar festmachbaren) Norm abweichenden, heute irgendwo im als »queer« benennbaren Abschnitt des Spektrums angesiedelten Geschlechtsidentität erlebte.

Die Diskussion durch die gesamte Gruppe, in der auch die (etwas ältere) Gruppenleiterin ihre Position relativierte und einen gewissen Übergriff eingestand, half ihr dabei, diese Scham und den damit verbundenen Ärger zu integrieren. Die als Übergriff erlebte Intervention wurde also durch die Gruppenarbeit (bzw. durch die Arbeitsgruppe) zum Anstoß für eine Überwindung der Scham, die mit anderen derartigen »subtilen Übergriffen« im Alltag einherging.

Ich möchte nicht über die Intervention der Gruppenleiterin urteilen, weil normative Aussagen zur analytischen Technik stets problematisch sind: Was sein soll oder nicht, entscheidet letztlich der Prozess. Es ging nicht etwa um mangelnde Abstinenz, sondern um eine wohl zu Recht als tendenziös wahrgenommene Intervention. Es ging mir darum, zu zeigen – nicht normativ kundzutun –, dass diese im Prozess als Fauxpas erschienene Intervention durchaus therapeutische Effekte hatte. Selbstverständlich können derartige Interventionen ebenso gut von Frauen wie von Männern kommen (es sei denn, jemand geht von der naiven Vorstellung aus, Frauen seien a priori genderbewusster, feministisch etc.).

Ungesellige Geselligkeit und das polymorphe Begehren in der Gruppe[5]

In Erstgesprächen lehnen viele PatientInnen die Empfehlung, eine therapeutische Gruppe aufzusuchen, ab, meist ohne etwas über Wirkung und Funktion therapeutischer Gruppen zu wissen, sondern gleichsam aus einer intuitiven Ablehnung gegenüber Gruppen heraus bzw. aus Angst, sich mit den eigenen Problemen wieder der früher erlebten sozialen Scham auszusetzen, sich also zu exponieren, ja zu exhibieren. Diese schamhafte bzw. »antisoziale« Abwehr könnte durchaus als weiterer Grund für die Indiziertheit einer Gruppentherapie gesehen werden (im Sinne einer Anstiftung zur Reflexion der grundsätzlich [anti-]sozialen Bedingtheit jeglicher Symptomatik, aber auch im Sinne einer Bewusstmachung des hinter der Angst liegenden Wunsches, sich zu exhibieren). Kant (1784/1968) spielte auf die Dialektik (anti-)sozialer Abwehr mit der Formulierung »ungesellige Geselligkeit« an, Freud in Anlehnung daran

---

5 Ich danke August Ruhs für die Gespräche im Anschluss an die von ihm geleitete analytische Gruppe im AKH Wien, die ich im Rahmen meiner Ausbildung als Beobachterin begleiten durfte. Wichtige Erkenntnisse aus diesen Gesprächen sind in den nun folgenden Abschnitt eingeflossen.

und an Schopenhauer mit der Metaphorik der Stachelschweine, die sich nahe aneinanderdrängen, ohne sich berühren zu dürfen.

Diese (anti-)soziale Spannung ist nun einer der Hauptmotoren im Gruppengeschehen und sie ist es auch, die der Gruppenpsychoanalyse ihren jeweiligen Status im therapiebezogenen Zeitgeist zuweist: In Zeiten der Krise, der Aufwertung des Kollektiven und der politischen Relevanz von Gruppen erfährt die Gruppenanalyse offenbar einen signifikant höheren Zulauf als in Zeiten, in denen Individualismus bzw. Neoliberalismus die Diskurse, Ideologien und impliziten Theorien über das soziale Gefüge dominieren. Hinter der Illusion dyadischer Geborgenheit und Intimität verschwinden oftmals die pathogenen und Symptom verdeckenden Potenziale mancher Einzelsettings, welche die Triangulierung nicht hinreichend aktivieren. Das gilt insbesondere für gesellschaftlich bzw. ethisch-politisch (mit-)bedingte psychische Konflikte und für die immer auch normierenden, zuweilen auch diskriminierenden Gegenübertragungseffekte sowie für ihre pathogenen Auswirkungen[6].

Wir können das Gruppengeschehen auch als eine Art Mimesis dieser Pendelbewegung begreifen, eine Mimesis im aristotelischen Sinn schöpferischer Nachahmung als Ins-Drama- und In-Szene-Setzung (Poetik). Darunter fällt nicht nur, was Bion (2001) als Dilemma des Individuums in Gruppen oder mit der Abwechslung der Grundannahmen[7] beschrieben hat. Es umfasst auch das, was sich als Ausdünnung, ja Entleerung und neuerliches Anfüllen der Gruppe manifestiert, insofern diese als autopoietischer und sich selbst reflektierender container (Bion) oder auch als integrierter kollektiver Körper bzw. als diffuseres kollektives Psyche-Soma in actu fungiert.

Die Geschlechtlichkeit spielt in der Gruppe eine zentrale Rolle, ist sie

---

6 Z.B. in Fragen der Homo- und Bisexualität sowie der Geschlechtsidentität (vgl. Roughton 2002).

7 Bion unterscheidet drei Grundannahmen: Kampf/Flucht; Abhängigkeit (Isoliertheit); Paarung (Trennung). Hinzufügungen von Gegenpolen, die Bion in *Erfahrungen in Gruppen* nicht erwähnt, von mir. Earl Hopper (2003) fügt eine m.E. für die Gruppe besonders relevante Grundannahme hinzu, nämlich jene strukturelle der Aggregation/Massifizierung (aggregation/massification) als Abwehr von Vernichtungsängsten. Je größer die Gruppe, desto wirkmächtiger ist diese Grundannahme. Die Grundannahmen bezeichnen eine je überwiegende Haltung bzw. einen Affekt-Wunsch-Vorstellungsmodus, den die Gruppenmitglieder so lange teilen, bis sie in einen anderen wechseln. Die (therapeutische) Arbeitsgruppe zeichnet sich ihm zufolge dadurch aus, dass sie fähig ist, aus diesen allesamt primärprozesshaften Denk- und Vorstellungsweisen herauszutreten und diese als (bzw. sich als darin befindliche) Gruppe zu reflektieren.

doch das, was sich scheinbar am eindeutigsten fassen lässt, und zugleich das, was sich jedem Wesensbegriff am hartnäckigsten entzieht bzw. sich verhüllt, sodass wir guten Grund haben, an einem solchen Wesen der Geschlechtlichkeit – oder des Männlichen und Weiblichen – zu zweifeln (Freud 1905, 1923; zur Unmöglichkeit der Gleichung »weiblich – passiv, männlich – aktiv« vgl. Freud 1933, S. 123).

Das Begehren transzendiert immer schon die Geschlechterdifferenz (es existiert sowohl diesseits als auch jenseits der anatomischen Differenz, an die es sich zugleich mehr oder weniger stark anlehnt). Um dies nachzuvollziehen, können wir uns teilweise an Freuds Triebtheorie, an Platons Erostheorien oder an Lacans Erotologie, insbesondere an sein Seminar *Encore* (Lacan 1975), halten, und die aktuellen sozio- wie auch rechtspolitischen Veränderungen in Sachen homo- und heterosexuelle Partnerschaft, Fortpflanzungsmedizin und Transsexualität verweisen auf die Komplexität dieser Frage.

In der psychoanalytischen Gruppe tritt diese Transzendierung des Geschlechts durch das Begehren noch deutlicher, gleichsam potenziert hervor. So reicht es aus, dass wir die Grundannahme der Paarung betrachten, um diese bereits von Freud konstatierte Aporie einer ungeschlechtlichen Provenienz (aber auch Tendenz) des Sexualtriebes zu bemerken: Wie Bion feststellte, setzt sie sich immer schon über die Heterosexualität hinweg, in die sie gesellschaftlich stets von Neuem gelenkt werden muss: Wenn die Gruppe gerade in dieser Grundannahme wünscht, vorstellt, fühlt und agiert, dann insofern sie allen möglichen Gruppenmitgliedern – unabhängig von anatomischen oder durch Sekundärmerkmale bzw. Habitus bedingten Geschlechtszuordnungen – Paarung unterstellt. In der Gruppe klafft die ganze Schwierigkeit und Prekarität gesellschaftlicher und entwicklungspsychologischer Verfasstheit des Sexuellen im Kontext von Eros und Geschlechterimaginärem auf. Dies lässt umso deutlicher in Erscheinung treten, dass die Heterosexualität gerade aufgrund dieser Vielfältigkeit und Prekarität des Begehrens fundamentalistisch über Naturrechte oder sonstige Konstrukte anatomischer bzw. bio-logischer Prägung als Norm verteidigt werden muss. Zuweilen wird sie es mit brachialer oder zumindest verbaler Gewalt: Auch dafür finden sich in Gruppen regelmäßig VertreterInnen.

Sowenig sich die Frage nach dem sexuellen Begehren des Menschen (aber auch der Bonobo-Affen u. a. Tierarten) auf die Frage nach der Differenz zwischen Weibchen und Männchen reduzieren lässt, so wenig lässt sich damit die Frage nach der Differenz und dem Verhältnis zwischen Frausein und Mannsein beantworten. Geschlechtsidentität, Eros, sexuelle Handlung und sexuelle Identität sind zwar eng miteinander verknüpft, aber sie stehen weder in einem natur-notwendigen noch in einem logisch-zwingenden Kausalverhältnis zueinander. Das erkennt die Gruppe immer wieder an, »vergisst« es aber im selben Rhythmus wieder. »Mann« und »Frau«, das »Weibliche« und das »Männliche« sollen Orientierung geben, doch ihr Wesen lässt sich nicht festmachen, nicht einmal in der »Natur« des Begehrens oder der genitalen Anatomie, die in der Gruppe rasch zu einer naiven Körpermetaphysik gerät (die Gruppe als Vulva und der Leiter als Penis). Im Prozess der Gruppenanalyse ist die Frau die Mutter, dann wieder die dominante Aussaugerin, ein anderes Mal ist der Mann der Beschützer, dann wieder der kleine orientierungslose Bub oder der drakonisch-kalte Ausbeuter etc. Stereotypen und Klischees lösen einander ab, wie sie gerade gebraucht werden, und sobald eines entsteht, wird es von Individuen, die sich damit nicht identifizieren können, schon wieder dekonstruiert, was eine entfetischisierende, ebenso therapeutische wie erkenntnisfördernde Leistung ist.

So könnte also die Gruppe als ein lebendiges Gebilde beschrieben werden, das dieses komplexe und stets chiastische Beziehungsgeflecht zwischen Männern, Frauen und eventuell Transgender-Personen immer aufs Neue reinszeniert. Das Chiasma bezeichnet die Überkreuzung der »Gegensätze«, also das Männliche in den Frauen, den konträren Ödipus, das Mütterliche in den Männern etc. Die Dichotomien lösen sich beständig auf und werden szenisch wieder eingesetzt: als Allianzen, als Ehegebote, als Illusion ewiger Liebe, als Kriterien einer funktionierenden Beziehung, als Garanten für das beständige Gelingen der Verführung, für dauerhaftes oder überhaupt nur einmal im lustvollen Genießen ankommendes Begehren und Begehrt-Werden etc.

Dieses Chiasma kann aber weder über den anatomischen sowie biologischen Geschlechtsunterschied, noch über die Asymmetrien und Herrschaftsmechanismen zwischen Männern und Frauen bzw. im Geschlechterimaginären hinwegtäuschen. Im Zentrum der Auseinandersetzung mit diesem Chiasma steht also immer auch die Macht, zum einen die mit den bestehenden Herrschaftsverhältnissen verbundene Macht, zum anderen die Macht des – immer wieder auch verhinderten – Begehrens selbst, das sich – egal ob es sich um eine Frau, einen Mann oder eine Transgender-Person handelt – zuweilen wie ein Zeichen der Ohnmacht, sprich Impotenz, sowie der Vernichtungs- bzw.

Auflösungsangst ausmacht. Diese Ohnmacht/Angst und die damit einhergehenden individuellen und sozialen Abwehren können im gruppenanalytischen Setting als miteinander verknüpfte bearbeitet und teilweise aufgelöst werden. Gemischte Gruppen haben dabei den Vorteil, dass die Geschlechterstereotype, in denen Männer etwa als aktiv/aggressiv, Frauen als passiv/depressiv eingeschlossen sind, durch die effektive Präsenz von Männern und Frauen effektiver dekonstruiert werden können, aber nicht müssen.

die ohnmacht der therapien

die sich und anderen
nicht verzeihen können
die keine hilfe annehmen
die alles was ihnen guttäte meiden müssen
für diese qualen und ihre ursachen
gibt es viele lateinische bezeichnungen
        habilitationen
                lehrkanzeln
denen die sich bestrafen wollen
nützt das aber gar nix
die therapien blühen
die neurosen aber auch

Elfriede Gerstl (2006)

Genug gemangelt – Von der Auseinander-Setzung zur Zusammen-Führung
Bewegungen in Frauengruppen

Regina Trotz

Genug gemangelt: Frauen haben einander genug in die Mangel genommen, mit der Mangelperspektive an der Angel gerangelt. Mächtig wäre, den Mangel von der Angel zu lassen.

Ausgehend von einem sozialpsychologischen Modell der Gruppenentwicklung wird die Entwicklung der Frauenbewegung analysiert, um daraus Rückschlüsse auf die gegenwärtigen Herausforderungen in Frauengruppen und für Frauen in Gruppen zu ziehen. Zentrale Themen dabei sind: ein ziel- und ressourcenorientierter Umgang mit Konflikten, aktiv betriebene Differenzierungen, die bewusste Ausrichtung von Machtprozessen, das Erlernen von kooperativer Führung und die Orientierung am Gelingen.

Eine Geschichte der Frauenbewegung als Gruppenentwicklungsprozess

Theorien zur Gruppenentwicklung beziehen sich zwar auf Abläufe innerhalb von Gruppen, werden aber in manchen Texten auch gerne auf historische Abläufe übertragen. So gehe auch ich vor: Ich übertrage ein bekanntes Phasenentwicklungsmodell der Gruppe auf die Entwicklung des frauenbewegten Geschehens der letzten 30 Jahre in Österreich.

Jede Gruppe hat ihre eigene Entwicklungsgeschichte, meint Tuckman (1965), der die Gesetzmäßigkeiten der Gruppenentwicklung untersucht hat (vgl. Majce-Egger 1999, S. 106). Er benennt die von ihm definierten Phasen aussagekräftig: »Forming«, »Storming«, »Norming« und »Performing«.

Im Forming ist freudige Aufbruchsstimmung zu beobachten: Die Gruppe definiert sich als solche und hat etwas vor. Orientierung wird gesucht und über Struktur und Leitung (wenn vorhanden) sowie über einen freundlichen Umgang mittels Konventionen gefunden. Kennenlernen findet statt, Gemeinsamkeiten werden gefunden, die Beteiligten nehmen sich als Gruppenmitglieder wahr, eine Aufbruchstimmung baut sich auf.

Im Storming finden Versuche statt, Platz über die Positionierung von Eigenem zu finden, die Gruppe so zu beeinflussen, dass eigene Vorerwartungen erfüllt werden. Nachdem diese meist unterschiedlich sind, wird versucht, die anderen zu informieren, zu überzeugen, auf die eigene Seite zu ziehen.

Aus diesem Geschehen entsteht der Bedarf, Regeln für die Gruppe zu finden, die Gruppe ist auf dem Weg ins Norming. In dieser Phase geht es darum, anzuerkennen, was im Hier und Jetzt mit den anwesenden Personen zu tun möglich ist. Es gilt, Illusionen loszulassen, um sich auf Vereinbarungen einlassen zu können. Dann ist der Boden fürs Performing geschaffen, die Gruppe ist zur Zusammenarbeit bereit, zur Wertschätzung der beteiligten Personen, ihrer Möglichkeiten und Grenzen, die vorhandenen Rahmenbedingungen werden akzeptiert und als Handlungsraum begriffen.

Vor circa 30 Jahren entstehen in Österreich im Zuge der zweiten Frauenbewegung unterschiedlichste Frauengruppen und -initiativen. Das zentrale Thema ist: Was bedeutet es, in der patriarchalen Gesellschaft eine Frau zu sein? Von vielen Blickwinkeln aus betrachtet, wird diese Frage zum Fokus von Selbsterfahrung und zum Forschungsgegenstand.

Viel Energie wird aus der gemeinsamen Betroffenheit und der (vermeintlichen) Gleichheit geschöpft, die gemeinsame Hoffnung ist: Wenn Frauen unterdrückende Verhältnisse erkennen und benennen, können diese in weiterer Folge auch verändert werden. Die Aufbruchsstimmung der 1970er und beginnenden 1980er Jahre kann als Forming-Phase bezeichnet werden.

Danach stürmt es in und um die Gruppen. Die rosa Brille, die mehr auf die Visionen gerichtet war denn auf die tatsächlichen Verhältnisse, wird weggefegt. Der Rest der Gesellschaft hat nicht auf die bewegten Frauen gewartet und das Patriarchat bläst mit rauem Abwehrwind entgegen. Innerhalb der Gruppen selbst ist eine Basis an Zusammenhalt geschaffen. Die Aktivistinnen diskutieren die inhaltlichen Unterschiede. Förderlich sind die vielen Plattformen der Auseinandersetzung, die geschaffen werden. Hinderlich sind die Gräben, die zwischen den Vertreterinnen der Untergruppierungen errichtet werden.

Die Konflikte scheinen mehr zu Verwicklung als zur Entwicklung zu führen (vgl. zum Beispiel Verein zur Förderung von Frauenbildungsprojekten 1991, S. 205–286).

Darüber gerät jedoch der – vermeintlich schon hergestellte – gemeinsame Wille ins Wanken: Wie können Ziele erreicht werden, wenn die Interessen so vielfältig auseinanderlaufen?

Frauengruppen lösen die Machtfrage nicht über die Herausbildung einer Dominanzhierarchie, sondern eher über das Ordnungsprinzip der Normierung. Implizite Verhaltenserwartungen und die Orientierung an Werten prägen die Interaktionen (Majce-Egger 2000, S. 42). Maria Majce-Egger führt weiter aus, dass Frauen Geltungsnetze, also eine labile Struktur, bevorzugen.

Eine eindeutige und akzeptierte Ranghierarchie reduziert Konflikte (wie in den herkömmlichen, patriarchalen Institutionen), allen ist klar, wer welche Funktion bekleidet und welche Entscheidungen trifft. Demgegenüber funktioniert die labile Struktur der Geltungsnetze prozessorientiert. Normen etablieren sich, bestimmte Werte gelten eine Zeit lang und verlieren dann wieder an Bedeutung. Diese Macht ist zwar schwer zu fassen, bleibt dafür aber beweglich. Und: »Gegenüber der Bedeutung von Hierarchie bekommt die andere ›Lösung‹ für den Umgang mit Macht häufig nicht die nötige Aufmerksamkeit, obwohl sie eine mindestens gleichbedeutende Rolle spielt: die Herausbildung von Normen und Regeln« (König/Schattenhofer 2006, S. 37).

Das unausgesprochen Erwartete und Verlangte macht die Bearbeitung der Konflikte mühsam. Die Verführung zur Illusion der Gleichheit und die Idee, als Frauen doch dasselbe wollen zu sollen, führen immer wieder zu Kränkungen und Enttäuschungen. Der entscheidende Schritt ist der von der Norm zur Vereinbarung – von der unausgesprochenen Erwartungshaltung zur verhandelten Regelung. Diese so bedeutende Unterscheidung ist nicht einfach zu leben. Die eigene Anpassung an die Norm oder auch der Versuch, einen eigenen Anspruch als Norm durchzusetzen, wird von den handelnden Frauen selbst nicht deutlich wahrgenommen und abgewehrt. Damit ist auch der Blick auf den Bedarf nach ausgesprochenen Vereinbarungen, die das gemeinschaftliche Tun regeln, verstellt.

Eine vor einigen Jahren auftauchende Fragestellung hat die Weiterentwicklung der Diskurse in Richtung der Notwendigkeit, Vereinbarungen zu treffen, angetrieben. Die Beschäftigung mit dieser Fragestellung hat mir persönlich klar gemacht: Erst wenn der Fokus von der Fantasie einer allgemeingültigen und die ganze Wahrheit umfassen wollenden Norm zu der im Hier und Jetzt möglichen Vereinbarung gerichtet wird, kann Kooperation gelingen.

Damals ging es um die Frage, ob sich Transgender-Personen in Frauenräumen aufhalten können, dürfen, sollen. Diese Frage wirbelte die Bewegung wieder einmal durcheinander. Frauencafés, Frauenberatungsstellen, Frauen(bildungs-)zentren waren von Frauen für Frauen geschaffene Orte. Kann nun ein Mann, der sich als Frau identifiziert, vielleicht sogar physisch zur Frau umoperiert wurde, einen Frauenraum in Anspruch nehmen oder nicht? Nach intensiven Überlegungen und kontroversen Diskussionen gelang es mir nicht, in dieser Frage aus einer Wertehaltung heraus eine für mich eindeutige Antwort, eine Ausrichtung zu finden – die Lösung, die für alle gleichermaßen gelten kann, war einfach nicht in Sicht. Das führte mich zur Schlussfolgerung: Die Frage kann nur über Vereinbarungen gelöst werden. Die Betreiberinnen der jeweiligen Orte entscheiden, was ihr Angebot beinhaltet und an welche Zielgruppe sie sich richten wollen. Wenn es gelingt, Vereinbarungen zu treffen, zu kommunizieren und zu verantworten, ist der Schritt zur Handlungsfähigkeit getan.

Über solche und andere Herausforderungen ist die zweite Frauenbewegung im Norming angekommen. Einige Hürden sind noch zu nehmen, um im Performing zu landen. Die kommenden Aufgaben sind die produktive Verwertung von Konkurrenz und das Lernen von Kooperation im Führen und Folgen.

Vom Wettlauf zur Wahrnehmung unterschiedlicher Qualitäten und Interessen

In hierarchischen Organisationen sind die Handlungsspielräume von der Struktur abgeleitet: Der höchste Funktionsträger hat die meiste Macht, also geht es im Konkurrenzgeschehen darum, Erste/r zu werden, die anderen zu besiegen.

Konkurrenz im patriarchalen und kapitalistischen Verständnis vom Gewinnen und Verlieren, beinharten Positionskämpfen und Ausschlussmechanismen wird – m. E. zu Recht – von vielen Frauen abgelehnt.

Es ist aber ein folgenschwerer Irrtum, sich damit der Konkurrenz, die notwendig für das Herausfinden von Interessens- und Kompetenzunterschieden ist, ebenso zu verschließen. Die Praxis zur Illusion der Unterschiedslosigkeit wird nämlich auch als Kränkung, Abwertung, Ignoranz erlebt. Das führt immer wieder zu innerem Groll, Rückzug und Brüchen in (Arbeits-)Beziehungen. Erst auf dem Boden der Anerkennung von Differenzen können Vereinbarungen getroffen werden, die es ermöglichen, unterschiedliche Kompetenzen lebendig werden zu lassen. Erst dann werden diese nutzbar für die einzelnen Personen in der und für die Gruppe.

> »Es ist eben ein symbolischer Fehler, Konkurrenz zum schlichtweg immer gültigen Beziehungsmuster zu erklären, auch wenn gar kein Mangel herrscht: Konkurrenz (im patriarchal-kapitalistischen Verständnis, R. T.) erzeugt einen symbolischen Mangel. Darauf basiert die kapitalistische Gesellschaft, die sozusagen selbst bei Überproduktion und ausreichenden Gütern einen symbolischen Mangel erzeugt, einfach durch ihre Unfähigkeit, die Güter zu verteilen« (Schrupp 2009, S. 4).

Auch auf einen weiteren Aspekt verweist Antje Schrupp: »Die weibliche Identität konstituiert sich aber nicht über Abgrenzung und Konkurrenz, sondern im Gegenteil über Zustimmung, über das Glück, das es bedeutet, die eigenen Gedanken und Ideen schon woanders formuliert zu finden« (ebd., S. 5).

Jede kann sich jederzeit dafür entscheiden, sich als Einzelkämpferin oder Teamspielerin zu begreifen! »Das Gelingen von Kooperation unter Konkurrenzbedingungen entscheidet über den Erfolg der Teamarbeit« (Stützle-Hebel 2009, S. 25).

Monika Stützle-Hebel ist Gruppendynamiktrainerin und hat einen Teamentwicklungsprozess eines Frauenteams der deutschen Nationalmannschaft begleitet. Die Athletinnen treten in der Staffel miteinander und im Einzelwettbewerb gegeneinander an.

»Konkurrenz kann dadurch reguliert werden, dass den Einzelnen klar wird, worum sie mit wem konkurrieren« (ebd., S. 32). Jede vom Team will den Lauf gewinnen, aber welche Bedürfnisse stehen hinter diesem Wunsch? Der Austausch darüber – die Differenzierung der Bedürfnisse – ermöglicht ein neues gegenseitiges Verständnis. Der einen geht es um die Anerkennung des Vaters, der anderen um die Anerkennung der Trainerin, der dritten um ein Foto in den Medien, der vierten um die Sicherheit, wieder Sponsoren zu bekommen. So verrückt sich die Wahrnehmung: Die Kollegin will nicht in erster Linie mich besiegen, sondern sie will beispielsweise wieder einen Sponsor bekommen. »[E]rst ein Austausch im Team über Bedürfnisse, Wahrnehmungen und Valenzen Einzelner kann Konkurrenz erden und sie transparent und bearbeitbar machen« (ebd., S. 34). Erst das offene Gespräch ermöglicht gegenseitiges Verstehen und angemessene Deutungen des gegenseitigen Verhaltens. Stützle-Hebel hält zwei Aspekte im Umgang mit Konkurrenz für entscheidend: Transparenz der Konkurrenzen – so wie sie anregt, Motive und Bedürfnisse zu benennen – und darüber hinaus die Honorierung von kooperierendem Verhalten. »Kooperativem Verhalten wird oft weit weniger Wertschätzung entgegengebracht als erfolgreich konkurrierenden Personen. Dafür einen formalen Raum zu schaffen ist ein erster wichtiger Schritt« (ebd., S. 35).

Wenn der Sieg nicht höher bewertet wird als kooperatives Verhalten, wird es also keinen Mangel geben: Es gibt genug unterschiedliche Leistungen, die anerkannt werden können.

Zur weiteren Veranschaulichung stelle ich ein Beispiel aus meiner eigenen beruflichen Tätigkeit vor. Ich biete seit Jahren eine mehrere Monate dauernde Begleitung zur beruflichen Weiterentwicklung für Frauen in der Gruppe an (das »Erfolgscoaching für Frauen«, zuerst gemeinsam mit Andrea Sanz, jetzt mit Renate Strauss).

Die Frauen arbeiten entlang eines persönlichen Ziels an ihren Zielerreichungsprozessen und Erfolgsstrategien. Dazu werden selbst gewählte Peergroups von drei bis fünf Frauen gebildet, die sich regelmäßig zur kollegialen Beratung zwischen den Gesamtgruppentreffen zusammenfinden.

Signifikanter Angelpunkt ist immer wieder die Bildung der Peergroups. Am zweiten Tag wird die Gruppe in die Phase einer Differenzierung geleitet, was zu diesem frühen Zeitpunkt im Gruppenentwicklungsprozess dementsprechend herausfordernd ist: Jede soll ihre Wahl treffen, mit welcher der Frauen sie in einer Kleingruppe intensiv arbeiten will.

In der achten Gruppe (im Jahr 2007) ereignete sich Folgendes:

Alle stehen – wie so oft zu diesem Zeitpunkt – unentschlossen da, als eine der Teilnehmerinnen sich offensiv und provokant positioniert: »Ich will mit welchen zusammengehen, die mir was bringen!«

Wir Trainerinnen fordern die Sprecherin zur Differenzierung auf: Was erwartet sie von den potenziellen Teilnehmerinnen ihrer Peergroup, wie kann sie das benennen? Sie nennt Zielorientiertheit, intensiven Austausch und praktische Unterstützung, gegenseitige Herausforderung.

Schon meldet sich eine weitere Teilnehmerin, die andere Erwartungen hat. Sie wünscht sich Zeit für Orientierung, Erfahrungsaustausch und

Beziehungspflege. Das Benennen der Anliegen hinter der provokanten Positionierung und das Auf-die-Bühne-Bringen anderer Interessen durch die zweite Wortführerin tragen zur Klärung der Positionen und damit auch zur Orientierung der anderen Gruppenmitglieder bei. Sie haben nun mehr Informationen als Entscheidungsgrundlage bekommen und können die Wahl nun leichter treffen.

Die beiden Frauen, welche die – scheinbar – widersprüchlichen Interessen benennen, erleben sich im Prozess als Gegenspielerinnen. In Bezug auf das Ergebnis der gelungenen Peergroup-Bildung sind sie jedoch als Kooperationspartnerinnen zu betrachten!

Lernprozesse der Kooperation im Führen und Folgen

Wenn unterschiedliche Interessen benannt werden, wird in der Gruppe ein dynamisches Geschehen initiiert: Welcher Idee wird gefolgt? Welcher Vorschlag bleibt ungehört und welche Initiative wird aufgegriffen und umgesetzt?

»Macht aber besitzt eigentlich niemand, sie entsteht zwischen Menschen, wenn sie zusammen handeln und sie verschwindet, sobald sie sich wieder zerstreuen«, meint Hannah Arendt (1967, S. 252), eine Aussage, auf die vielerorts Bezug genommen wird.

»Macht, will sie nicht zur herrschaftsanalogen Plattitüde Einzelner gefrieren, kann nur ein gemeinsamer Wille sein« (Krondorfer 2000, S. 128). Wie kommen Frauen in Gruppen zu diesem gemeinsamen Willen?

Laut Raoul Schindlers Theorie zur Rangdynamik (vgl. Schindler 1999, S. 272ff.) werden folgende Positionen im Zusammenspiel einer Gruppe eingenommen: InitiativträgerIn (Alpha), BeraterIn, welche die Initiative von Alpha mit Fachkenntnis stützt (Beta), die Mittuenden, die sich der Initiative anschließen und die Leistung der Gruppe vollbringen (Gamma), und die Person, welche die Initiative am kritischsten betrachtet, eine Gegenposition einnimmt und aus diesem besonderen Blickwinkel Fehlendes sieht (Omega).

Schindler betont, dass eine kooperationsfähige Gruppe sich dadurch auszeichnet, dass die Positionen dynamisch wechseln. Je nach Anforderung übernehmen im besten Fall die jeweils dafür geeigneten Mitglieder der Gruppe die passenden Positionen. Nur wer jede Position einnehmen kann, kann sich in Gruppen relativ frei bewegen!

Die Positionierung der Frauen im rangdynamischen Geschehen beobachte ich schon über einige Jahre. Wie kommen Frauen in die Führungsposition, wie führen Frauen und wie folgen andere Frauen führenden Frauen?

In seinem Modell – entstanden und entwickelt in den 1950er und 1960er Jahren des letzten Jahrhunderts – beschreibt Schindler die Position Beta noch als eine »hinter den Kulissen«. Beta berät Alpha leise, wird vom Rest der Gruppe kaum wahrgenommen. Aus der Beta-Position gelingt es Frauen mitzureden und so gemischtgeschlechtliche Gruppen mitzugestalten. Frauen bringen weibliche »Gegenwirklichkeiten« auf die Bühne des Geschehens (vgl. Trotz 2000, S. 201–204).

Frauen haben einiges dazu beigetragen, dass immer weniger auf die Beta-Position verzichtet werden kann, dass in vielen Gruppen Führung in enger Kooperation von Alpha (Initiative, Vision, Kraft) und Beta (Know-how, Planung, Beratung) in einem Wechselspiel von Führen und Folgen gelebt wird. Die kooperative Führung beginnt sich zu etablieren.

Dazu ein Beispiel aus einer Selbsterfahrungsgruppe: Ein männlicher Teilnehmer schlägt eine Vorstellrunde vor, eine Frau unterstützt diesen Vorschlag. Er fordert sie auf, anzufangen. Sie beginnt, er stellt sich nach ihr vor. Die BeobachterInnen schließen daraus: »Es braucht zwei, um eine Initiative durchzubringen« (Bartosch/Hofer 2006, S. 117, zitiert nach Trotz 2006).

Die Zeit der heroischen Alphas scheint vorbei zu sein. Heute prüft die Gruppe selbstbewusst und kritisch, welchen Ideen sie folgt und welchen nicht. Eine Initiative durchzubringen, verlangt viel Kraft und argumentativen Boden. Unter diesen Bedingungen ist es mehr als ratsam, sich nach starken PartnerInnen umzusehen. Gleichzeitig bringt dies Entlastung und hat noch einen wertvollen Nebeneffekt: Das gelingende Zusammenspiel von Führen und Folgen wird transparent gemacht. Dadurch lernen die anderen Gruppenmitglieder sozusagen am Modell unterschiedliche Spielarten der Kooperation kennen und können sich diese aneignen.

Dieser Effekt kann auch in funktionalen Zusammenhängen bewusst genutzt werden: TeamleiterIn und StellvertreterIn, AbteilungsleiterIn und ProjektleiterInnen können das Modell der kooperativen Führung offen vorleben.

Der kooperative Führungsstil setzt zudem ein Verständnis voraus, das Konflikte als Hinweise darauf begreift, dass (noch) etwas in der Kommunikation oder im Verständnis fehlt, um gemeinsam handlungsfähig zu werden oder zu bleiben und gleichzeitig Solidarität zu praktizieren.

Dazu eine im Herbst 2009 erlebte Begebenheit: Anlässlich einer Veranstaltung zu Ehren der Preisträgerinnen des Käthe-Leichter-Preises für Frauenforschung, Geschlechterforschung und Gleichstellung in der Arbeitswelt unterhalten sich drei Frauen, langjährige Feministinnen. Eine erzählt, dass ihre Chefin immer wieder Positionen vertritt, die sie nicht teilen kann, und frauenfeindlich handelt. Sie selbst stärkt die Chefin in der männerbündischen Organisation: »Männer handeln immer männerbündisch und da sind unterschiedliche Meinungen auch egal.« Die beiden anderen Frauen finden, dass sie ihre Chefin mit ihrer Meinung konfrontieren sollte. Auf die Frage der Erzählerin: »Und was ist dann mit der Solidarität ihr gegenüber?«, antwortet eine spontan: »Dann besteht die Solidarität eben darin, dass du ›Spinnst du?‹ zu ihr sagst!«

Das ist ein erfrischend einfacher und pragmatischer Ansatz zur Solidaritätsfrage! Wenn wir gleicher Meinung sind, ist es nicht außerordentlich schwer, solidarisch zu sein. Solidarität wird zur Herausforderung bei widersprüchlichen, gegensätzlichen Meinungen. Das wird sowohl in der Diskussion der drei Feministinnen als auch im erzählten Beispiel sichtbar. Auch die drei Frauen führen eine Auseinandersetzung mit dem Ergebnis eines weiterführenden Impulses für die Beispielbringerin.

Wenn das erste aufgebrachte »Spinnst du?« zur Folge hat, dass die Kontrahentinnen über den Konflikt in Kontakt kommen, einander die Begegnung mit ihren unterschiedlichen Meinungen zutrauen und gemeinsam nach der Kooperationsmöglichkeit und danach, was ihnen dafür noch fehlt, suchen, hat die gute alte Frauensolidarität endlich eine zeitgemäße Schwester gefunden.

Ausblick – Die Performance der radikalen Ressourcenorientierung

Mein Ausblick beginnt mit einer ressourcenorientierten Zusammenschau auf bisher Erreichtes. Frauen blicken auf erfolgreiche Jahre zurück, Frauen sind gebildet, immer öfter an politischen Schalthebeln und in wirtschaftlichen Schlüsselpositionen, machen Karriere, haben nach wie vor Kinder und schleusen sich langsam aber sicher in alle gesellschaftlichen Bereiche ein.

Viele Frauen sind dorthin gegangen, wo es für sie Bedeutung hat zu sein: auf die Universitäten, in Ausbildungseinrichtungen der sozialen Kompetenz, in berufliche Felder, in denen sie sorgen, pflegen, erziehen, lehren, Vorbild sind, Beziehungen aufbauen, Kommunikationskompetenz entwickeln, Personalentwicklung betreiben, Kunst schaffen, Wissen aufbauen und vieles mehr. Sie sind sozial kompetent, vernetzt und beziehungsorientiert. Frauen haben ein ethisches und komplexes Verständnis der Welt und dessen, was rundherum geschieht. Frauen mögen das Leben und haben Freude am Tun.

Ich übersehe dabei nicht, dass diese Zuschreibungen nicht auf alle Frauen, schon gar nicht auf alle Frauen auf der ganzen Welt, zutreffen – wahrscheinlich aber doch auf die große Mehrheit der Leserinnen dieser Zeilen.

Ich übersehe dabei auch nicht, dass Frauen noch nicht überall in den Hierarchiespitzen, den Machtzentralen und den Geldansammlungsjobs angekommen sind. Meiner Ansicht nach hat dies aber auch mit der (Un-)Kultur zu tun, die zumeist an diesen Orten gepflegt wird, mit den wenig wertschätzenden und egomanischen Verhaltensweisen, die auf dem Weg dahin verlangt, von vielen Frauen aber abgelehnt werden.

Also: Genug gemangelt!

Auf dem Boden eines Selbstverständnisses der Fülle und der Anerkennung der vorhandenen Ressourcen haben Frauen immer deutlichere Vorstellungen, welche Wege sie gehen wollen und welche nicht, welche Strategien sie ablehnen und welche sie einsetzen wollen.

Die Pionierinnen der zweiten Frauenbewegung sind vorangegangen und können ihr Wissen und ihre Erfahrung an diese Frauen weitergeben. Sie können Rahmenbedingungen, Anleitung und Begleitung in den Lernfeldern der Auseinander-Setzung und der Zusammen-Führung anbieten. Was in den letzten Jahrzehnten geschaffen wurde, hat Qualität und kann weitergegeben werden.

Das nun stattfindende Performing besteht darin, mithilfe der erarbeiteten sozialen Kompetenzen gemeinschaftlich, kooperativ und unspektakulär feministische Visionen auf den Boden zu bringen.

Wenn die Energie nicht mehr aus dem Widerstand gegen das Herkömmliche, sondern aus der Anerkennung des Erprobten und Erreichten kommt, kann die nächste Vision an den erreichten Zielen ansetzen. Die konkrete Vorstellung vom nächsten Schritt ermöglicht es, diesen zu tun und die Umsetzung geplanter Vorhaben ist lediglich eine Frage der Zeit.

Frauen beraten Frauen:
Innen-Sichten

Zur Geschichte der Innen-Sichten
Einleitende Worte
*Traude Ebermann, Julia Fritz,
Karin Macke und Bettina Zehetner*

Der Ausgangspunkt dieses Buchbeitrags war unser gemeinsames Anliegen, den Diskurs unter Frauen über *feministische Beratung und Psychotherapie in Wien* anzuregen und in der Frauenberatungsstelle Raum für ein Gespräch zwischen Expertinnen zu schaffen. In Supervisionsgesprächen mit Beate Hofstadler diskutierten und bündelten wir unsere Ideen dazu und arbeiteten Schritt für Schritt an der Umsetzung eines Expertinnengesprächs. Diese Innen-Sichten vermitteln zwischen Frauenberatung und Frauenbewegung, zwischen feministischer Theorie und Praxis.

Das Gespräch zwischen Expertinnen

Thema der Gruppendiskussion waren frauenspezifische Grundhaltungen und Positionierungen in Beratung und Psychotherapie. Im Zentrum des Diskurses stand der Austausch von Erfahrungen im Wandel der Zeit. Unser Interesse galt der Vielfalt an individuellen Meinungen, Erfahrungen, Einstellungen und Haltungen zum Themenbereich. Es interessierten uns Differenzen und Gemeinsamkeiten sowie Prozesse individueller und kollektiver Stellungnahmen und Positionierungen.

Wir formulierten für das Expertinnengespräch folgende Aufgabenstellung: Es sollte das eigene Selbstverständnis als frauenspezifische/feministische Psychotherapeutin bzw. Beraterin analysiert werden.

Die Gesprächsrunde bestand aus drei Diskussionsphasen:
1. *Damals*: Wenn Sie sich zurückerinnern, wie hat sich innerhalb Ihres be-

ruflichen Kontexts Ihre je spezifische feministische Haltung/Einstellung entwickelt und eventuell verändert? Von dieser Ausgangsfrage richteten die Expertinnen den Blick auf die Gegenwart mit der Leitfrage:
2. Jetzt kommen wir in die *Gegenwart*: Vor dem Hintergrund Ihrer eben erzählten Erfahrungen: Wie sehen Sie frauenspezifische Beratung und Psychotherapie gesellschaftspolitisch positioniert/verortet?
3. Im Zentrum der letzten halben Stunde standen *Perspektiven*: Vor dem Hintergrund der gegenwärtigen Situation, wie könnte es in 30 Jahren aussehen?

Die Organisation und Gestaltung der Gesprächsgruppe übernahm Julia Fritz. Moderiert wurde das dreistündige Expertinnengespräch am 3. Juli 2009 von Beatrix Wimmer.

Die Zusammenstellung der Gruppe war nicht einfach. Die Frauenberatung ist seit vielen Jahren mit zahlreichen Expertinnen vernetzt. Um eine anregende und fruchtbare Gesprächsatmosphäre gewährleisten zu können, bot sich eine Gruppengröße von maximal zehn Frauen an. Nun bedeutet jede Auswahl leider zwangsläufig auch Ausschluss. Für uns galt, wenn die Teilnehmerinnenzahl limitiert sein muss, dann soll die Zusammenstellung der Teilnehmerinnen vor allem nach dem Kriterium der Repräsentativität gestaltet werden.

Unser Ziel war es, Beraterinnen und Psychotherapeutinnen mit feministischem Selbstverständnis aus dem Wiener Raum einzuladen, um feministisches Handeln unterschiedlicher Expertinnen sichtbar zu machen.

Alle eingeladenen Diskussionsteilnehmerinnen sind in Arbeitsfeldern tätig, in denen sie in unterschiedlicher Intensität frauenspezifische Aspekte und Problemlagen (mit-)berücksichtigen. Dabei ist die Gruppe in der Weise inhomogen, als die Expertinnen unterschiedliche Erfahrungshintergründe mitbringen und sich in verschiedenen (Arbeits-)Bereichen spezialisiert haben. Die Teilnehmerinnen bilden darüber hinaus in Bezug auf die Quellberufe, der gewählten Therapierichtung (oder -schule), der beruflichen Verankerung sowie ihres Alters und der sexuellen Orientierung eine relativ vielseitige Gruppe.

Als übergeordneter Aspekt bei der Gruppenzusammensetzung war uns wichtig, die Möglichkeit einer kritischen und unabhängigen Haltung zur Frauenberatung zu gewährleisten. Das hieß leider auch Frauen auszuschließen, die durch zu nahe persönliche oder professionelle Beziehungen mit der Frauenberatung verbunden sind oder waren.

Folgende Expertinnen nahmen am Treffen teil und regten dadurch vielfältige Auseinandersetzungen, Reflexionen und Assoziationen an:
- *Christine Bodendorfer*, DSA, Sozialarbeiterin, Mitbegründerin und Mitarbeiterin der Beratungsstelle für sexuell missbrauchte Mädchen und junge Frauen, Mitarbeiterin von LIMES (Arbeit mit jugendlichen Sexualstraftätern) und dem forensischen Team der Männerberatung Wien (MÄB), Psychotherapeutin in freier Praxis;
- *Anita Dietrich-Neunkirchner*, Mag.[a], med. technische Assistentin, Psychologin, Mitbegründerin des Vereins »Selbst-laut: Verein zur Prävention von sexuellem Kindesmissbrauch«, Lektorin an der SFU und Gründerin der Initiative »Gender Study-Group« der SFU, Psychotherapeutin und Psychoanalytikerin in freier Praxis;
- *Renata Fuchs*, MAS, Erwachsenenbildnerin und Master für Soziale Arbeit, Geschäftsführerin des zb-zentrums für Beratung, stv. Vorsitzende sowie Lehrtherapeutin der APG/IPS (Arbeitsgemeinschaft für Personzentrierte Psychotherapie), Mitbegründerin des Zentrums für Essstörungen – ZESS sowie der »Offensiven Frauen« Wien, Supervisorin und Psychotherapeutin in freier Praxis;
- *Sigrid Gottsbacher*, Mag.[a], Psychologin, Mitarbeiterin von TAMAR (Beratungsstelle für misshandelte und sexuell missbrauchte Frauen, Mädchen und Kinder), Psychotherapeutin, Kinder- und Jugendpsychotherapeutin in freier Praxis sowie in einer Familienberatungsstelle des Niederösterreichischen Hilfswerks, Frauenzentrierte Laufbahnberaterin;
- *Karin Gutiérrez-Lobos*, Univ.-Prof.[in] Dr.[in], Fachärztin für Psychiatrie und Neurologie, Ärztin für psychotherapeutische und psychosomatische Medizin am AKH Wien, Vizerektorin der Medizinischen Universität Wien, Vorsitzende der AG Gender Medicine und Mitglied der Plattform »Frauen für Frauen – Gesundheit im Brennpunkt« und des AK für Gleichbehandlung der Universität Wien;
- *Hildegard Knapp*, Dr.[in], Erziehungswissenschaftlerin, Mitarbeiterin des Interkulturellen Psychotherapiezentrums Niederösterreich (IPN) und der Beratungsstelle Courage, Vorstandsmitglied des Vereins Autonome Österreichische Frauenhäuser, Psychotherapeutin und Supervisorin in freier Praxis;
- *Kathleen Löschke-Yaldiz*, Mag.[a], Klinische und Gesundheitspsychologin, ehem. Mitarbeiterin am Ludwig Boltzmann Institut für Frauenge-

sundheitsforschung, Mitbegründerin und stellvertretende Leiterin und Beraterin des Frauengesundheitszentrums FEM Süd (Wien);

➤ *Hedwig Pepelnik-Gründler*, Mag.ª, Dipl.-Designerin, Mitbegründerin von TAMAR (Beratungsstelle für misshandelte und sexuell missbrauchte Frauen, Mädchen u. Kinder), Psychotherapeutin und Supervisorin in freier Praxis.

Es folgen Innen-Sichten: Vier Perspektiven der Frauenberatung[1]

Das Gruppengespräch diente uns als Anstoß und Reflexionsbasis für diesen Buchbeitrag. Jede von uns ließ sich von dem Gespräch inspirieren und verfasste in Auseinandersetzung damit einen persönlichen Text. Wir griffen bei der Erstellung in unterschiedlichem Ausmaß auf folgende Quellen zurück: teilnehmende Beobachtung, anonymisiertes Gesprächstranskript, Audio-Mitschnitt. Dabei verfolgten wir bewusst keine wissenschaftliche, Objektivität anstrebende Analyse des Expertinnengesprächs. Als Erkenntnisinstrument dienten uns viel mehr subjektive Wahrnehmungen und Eindrücke. Ziel war es, persönliche Gedanken, Impulse und Betrachtungen von vier Mitarbeiterinnen der Frauenberatung im inneren Dialog mit dem Expertinnengesprächs durch diesen Buchbeitrag sichtbar zu machen.

---

[1] Alle verwendeten Zitate aus dem Expertinnengespräch sind im Folgenden sowohl durch Anführungszeichen als auch durch kursive Schrift kenntlich gemacht, um sie von anderen Zitaten und Hervorhebungen zu unterscheiden.

»Ich hab mehrere Standbeine…«
Karin Macke

Die Diskussionsrunde beginnt nach den einleitenden Worten mit *»Ich hab mehrere Standbeine…«* und endet mit der Frage, was es für die Gesellschaft bedeutet, dass viele Frauen heute Psychotherapie in Anspruch nehmen. *»Schaffen wir das, dass das auch eine Möglichkeit ist, dass dann mehr Power zustande kommt und mehr Ermächtigung? Oder ist es so etwas wie ein Rückzug auf sich selbst, der da passiert?«*

Sozusagen als Appendix ragt dann noch der Wunsch an die Frauenberatungsstelle in die Abschlussrunde hinein, sie möge weitere Diskussionsrunden initiieren, am besten in Form eines Jour fixe, da sie die Teilnehmerinnen als sehr unterstützend und energiefördernd erlebt haben. Sie wünschen sich eine Fortsetzung der begonnenen Auseinandersetzung, frei nach Miki Malör: »Wünschen ist subversiv. Wünschen ist radikal. Wünschen macht autonom. Wünschen macht Spaß!« (http://www.maloer.org/pdfs/Begehren_Buch.pdf, Zugriff am 1.5.2010)

Mehrere Standbeine zu haben ist hilfreich, wenn starker Gegenwind weht, wenn frau stürmischen Bedingungen ausgesetzt ist, standhaft bleiben muss, nicht weichen soll, verwurzelt bleiben will mit der Basis, verwurzelt im Grund – eine Gründerin sein will/muss, ihre Standpunkte vertritt. *»Ich komme eher von der politischen Seite und habe da mit anderen gemeinsam relativ viel in Innsbruck auf die Füße gestellt.«*

Mit Standbeinen, aber ohne Spielbein(e) zu sein, heißt/hieße aber auch unbeweglich zu sein, keinen Spielraum zu haben, nicht verspielt/spielerisch experimentieren, keine Spielmöglichkeiten entwickeln, nicht vorwärts kommen zu können.

➤ Wo sind die Spielbeine?
➤ Wie könn(t)en die Spielbeine aussehen?
➤ Können Frauen ohne Spielbeine überhaupt mitspielen?

Ermächtigung und Subversion – das sind die beiden Stichworte, die am Ende der Diskussion noch einmal auftauchen, die mit vielen Fragezeichen versehen und ganz am Schluss vor der Feedbackrunde noch einmal von der Moderatorin fast zögerlich in den Raum »gehängt« werden: »*Ja, es ist schon spät. Aber was ich so gehört habe auch ist, also zu dem was du gesagt hast, zu dieser Ermächtigung, du hast auch gesagt vorher Subversion ...*«

Dazwischen bewegt sich die lebhafte Diskussion – zwischen festen Standpunkten, auf der Suche nach (künftigen) Spielräumen, die erkämpft wurden/werden und/oder subversiv erworben werden sollen.

Frauenbewegung – (Wie) bewegen sich die Frauen?

Hier die wortstarken Gründerinnen, wort- und stimmgewaltig (geworden) im Kampf gegen die (immer noch) allgegenwärtige patriarchale Gewalt aufbegehrend, sich behauptend – dort die jungen, die vielleicht das Gefühl haben, nicht mehr so kämpfen zu müssen/wollen, die von der Wichtigkeit der Vernetzungen sprechen, von Frauenförderung, von Mentorinnenschaft und davon, dass es auch wichtig ist, Männer »*in der Reihe*« zu haben.

Wie bewegen sich diese Frauen dabei auf der sprachlichen Bedeutungsebene?

Sie »*setzen*« ihre Anliegen durch oder »*setzen sich zur Wehr*« – es wird in dieser Runde weder durchgegriffen noch sich durchgeschlagen, durchgeboxt oder durchgekämpft, nur in der Vergangenheit wurde »*eine Menge bewegt*«, sich »*in feministische Belange hineingestürzt*« und es gab »*Experimentierfreude ..., viel Lebendigkeit und sehr viel Spielfreude*«. Fehlt es hier (verbal) an Bewegungsfreude oder mangelt es an Bewegungsfreiheit? »*Habe versucht etwas zu bewegen ... diesen Spagat schaffe ich nicht mehr!*« Sind die Feministinnen »*ein bisschen gesetzter, ein bisschen müder*« geworden oder ist das Phänomen eine Folge der mehrmals angesprochenen internalisierten Angst, »*als Xanthippe verschrien*« zu werden, »*wenn man irgendwie mit dem Fuß aufstampft*«? Dennoch wird die fehlende Lust an »*Beweglichkeit*« der Klientinnen beklagt und erwogen, dass »*der einzige Weg wäre, dass einzelne Frauen sich Macht ergreifen*«.

»*Ich habe eine freie Praxis!*«, sagt eine der Gesprächsteilnehmerinnen in der Vorstellungsrunde – frau ist erleichtert, von frei sein und Freiheit ist sonst wenig die Rede. »*Wir hatten viel mehr Freiräume!*«, stellt eine der Teilnehmerinnen über die Zeit vor ca. 30 Jahren im Vergleich zu heute fest – die heutige Leistungsorientierung enge die Frauen noch mehr ein.

Später wird die »*Wahlfreiheit*« für die Zukunft herbeigewünscht: »*Das wäre jetzt so meine Vision, es ordnet sich alles einfach ganz neu und Frauen haben wirklich die Wahlmöglichkeit, und zwar wertneutral …*«

Bis dahin gilt es, sich hin und wieder an den kleinen Errungenschaften zu erfreuen: »*… mit dem sich auch freier zeigen, Hosen anziehen, kurze Röcke tragen, vielleicht auch mal ein bisschen einen Ausschnitt und also auch diese Freiheit vielleicht auch anzunehmen für sich als Frau und zu genießen.*«

Ist die Frauenberatungsstelle ein Ort, an dem sich Frauen etwas wünschen dürfen? Ein Ort, an dem feministisch denkende Beraterinnen und Psychotherapeutinnen zugleich einen Standort und Spielraum (vor-)finden, verbindend, anregend, immer noch aufregend wie vor und auch nach 30 Jahren? Ist die Frauenberatungsstelle der Ort, an dem sich Frauen bewusst werden, dass sie nicht nur Stand-, sondern auch Spielbeine haben? An dem sie beginnen, diese (wieder/gemeinsam/jede für sich) zu bewegen?

»*Wo können wir uns solidarisieren als Frauen, ja wo schaffen wir es, dass uns da ein Bereich, der dieses Kraftvolle vertritt, ja das Gemeinsame, also das geht mir eigentlich ab …*« Könnte die Frauenberatungsstelle Wien so ein Ort sein?

In der Diskussion erscheint *Frauen beraten Frauen* immer wieder als ein Ort der Verbundenheit in der Vergangenheit wie in der Gegenwart, und für die Zukunft soll er das nach Wunsch der Frauen aus der Diskussionsrunde auch bleiben, ja sich sogar noch mehr zu einem Ort, an dem feministische Diskurse stattfinden, entwickeln.

Ein Anliegen übrigens, das auch wir Mitarbeiterinnen teilen und dem wir unter anderem mit unserem Kulturprojekt »Frauenräume« seit ein paar Jahren gerecht werden wollen. So scheint es auch folgerichtig, dass in der Frauenberatungsstelle Wien die Idee zur vorliegenden Publikation geboren und entwickelt worden ist.

Im Hauptteil der Diskussion geht es um Machtverhältnisse, Machtverteilung und damit verbundene Konkurrenz, auch Konkurrenz und Neid unter Frauen wird thematisiert. »*Die Frauengruppe hat's dann nach einem halben Jahr nicht mehr gegeben, weil der Umgang mit der Konkurrenz nicht funktioniert hat.*« Und weiter: »*Dann hätte man wahrscheinlich eine Moderation, eine externe oder irgendwas, gebraucht.*«

Was bedeuten diese Statements, die am Anfang der Diskussionsrunde eingebracht werden für deren weiteren Verlauf? Stehen diese Aussagen als Appell, als Drohung im Raum? Schränken sie die Bewegungsfreiheit der Teilnehmerinnen ein?

»*Wenn wir alle gleich sind, dann geht das noch, und wenn die Differenzierungen anfangen sich herauszubilden, dann wird's schwierig.*« – »*Das wirklich ungelöste Problem ... mit Konkurrenz ... und mit Neid.*« – »*Wenn es um Neid geht oder Rivalität, was die Solidarität oft auseinander bricht ...*«

Später taucht ein Wunsch immer wieder auf: »*Keine Angst vor Konflikten zu haben, ... also wirklich Konflikte auszutragen unter Frauen, und zwar in einer Art und Weise, die befruchtend wirken kann.*«

Wie können sich Frauen in diese Richtung bewegen?

Welche Form der Bewegung(en) braucht es, um Konflikte unter Frauen konstruktiv ausfechten zu können?

Wie können Frauen in der Gesellschaft mehr mitspielen, sich mehr Macht aneignen?

Können mögliche Spielbeine Subversion, Ermächtigung und Visionen heißen?

In der Vergangenheit gab es bewegte Kämpfe, die Frauen mussten ihre Spielbeine kräftig einsetzen, sich schlagkräftig in viele Richtungen verteidigen, und später beweisen, dass sie auch kräftige Standbeine haben, mussten standhaft den errungenen Spielraum ausfüllen, um ihn in diesen unsicheren Zeiten zu behalten, sich mehrere Standbeine zulegen, um besser Fuß fassen zu können – sie mussten sich bemerkbar machen und verwurzeln, breitbeinig dastehen, um das erspielte Territorium in der Gesellschaft zu behalten.

Gilt es nun vielleicht, sich von der erworbenen Position aus furchtlos umzusehen, zu schauen, in welche Richtung(en) es weiter gehen kann, sich (wieder) zu orientieren, um neue Spielräume zu eröffnen und alternative Spielmöglichkeiten zu (er-)finden? Die eigenen Spielbeine zu entdecken/zu benutzen/zu spüren?

Wie könnte die gewünschte Power und Ermächtigung zustande kommen? Wie könnte die (Frauen-)Bewegung der Zukunft aussehen?

Könnte es sich hierbei um einen Tanz handeln, bei dem jede der Generationen ihre Qualitäten einbringen kann?

Um einen Tanz mit Bewegungen aufeinander zu und voneinander weg, ein gegenseitiges Erfassen-Wollen der Bewegungen der Tanzpartnerin(nen) und gleichzeitig der eigenen, ohne diese aufzugeben/zu bewerten/zu vergleichen? Um einen Tanz, bei dem wir eine innerlich bewegte Haltung einnehmen, die sowohl dialogisches Aufeinander-Reagieren, Sich-aufeinander-Einlassen, Aufeinander-Beziehen als auch das Eigenständige, Herausarbeitende befördert? Ein Tanz, mit dem die Frauen sichtbar werden, mit dem sie in der Gesellschaft etwas bewegen?

Frauen beraten Frauen will auch in Zukunft beweglich bleiben und mit anderen Frauen gemeinsam am »*Ball*« bleiben, weiterhin Räume eröffnen, in denen Bewegung stattfinden kann und darf, gemeinsam weiterhin Visionen entwickeln und deren Verwirklichung befördern.

»Schnipselkörper« und subversives Begehren
Bettina Zehetner

Ich habe mich vom anonymisierten Transkript der Gruppendiskussion zur folgenden Textcollage inspirieren lassen.

Die Geschlechterpolarisierung infrage stellen – Vervielfältigung und Anerkennung von Differenzen

»Ich finde es wichtig, diese Frage des Geschlechts in Frage zu stellen und dieses Automatische, es gibt Männer und Frauen und dazwischen gibt's nichts, also da, genau da dazwischen spielt sich das Interessante ab, ja, zwischen den Polen.«
Als Gegenkonzept zu rigiden geschlechtsspezifischen Rollenkonserven »mit den gegengeschlechtlichen Anteilen in uns selber liebevoller und spielerischer umgehen können«.
Den Fokus auf die Uneindeutigkeiten legen, die Freiräume schaffen können.

»Das bedeutet auch, ›Weiblichkeit‹ nicht als natürlichen Besitz zu verstehen, der einem entwendet werden kann, sondern als Lernprozess, der allerdings dem Gesetzestext der Zweigeschlechtlichkeit folgt. Dieser ist wirklich, aber nicht natürlich und nicht zwangsläufig. ›Frau‹ und ›Weiblichkeit‹ ist die logische Verhaltensantwort auf beengte, belagerte, bedrohte Räume [...]. Die Grenzen sind nicht trennscharf zu ziehen, die traditionellen Pole ›Männlichkeit‹ und ›Weiblichkeit‹ gleichen eher ›historischen Geschlechtskrankheiten‹ als einer natürlichbewahrenswerten Mitgift« (Thürmer-Rohr 2008, S. 53f.).

Vision: Wir könnten die Pluralität und Vielfalt von »Geschlecht« ernst nehmen und mit mehr Widerstand auf die uns täglich zugemuteten »Normalitätsnötigungen« (Thürmer-Rohr 2008, S. 54) reagieren – solidarisch mit den geschlechtlich unkonventionell und uneindeutig Lebenden »das Dazwischen als ›Mehrwert‹ statt als Mangel [...] begreifen« (Thürmer-Rohr 2008, S. 55). Demontage der Geschlechterhierarchie durch Demontage der »Verzweigeschlechtlichung«: »Sabotage des zweigeschlechtlichen Erkennungsdienstes« schlägt Angelika Wetterer in ihrem Vortrag »Gender-Expertise, feministische Kritik und Alltagswissen« am 13.6.2007 im IWK Wien als subversive Strategie vor.

Perspektivenwechsel: statt Redramatisierung der Geschlechterdifferenz Ähnlichkeiten zwischen Frauen und Männern sowie Heterogenität innerhalb der Geschlechter in den Blickpunkt rücken.

Differenzen zwischen Frauen/Feministinnen (soziale Stellung, ethnische Herkunft, kulturelle Zugehörigkeit, sexuelle Orientierung, mit Kindern/ohne Kinder, Alter, Religion, Gesundheit/Krankheit/Behinderung ...) als potenziell produktive Spannung begreifen und nutzen.

»Konkurrenz nicht als etwas zu begreifen, was böse ist, sondern was gegenseitig auch nutzen kann, was auch schärfen kann, keine Angst vor Konflikten zu haben, das ist ja wirklich schwierig, also wirklich Konflikte auszutragen unter Frauen, und zwar in einer Art und Weise, die befruchtend wirken kann.«

Mit einem strategischen – nicht essenzialistischen – »Wir Frauen« ergeben sich vielfältige Bündnismöglichkeiten mit dem Ziel der Anerkennung vielfältiger, gleichberechtigter Differenzen, Identitäten und Lebensmöglichkeiten.

Den Wunsch verwirklichen, dass es *»eine absolute Rollenvielfalt gibt an Möglichkeiten [...], dass es einfach auch Modelle gibt, ja, dass es eben auch ganz klar ist, dass es Frauen mit Kopftuch gibt in einer Bank und nicht nur beim Putzen [...], also diese Wahlfreiheit«.*

Normgerecht geformte »Schnipselkörper«

»Zu den sich verstärkenden neoliberalen Strukturen passen die jetzigen Körper, die uniformierter sind. [...] Körper wie Kleidung behandeln, die zugeschnitten werden kann und soll. Disziplinierung und inkorporiertes Normalisierungswissen« schaffen kritikloses Hinnehmen der sozial und medial konstruierten Bilder von Normalität.

»Schnipselkörper«, die sich bestimmten Bildern entsprechend operativ

zurechtschneiden lassen (z. B. »*Designervagina*«); der Körper ist Werkzeug und Produkt von Machtprozessen, er ist der Ort der niemals endenden Arbeit am Selbst. Der Glaubenssatz neoliberaler Ideologie lautet: »Alles ist machbar.« Den eigenen Körper zu verschönern, zu verbessern, leistungsfähig und gesund zu erhalten, liegt in der individuellen Verantwortung einer jeden, die Selbstoptimierung wird zur Pflicht – notfalls mittels »*Schönheitsoperation*«.

»*Aber die andere Seite ist, dass ja der Körper auch verschwindet, also weil es ja so viele Möglichkeiten gibt der Kommunikation, wo der Körper keine Rolle spielt, ja. Also über das Internet, das ist ja auch ein großer neuer Bereich. [...] Also so auf der einen Seite diese Disziplinierung und das Zurechtschneiden und auf der anderen Seite diese großen Bereiche, wo das gar keine Rolle mehr spielt und wo man seine Realität haben kann, die gar nichts mit dem Körper und der Geschichte, mit der eigenen Herkunft zu tun haben muss.*«

Das Internet bietet einerseits ein weiteres Spielfeld derselben klischeehaften Bewertungen und Fantasien wie im realen Raum, andererseits stellt das Online-Setting in seiner Anonymität auch einen Bereich der Freiheit dar, in dem Frauen die Chance haben, sich so darzustellen und so zu agieren, wie sie selbst es wollen, ohne auf ihr (nicht sichtbares) Äußeres oder ihr Geschlecht festgelegt zu werden. Ein Ziel feministischer Onlineberatung besteht darin, Frauen zu befähigen und zu bestärken, diesen Freiraum für sich zu nutzen (vgl. Zehetner 2008).

Das Streben nach Normalität und die Lust auf Subversion

Ausgehend von der theoretischen Auseinandersetzung mit der Rückbesinnung auf das ursprüngliche psychoanalytische Triebkonzept – erfrischend formuliert als »*die Sau rauslassen statt funktionieren*« –, soll in der feministischen Arbeit das Augenmerk auf subversives Begehren statt Funktionieren gerichtet sein.

Dem neoliberalen Mythos unserer uniformierenden Leistungsgesellschaft – »alles ist möglich, wenn du als Frau nur wirklich willst« – entsprechend, sind viele Frauen heute »*extrem individualisiert und leistungsorientiert*«.

Viele Frauen kommen mit der Angst, nicht »normal« zu sein, in die Beratung und verweisen mit ihrer Frage »Bin ich normal?« auf die zugrunde liegende Orientierungslosigkeit, die unklare Vorstellung über die eigene Identität,

Bedürfnisse und Ziele: Wer bin ich, was will ich? Was darf ich, was muss ich als Frau? Was darf ich nicht?

»Wenn ich mich nicht mehr auskenne, dann muss ich wissen, was normal ist.«
»Alle müssen der Norm entsprechen, um dazu zu gehören. Und dann muss man aufpassen, dass man nicht rausfällt. Man fällt raus, wenn man nicht ausschaut, wie man ausschauen soll, oder nicht so alt ist, wie man alt sein soll, als Frau sowieso immer an der Kippe. Also man weiß jetzt überhaupt nicht mehr, wer dazugehört und wer da die Norm ist, aber Norm ist so etwas Wichtiges und ich merk das an den Klientinnen, die zu mir kommen. Die sagen: Bin ich normal? Eine Frage, die ich vor zwanzig Jahren nie gehört habe. [...] Und bin ich nicht auch verpflichtet dazu, mich darum zu kümmern, dass ich dieser Norm entspreche? Also sowohl psychisch als auch körperlich, und das find ich echt erstaunlich, wie wenig Mut dazu da ist oder auch Lust dazu da ist, anders auszuschauen oder anders zu tun.«

Deutlich wird dies in der Symptomatik der Essstörungen: Während die Anorektikerin mit ihrem ausgehungerten Körper ein deutliches, schockierendes Zeichen setzt – nicht zuletzt als Protest gegen normative Weiblichkeitsideale –, bestätigt die Bulimikerin mit ihrem meist durchschnittlich schlanken Körper eben diese Normen. Die aggressiven Regungen dürfen nur im Geheimen und gegen sich selbst gerichtet im Fressen und Erbrechen Ausdruck finden und sollen nicht das öffentliche Funktionieren beeinträchtigen.

Feministische Beratung hilft mit ihrer nicht normierenden und nicht pathologisierenden Haltung, Normalitätskonstruktionen infrage zu stellen, eigene Haltungen und Bilder vom Frausein zu entwickeln.

»Und ich kämpfe manchmal mit manchen Klientinnen, die Managerinnen sind und sagen, ja ich komme da jetzt nicht weiter in meiner Karriere und na ja, vielleicht hängt das auch mit dem zusammen, dass Sie eine Frau sind?, auf keinen Fall, und wie bedrohlich das ist, also wenn Geschlecht benannt wird als eine Kategorie, die möglicherweise eine Rolle spielt.«

Im Beruf als Frau gesehen zu werden, die Möglichkeit, aufgrund des Geschlechts anders bewertet zu werden, wird als Bedrohung und Infragestellung erlebt. Viele erliegen der Illusion längst erreichter Gleichheit, der Blindheit gegenüber diskriminierenden Strukturen.

Feministische Gruppen(-beratungs-)angebote wollen dem Einzelkämpferinnentum Solidarität aufgrund gemeinsamer Erfahrungen und Wertschätzung unterschiedlicher Positionen und Strategien entgegensetzen. Hier können

Frauen miteinander Freiräume und Lust auf Neues entwickeln, sich gegenseitig ermutigen, in Bewegung zu kommen – auch in Bezug auf die Geschlechterrollen.

Ein Beispiel für lustvoll-subversive Aktivitäten bieten die »Queerulantinnen« der Ladyfeste.

Ladyfeste verbinden feministisch-queere Theorie (Teresa de Lauretis, Judith Butler) mit politischen Strategien der Frauenbewegung, Guerilla-Action wie Radical Cheerleading (bei dem zur Cheerleading-Choreografie politische Parolen gebrüllt werden) und Cyberfeminismus.

Im Mai 2007 fand in Wien zum dritten Mal ein Ladyfest »for ladyz of all gender« statt. Unter dem Motto »Play your gender/Fuck your gender!« begehrten Veranstalterinnen und Teilnehmerinnen in Konzerten, Vorträgen, Diskussionen, einem Gendermix-/Drag-Workshop, einem Dyke-March und einer polyamourösen Sexparty für Female Queers und Transgenders gegen die auf stereotypes Entweder–oder einengende Zweigeschlechtlichkeit auf und praktizierten feministische, queere und unkommerzielle Vielfalt.

»am ladyfest soll eine queer-feministische utopie, fernab der heterosexuellen matrix und obligaten zweigeschlechtlichkeit entworfen werden. gelebt, geliebt werden. wir wollen einen raum schaffen in dem wir uns feiern. einen raum, in dem nicht konforme identitäten in der überzahl sind, in dem deviante subjekte im vordergrund stehen, in dem abnorme gestalten tanzen ...« (http://www.ladyfestwien.org, Zugriff am 17.5.2010).

Politisches Empowerment durch feministische Beratung?

Die letzte und für mich persönlich spannendste Frage der Diskussion – *»Was bedeutet es für eine Gesellschaft, dass viele Frauen in Therapie und Beratung gehen? Möglichkeit der Ermächtigung oder Rückzug auf sich selbst?«* – konnte aufgrund der fortgeschrittenen Zeit nicht mehr aufgenommen werden. Dieses Thema benennt die Spannung, in der Beraterinnen und Psychotherapeutinnen täglich arbeiten, und entlässt uns in die Frage nach unserem je eigenen Verständnis und unserer je eigenen Gestaltung feministischer Beratungsarbeit.

In feministischer psychosozialer Beratung sind häufig ganz konkrete gesellschaftliche Strukturen Thema, z. B. Rechtsprechung in der Scheidungsbegleitung, Gender Pay Gap und Geschlechterrollen im Beruf, in der Laufbahnberatung etc.

Meinem Verständnis nach muss engagierte psychosoziale Beratung mit kritischer Gesellschaftsbeobachtung kombiniert sein, z. b. können Beraterinnen die Probleme der Klientinnen öffentlich sichtbar, hörbar machen, Sprachrohr sein und Themen an Medien und PolitikerInnen herantragen. »Die Übersetzung eines psychosozialen Defizits in ›Bedarf an …‹ ist ein politischer Akt« (Großmaß 2000, S. 128f.).

Mit Margit Appel (2004, S. 192) verstehe ich unter Politisierung die Entwicklung politischen Bewusstseins mit dem Ergebnis, die eigene Lebenssituation als in eine bestimmte gesellschaftliche Situation eingebettet wahrzunehmen und damit nicht als schicksalhaft, sondern veränderbar, gestaltbar zu begreifen.

Hier liegt für mich das politische Potenzial feministischer Beratung im Sinne von Empowerment. Feministische Beratung bietet Frauen alternative, vielfältige Orientierungsangebote und unterstützt sie, ihre Perspektiven zu erweitern und ihre Denk- und Handlungsmöglichkeiten selbstbestimmt und eigenverantwortlich wahrzunehmen, um ihre konkreten Lebensbedingungen zu verbessern.

Wiener Frauengeschichte(n) – Von Expertinnen berichtet und gelebt
Traude Ebermann

Am Anfang waren die Freude und das Engagement.
Von dieser positiven Aufbruchstimmung Ende der 1970er Jahre in der Wiener Frauenbewegung war auch die Eingangsszene der Expertinnenrunde geprägt.
Mit sichtlichem Frohgefühl waren die Frauen unserer Einladung gefolgt und stellten sich voller Stolz – und das mit Recht – mit ihren unterschiedlichen persönlichen Beiträgen vor. Die Geschichte der letzten 30 Jahre wurde präsent, sie zeigten auf, wie eine Facette des psychosozialen Wien zu dem wurde, was es heute mit dieser speziellen professionellen Verortung von Feministinnen ist. Es ist nur ein Ausschnitt, aber dieser wurde leibhaftig.
Einzelne von ihnen kannten sich schon vorher aus Frauenzusammenhängen, manch eine erfuhr zum ersten Mal von der Existenz der anderen.
Dennoch erstaunte auch mich die Konzentration der Jubiläen, die sie gleich zu Beginn ihrer Statements feststellten, weil sie u.a. auch mit deren Gründungen aufs Engste verbunden sind: 20 Jahre Tamar, 20 Jahre Beratungsstelle Theobaldgasse, 20 Jahre Frauenhetz, 20 Jahre Selbstlaut, vor 20 Jahren erste feministische Vorlesungsreihe an der Medizinischen Universität Wien, ca. 15 Jahre ZESS – Zentrum für Essstörungen, 10 Jahre FEM Süd.
Spürbar war für mich die wohlwollende Stimmung über den Austausch selbst.
Endlich über Feminismus (wieder) laut denken, mit den anderen damit in Beziehung treten, miteinander Worte finden für das, was ist. Die Geschichte und sich selbst im eigenen Beitrag zeigen, verstehen und durch die Reaktion der anderen nochmals als wertvoll anerkennen – persönlich wie für die Gesellschaft.

Dazwischen und darunter spürte ich beim Lesen des Protokolls auch Stress, Ängstlichkeit, Zeitdruck und Vorsicht der Frauen im Umgang miteinander. Ich versuchte den Gesprächsinhalt nach meinem Verständnis von Bion (1992) aufzunehmen, in meiner vollen Anerkennung und Freude über das Gelebte und Gesprochene von Frauen, und ihn in meinen Worten zurückzugeben.

Ich wurde auch an die Sinnhaftigkeit der Consciousness-Raising-Groups (CRGr) erinnert, der Selbsterfahrungsgruppen der amerikanischen Frauenbewegung der 1970er Jahre, die Keimzellen für individuelle und politische Veränderungen waren, weil jede einzelne Frau durch Austausch mit den anderen die individuelle Isolation durchbrach und damit das Gemeinsame, Strukturelle sichtbar werden konnte, als persönliche Entlastung und als Voraussetzung für eine Analyse der politischen und der Geschlechterverhältnisse.

Klientinnen gegenüber ist es mir sehr vertraut, Gruppen als Entlastung der individuellen Situation zu empfehlen. Wie sehr wir als Expertinnen ebenso reflexive Gruppen bräuchten, um nicht in einer individuellen Überforderung und Ratlosigkeit unterzugehen, wurde mir zusätzlich bewusst.

Vermutlich erfüllte der alljährliche Frauentherapiekongress von 1978–1997 u. a. diese Funktion, indem sich Expertinnen des deutschen Sprachraumes zu einer strukturellen Reflexion ihrer frauenspezifischen Arbeit in Therapie und Beratung zusammenfanden. Das kann eine nicht allein denken, bewältigen und ändern.

Interessant war zu erfahren, dass all diese vorhin genannten Stellen von Frauen der autonomen Frauenbewegung geschaffen wurden, die in Eigeninitiative ihre Projekte mit anderen Kolleginnen aufstellten – und somit auch ihr eigenes Betätigungsfeld bzw. ihren Arbeitsplatz schufen.

Ein Unterschied wurde somit auch deutlich: Die älteren deklarierten sich als die Akteurinnen und Gründerinnen feministischer Projekte, die jüngeren Kolleginnen konnten in bereits bestehende feministische Institutionen einsteigen, darauf aufbauen und davon profitieren, was die Frauengeneration davor erst erkämpfen musste. Das Thema und die Realität von *Frauen beraten Frauen* zum 30-Jahre-Jubiläum mit der bevorstehenden Generationsablöse waren daher auch im Gruppengeschehen abgebildet und sichtbar.

Aufschlussreich war meiner Beobachtung nach die unterschiedliche Beteiligung an der Diskussion. Über weite Strecken äußerten sich vorwiegend die über-40-jährigen Frauen, bestimmten die Themen und handelten den Feminismus unter sich ab. Die jüngeren hörten eher zu, klinkten sich erst – wenn überhaupt – gegen Ende ein.

Wie könnte das verstanden werden? Über die Gründe der Zurückhaltung kann ich nur spekulieren, aber es drängen sich für mich Fragen auf wie: Spiegelt sich da vielleicht ein Stück gegenwärtiger Realität unter Frauen wider, indem die älteren Feministinnen als geschichtliche Akteurinnen des politischen Geschehens mit ihrem Bewusstsein, sich auch das Recht in der Diskussion nehmen, das Thema zu bestimmen, auch ihr Verständnis von Feminismus massiver in den Raum stellen?

Die Jüngeren zeigten sich neugierig und interessiert am Gehörten, schienen damit beschäftigt zu sein, zu verstehen, was sie da vorfanden, hielten sich letztlich aber zurück, ihre Sichtweisen preiszugeben.

Die Differenz unter Frauen, zwischen den Generationen, aber auch das eigene »Fremde«, »Andere« ist da, spürbar, wird aber nicht explizit ausgetauscht.

Macht es Angst darüber zu reden, gerade da, wo sie endlich in einem Kreis sitzen?

Sind die älteren Frauen interessiert, das »Andere« der jüngeren zu erfahren? Warten die Jüngeren darauf, gefragt zu werden, warten sie auf die Erlaubnis, sich einmischen zu dürfen, ihr Verständnis von Feminismus zu deklarieren, den anderen zuzumuten? Die jüngere Generation hat andere Strategien, ihren Feminismus zu vertreten. Es wäre nicht gerecht, dies als vergleichsweise braver, weniger vorlaut zu beschreiben, wie es die Generation der Mütter bzw. Großmütter taten, noch tun mussten, um sich öffentlich Gehör zu verschaffen.

An einer Stelle ist die historische Veränderung vom Feminismus der 1970er Jahre, wo allein die Analyse des weiblichen Lebenszusammenhanges im Fokus stand, zum Schwerpunkt Genderforschung der Gegenwart von einer jungen Kollegin gut in Worte gefasst:

Sie spricht von der Bedeutung ihrer Arbeit mit Frauen – und leitet noch im ersten Satz mit der gleichen Wertschätzung auf die wichtige Zusammenarbeit mit Männern und auf die notwendige Existenz von Männergesundheitszentren über.

Meines Erachtens wird mit dieser Aussage exemplarisch deutlich: Jüngere Frauen orientieren sich von vornherein weit mehr an einem Geschlechterverhältnis, als es die Feministinnen der Muttergeneration taten – in ihrem privaten Leben wie im professionellen. Sie wagen (wieder) von vornherein mit mehr Zuversicht, mit Männern neue Arrangements zu leben.

Grundsätzlich können sie auch schon mit einer größeren Anzahl von Männern mit moderneren Männlichkeitskonzepten rechnen, die ebenfalls ihre traditionellen, einseitigen Rollen aufkündigen (siehe »halbe/halbe«, das politische Programm der ehemaligen österreichischen Frauenministerin Prammer zur Förderung einer gerechten Arbeitsaufteilung in einer Partnerschaft).

Soweit diese Lebenspläne, und wie eine ältere Therapeutin ein häufiges Erwachen davon in der Psychotherapie erlebt. Ihre Schilderung in der Diskussion:

»... Die jungen Frauen haben oft diese Illusion, es ist eh alles gleich und sie haben die gleichen Möglichkeiten. Dann merke ich plötzlich dieses Erwachen (die Therapeutin) ... die Frauen, die dann ihr erstes Kind bekommen, [...] und sagen, woah, wir haben gesagt, wir machen das miteinander und jetzt auf einmal tauchen ganz konkret die Probleme auf ... ja, und wie gehe ich damit um, und dann streiten und doch miteinander ... da tut sich sehr viel, und diesen neuen Modellen gegenüber offen zu sein ...«

Diese Therapeutin sieht die Herausforderung für die jüngere Frauengeneration ebenso als Herausforderung an die Therapeutinnen, neue Modelle in den therapeutischen Konzepten zu entwickeln.

Beachtenswert scheint mir, wie das Thema Feminismus und Therapie bzw. Therapieausbildung thematisiert wurde.

Von der Eingangsfrage einer Kollegin – »*Handeln wir bei der Behandlung psychischer Störungen nicht etwas ganz anderes ab?*« – bis zur Feststellung einer anderen, dass heute nicht mehr klar zu definieren ist, was eine Frau ist, weil die Transgender-Diskussion u.a den biologischen Geschlechtsbegriff völlig aus den Angeln gehoben hat, wurde fortgesetzt, indem im weiteren Gesprächsverlauf auf die Machtfrage eingegangen wurde, vor der sich laut verschiedener Aussagen der Kolleginnen Frauen noch immer weitgehend in ambivalenter Weise drücken. Die Bedeutung der Triebtheorie für Weiblichkeitskonzepte wurde von einer anderen Kollegin hervorgehoben.

All diese angesprochenen Themen, von denen ich nur Ausschnitte erwähnen kann, ließen klar werden, dass es mehr Fragen gibt als vorschnelle Antworten und Lösungen auf die jahrhunderte lange einengende Sozialisierung zum Frausein, wie sie uns auch in der Psychotherapie begegnet. Wir sind in einer Umbruchphase, die uns Geduld abverlangt bei der grundlegenden Veränderung.

Dennoch: Viel ist in den letzten Jahren geschehen, einiges ist im Laufen, vieles noch zu tun. Was muss geschehen, damit dieses erworbene Wissen um die Geschlechterordnung nicht nur im Bewusstsein bleibt, sondern auch die

Strukturen der Therapieausbildung erfasst? Ein Bangen wurde von einer Kollegin geäußert, dass das feministische Wissen bedroht ist, wieder aus der öffentlichen Debatte zu versickern.

Um das zu verhindern, ist es notwendig, dass feministisches Wissen (oder soll ich in Hinblick auf den Trend der Zeit dies als Genderbewusstsein bezeichnen?) selbstverständlichen Eingang in die Institutionen, in die Therapieausbildungen bekommt – sowohl was die Strukturen der Ausbildungen als auch die angewandten Theorien betrifft. Darüber werden sich die Diskutantinnen einig. Noch sind wir davon weit entfernt.

Feministinnen werden mit ihrem Denken, wenn überhaupt präsent, bestenfalls als mehr oder weniger willkommene Gäste in den Psychotherapievereinen in Abhandlung ihrer Methoden wahrgenommen und zugelassen. Wir sind noch weit entfernt von einer strukturellen feministischen oder gendersensiblen Reflexion in allen Aspekten der jeweiligen Psychotherapiemethode. Da nehme ich keine Methode aus. Aber es gibt eine Entwicklung (persönliche Anmerkung von T. E.).

Sehen wir uns die Praxis an, wovon berichteten die Expertinnen unserer Runde?

Eine Kollegin kann Fortschrittliches berichten, in ihrem Psychotherapieverein sei Gender selbstverständlich in den Statuten erfasst (was dies im Detail heißt, wurde aber nicht nachgefragt). Eine andere Kollegin erzählt, eine Genderstudy-Group an ihrer Universität installiert zu haben. Eine Psychotherapeutin mittleren Alters erlebt sich in ihrem Psychotherapieverein sehr bestärkt durch ältere Kolleginnen, feministische Beiträge beizusteuern. Ein Lehrstuhl für Gendermedizin und ein explizites Gendermedizin-Curriculum werden 2010 an der Wiener Medizinischen Universität installiert.

Es zeigt die Aufbruchstimmung, indem alte Strukturen aufgebrochen werden und der Prozess ersichtlich wird, wie sich ein feministisches Bewusstsein in den jeweiligen Theoriegebäuden sukzessive Zugang verschafft.

Ein historischer Exkurs in die Wiener Realität: Denke ich an 1990, so wurde in Wien der Verein Thuja – für frauenspezifische Sozial- und Psychotherapie – gegründet. Die Gründerinnen waren Absolventinnen der von Sabine Scheffler geleiteten Fortbildung in Frauenspezifischer Sozialtherapie und größtenteils Mitarbeiterinnen von *Frauen beraten Frauen*. Um den Verein ist es inzwischen sehr still geworden.

Warum? War es in den 1990er Jahren noch ein vorrangiges Bestreben der feministischen Therapeutinnen, einen eigenen, frauenspezifischen Therapieverein zu installieren, so sieht es 20 Jahre später anders aus. Die gleichen Personen haben ihre Qualifikationen durch Ausbildungen in unterschiedlichen, anerkannten Psychotherapiemethoden vertieft, einige von ihnen sind inzwischen auch in der Lehre in den jeweiligen Vereinen tätig. Ein ausschlaggebender Faktor war vermutlich, dass es die frauenspezifische Therapie als anerkannte Methode nicht gibt, sondern Feministinnen in den unterschiedlichen Ausrichtungen feministisch arbeiten.

So geschieht inzwischen die Orientierung viel mehr in Identifikation über die gelernte Methode und über Engagement in den unterschiedlichen Therapievereinen. Feministinnen als Psychotherapeutinnen haben den Marsch durch die Institutionen angetreten.

Ein Aspekt, der übrigens in der Diskussion völlig ausgespart wurde, ist, wie und wo sich die Expertinnen in ihrer therapeutischen Praxis unterscheiden, wie sie z. B. mit »differenzierter Parteilichkeit« (einer der Grundpfeiler feministischer Therapie) in unterschiedlicher Weise umgehen, in Abhängigkeit davon, ob sie beispielsweise eine humanistische, verhaltenstherapeutische oder tiefenpsychologische Therapiemethode anwenden.

Vielleicht ein Thema für künftige Gespräche? Ein differenzierter Umgang darüber, was uns unterscheidet und dennoch an einem Strang ziehen lässt?

Frauenbewegte Generationen
Julia Fritz

Frauengenerationen im Gespräch

Das Gespräch der Expertinnen trägt neben einer Analyse der aktuellen Verortung frauenspezifischer/feministischer Beratung und Psychotherapie auch sukzessive Züge einer Bilanzierung frauenbewegter Geschichte. Die acht Frauen – geboren zwischen 1937 und 1971 – beschreiben retrospektiv ihre individuellen Berührungen mit frauenbewegten Thematiken, indem sie sich Kohorten/Generationen[1] zuordnen: »*Ich gehöre wohl einer anderen Generation an ...*«

1. Die in den 1940er Jahren Geborenen werden wiederholt als politische Frauengeneration beschrieben. Die ihr angehörenden Frauen gelten mehrheitlich als Be-Gründerinnen wichtiger Entwicklungen, Ideen und erster Projekte. »*Es war eine Aufbruchstimmung. [...] Es war einfach großartig – was da gegangen ist in diesen Jahren, und was wir für Konzepte entwickelt haben.*« »*Natürlich bin ich auch ... angefeindet worden.*«

2. Die zwischen 1949 und 1959 Geborenen waren noch zu jung, um die Anfänge der zweiten Frauenbewegung von Beginn an mitzuerleben. Als junge Erwachsene – Ende der 1970er Jahre – waren sie Trägerinnen der konfliktreichen Projektbewegung und haben aktiv die Institutionalisierung und Ausdifferenzierung frauenbewegter Themen gemeinsam mit den

---
[1] Der Generationsbegriff kann vieldeutig sein. Es kann von familialen, gesellschaftlichen oder auch historischen Generationen gesprochen werden. Ich verwende die Grobeinteilung der Generationen hier als Hilfskonstruktion. Bedenken wie auch Schwierigkeiten, die mit Generationstypisierungen verbunden sind, seien mitbedacht (vgl. Thon 2008).

Frauen der ersten Generation vorangetrieben. Im Zuge dessen haben auch sie Frauenprojekte gegründet, ausgebaut und v. a. professionalisiert. »*Wir wollten anders sein und hatten eine große Experimentierfreude.*« »*Es war so viel Leben und natürlich Kämpfe und Schmerzen und Liebesgeschichten und Trennungen alles, aber es war trotzdem so eine Aufbruchstimmung … es war die Hoffnung, dass wirklich etwas verändert werden kann.*«

3. Die ungefähr zwischen 1960 und 1970 Geborenen fanden Frauen- und Mädchenprojekte, Körper- und Lebenshilfe-Serviceleistungen sowie vereinzelt Frauenforschung an Universitäten vor. Als junge Erwachsene näherten sie sich in den 1990er Jahren inhaltlich-theoretisch einer sozialen Konstruktion von Geschlecht an und integrierten die Kategorie »Differenz«; auf praktischer Ebene ging es um eine Internationalisierung und Vernetzung. »*Wir engagierten uns politisch in dem Sinn, dass wir auch unsere eigenen Stellen […] und damit auch unsere eigene Anstellung schufen […]. Wir wollen arbeiten, aber wir wollen nur für Geld arbeiten.*«

4.+5. Inzwischen ist mindestens eine vierte Generation, wenn nicht sogar eine fünfte Generation auszumachen: die nach 1970 beziehungsweise nach 1980 geborenen Frauen. In der Expertinnenrunde finden sie sich vorwiegend als imaginierte Zuhörerinnen wieder. Sie wachsen mit etablierten, vor allem städtischen, frauenspezifischen Bildungs-, Kultur- und Gesundheitsangeboten auf; erleben eine institutionalisierte und internationale Frauenpolitik und an Universitäten verankerte Gender Studies. Neben dem theoretischen Diskurs um Dekonstruktion von Geschlecht begegnen ihnen Schließungsdrohungen von frauenspezifischen Einrichtungen aufgrund gravierender finanzieller Engpässe. »*Ja, es sind einige Frauen da, die mich sehr geprägt haben in meiner feministischen Grundhaltung*«, eröffnete eine Angehörige der vierten Generation der Expertinnenrunde.

Tiefgreifender sozialer Wandel berührt zwar alle lebenden Generationen gleichzeitig, trifft jedoch die Angehörigen verschiedener Generationen in ganz unterschiedlichen Stadien ihrer individuellen und kollektiven Geschichte, Sozialisation und der Aneignung von Kompetenzen. Die Generationen stehen damit für ein feministisches Bewusstsein, das sich unterschiedlich geformt hat, gleichzeitig nebeneinander besteht und sich vermischt. Der Blick auf die Generationsfolge zeigt eine stetig zunehmende, nicht geradlinig verlaufende Ausdifferenzierung und zugleich Verwobenheit. In der Literatur ist in diesem

Zusammenhang die Rede von »feministischen Müttern und Töchtern« oder auch »Bewegungsgenerationen« (vgl. Gerhard 1998; Stoehr 1994; Thon 2008).
Begegnen sich Generationen, wie auch in dieser Frauenrunde, entwickelt sich eine Atmosphäre, die von Spiegelungen, (Gegen-)Übertragungen, Vergleichen, Förderung und Konkurrenz geprägt ist. Differenzen wie auch Gemeinsamkeiten werden sichtbar und spürbar. Folgende Spannungsfelder finden sich im Gespräch wieder:
- von Solidarität (Solidarisierung) zu Differenzierung bis hin zu Individualisierung;
- zwischen Mentoring und der »Frage nach Konkurrenz«, Neid und Rivalität;
- von Frauenräumen zur Selbstfindung bis hin zur Frage nach Normalität und Orientierung;
- von der »Gleichstellungsfrage« bis hin zum »Infragestellen des Geschlechts« und der Geschlechterdichotomie;
- von Frauendiskriminierung bis hin zu: »Uns stört nichts; wir sind alle gleichberechtigt«.

Folge ich Redebeiträgen in dem Gruppengespräch, so treten vor allem die ersten beiden Frauengenerationen hervor. Die jüngeren Expertinnen wirken demgegenüber zurückhaltend und nachdenklich, ganz im Kontrast beispielsweise zu den Pausegesprächen oder den E-Mail-Kontakten mit mir im Zuge der Organisation des Gespräches.

Als der vorab beschriebenen vierten/fünften Generation angehörende Mitarbeiterin der Frauenberatung machte mich diese Beobachtung neugierig. Ich entschied mich, die Suche nach den Frauen der vierten und fünften Generation – innerhalb wie auch außerhalb des Gruppengespräches – aufzunehmen, um den komplexen Verhältnissen von Frauengenerationen zueinander und den Facetten von Feminismus näher zu kommen.

Von »Alphamädchen« und der neuen »F-Klasse«

Gesprächsaussagen der Diskussionsteilnehmerinnen über den Wandel der Geschlechterordnung wie auch die Beharrlichkeit tradierter Verhältnisse reihen sich um geschilderte Beobachtungen und Wahrnehmungen jüngerer Frauen.

Sie scheinen in der Diskussion als Symbolträgerinnen von Veränderung und Persistenz auf.

Es kristallisieren sich verschiedene Konstruktionen junger Frauen heraus. Ich meine darin viele Fragen erkennen zu können: Welche Anliegen bringen (junge) Klientinnen heute in die Therapie und Beratung ein? Was bewegt jüngere (feministische) Frauengenerationen? Was beschäftigt junge Therapeutinnen? Die Kategorie der Zeitlichkeit begleitet diese Gesprächspassagen.

»Die jungen Frauen haben oft diese Illusion: Es ist eh alles gleich und sie haben die gleichen Möglichkeiten. Dann merke ich ... plötzlich dieses Erwachen: Das stimmt ja gar nicht ... ich habe geglaubt, es ist gleich! Wenn sie dann auf einmal diese Machtstrukturen [bemerken]. Zum Beispiel [...] wenn die Frauen ... ihr erstes Kind bekommen und die dann sagen: Wir haben gesagt, wir machen das miteinander und jetzt auf einmal tauchen ganz konkret ... die Probleme auf. ... Wie gehe ich jetzt damit um ... und wo sind die Grenzen usw.« (Beobachtung einer Gesprächsteilnehmerin der Ersten Generation).

Hamann und Linsinger (2008) beschreiben diese Generation junger Frauen – mittlerweile auch oft bezeichnet als »Alphamädchen« oder »die neue F-Klasse« – folgendermaßen:

> »Sie sind selbstbewusst und zielstrebig, kess und pragmatisch. Sie sind auf eine Art gleichberechtigt, die jeden Gedanken an eine Quote, eine Gleichbehandlungskommission oder eine Frauenförderungsmaßnahme brüsk von sich weisen würde. Sie stürmen mit Verve in eine Welt, die sie ganz selbstverständlich als die ihre begreifen. ... Doch nach der Anfangseuphorie, nach einigen Jahren Erfahrung, nach dem ersten kleinen Rückschlag vielleicht, schauen sie sich um. Eigentlich, meinen sie, haben sie ihre Leistungen erbracht ... Die Alphamädchen stehen, mitsamt ihren Extraqualifikationen und ihrem Eifer, in einer Umgebung, die sich erstaunlich wenig verändert hat« (ebd., S. 11f.).

Der angestoßene soziale Wandel ist Teil des Erfahrungshintergrundes junger Frauen heute. Darüber hinaus ist ihre Lebenswelt geprägt durch Widersprüchlichkeiten. Zahllose TV-Sendungen wie *The Swan – Endlich Schön* (Pro7), Reality- und Talk-Shows, Superstars und Supermodels u. v. m. wechseln sich ab. Werbung verkauft Bilder vom idealen Leben (z. B.: »Inszenieren Sie den perfekten Auftritt – mit dem perfekten Duft für jeden Stil und jede Stimmung!« – mojo; »Die letzten zehn Jahre haben sie klüger gemacht, aber nicht älter!« – Nivea Visage). Es herrscht eine Situation konkurrierender Legitimität von teils gegensätzlichen Werten vor. Wohin geblickt wird, finden sich ideologisch aufgeladene Lebensstile, sei es in Bezug auf Gesundheit, Schönheit, Jugendlichkeit usw. – ganz gemäß einem proteischen Selbst (vgl. Rifkin 2000). Dieses beschreibt durch den Rückgriff auf den griechischen Meeresgott Proteus die vorherrschende Anpassungsfähigkeit, Wandelbarkeit und Flexibilität junger Generation(en) ebenso wie eine damit einhergehende undeutliche, wenig greifbare Persönlichkeit.

Vor den Frauen steht eine »unheimliche Dreifaltigkeit« – perfekte und nahezu unerreichbare Vorbilder, an denen sie Tag für Tag gemessen werden und sich selbst messen: die Supermutter, das Supermodel und die Karriere-Powerfrau (Hamann/Linsinger 2008). Zugleich herrscht die Meinung vor, individuell sei (fast) alles möglich, frei nach der Redewendung: Jede ist ihres Glückes Schmiedin. »*Selbstdisziplinierung*« gewinnt vor dem Hintergrund des historischen Individualisierungsprozesses und fernen Leitbildern bei der Gestaltung des Lebens zunehmend an Bedeutung. Dies bringt Veränderungen mit sich, die ihre Spuren in der Psyche und den Identitäten hinterlassen und sich dort verfestigen (bspw.: im Umgang mit dem Körper, intensiven Emotionen, dem Selbstbild). So sind junge Frauen von zahlreichen Ungewissheiten geprägt: »*›Bin ich normal?‹ Eine Frage, die ich vor zwanzig Jahren [in Therapien] nie gehört habe*«, konstatiert eine Gesprächsteilnehmerin in diesem Zusammenhang.

Parallel dazu beschreibt eine weitere Gesprächsteilnehmerin (der ersten Generation) ihre Irritation über ein teilweise beobachtbares Desinteresse Jüngerer, sich trotz weiter bestehender struktureller Benachteiligungen für ihre Belange als Frauen (politisch) zu engagieren: »*Es gibt nicht genug Kontrolle, wirklich genaues Hinschauen oder auch Aufschreie […]. Meist ist zu hören: Wir sind ja eh alle schon so gleichberechtigt … Vielleicht haben wir etwas übersehen?*«

Thon (2008) sieht die Ursache für die heutige mangelnde Resonanz der Frauenbewegung(en) darin, dass Akteurinnenschaft heute in mehrerlei Hinsicht als individualisiert konstruiert wird. Der Schritt von einem individualisierten Selbstverständnis zu einem politischen Programm sei sehr groß. Stimme ich einerseits Thons Analyse zu, beobachte ich andererseits parallel dazu auch ein buntes Mosaik an (feministischen) Aktivitäten: Es finden sich interessante Bücher zum Thema von jungen Autorinnen (u.a. Kullmann 2003; Dorn 2007; Haaf et al. 2008; Hensel 2009; Stöcker 2007), feministische Weblogs, Grrrl Zines, Frauenradios ebenso wie Ladyfeste mit Frauenbands u.v.m. Diese doch sichtbaren Zeichen, die einer teils subtilen »rhetorischen Modernisierung«

(Wetterer 2003) oder auch Emanzipationsfassade gegenüberstehen, tragen Lokales wie Globales, Institutionalisiertes wie Privates, Heterogenes und Homogenes, Neues wie auch Altes, Modernes wie auch Traditionelles in sich.

Es bleibt die Frage, wie kraftvolle und temporäre Identitäten gebündelt werden können, um Ziele zu verfolgen?

Diese Beobachtungen, Bilder und Konstruktionen junger Frauen möchte ich mit folgenden vier Zitaten von Angehörigen der vierten/fünften Generation abschließen:

>»Feminismus ist passé? We don't think so« (Slogan des Magazins *Missy*, missymagazine.de).

>»Sind wir jetzt eigentlich Feministinnen? Es dauerte eine Weile, bis wir uns da alle ganz sicher waren. Doch je mehr Literatur wir lasen und je mehr Wissen über die Situation der Frau [...] wir zusammentrugen, je öfter uns Sexismus in Medien, Politik und Alltag auffiel – desto klarer wurde die Sache« (Haaf 2009).

>»Willkommen Feministinnen, Feministen und alle, die es werden wollen! [...] Unser Blog soll Forum sein und Spielwiese, für alle, die sich eine bessere und gerechte Gesellschaft wünschen« (feministischer Weblog, maedchenmannschaft.net).

>»*Es gibt noch viel zu tun*« (Die jüngste Teilnehmerin der Expertinnengruppe).

Eine literarische
Außen-Sicht

In diesem politischen Augenblick
Marlene Streeruwitz

Eigentlich gibt es uns nicht mehr. Frau. Frauen. Geschlecht gilt nicht mehr. Und eigentlich. Diese Tatsache. Es wäre das gewesen, was wir uns wünschen wollten. Keine und keiner ist mehr vom Geschlecht niedergehalten und beschränkt. In der Anerkennung als Grundrecht hebt sich diese Unterscheidung auf und wir leben alle glücklich bis ans Ende unserer Tage so, wie wir uns das vorstellen. Wäre dieser Zustand erreicht, dann wüssten alle, was es bedeutet, dass Geschlecht eine Tatsache ist. Wäre dieser Zustand erreicht, dann könnten wir darüber sprechen. Wir könnten eine Sprache dafür entwickeln, die uns dieses Sprechen ermöglicht. Es wäre gleichgültig, wer wen berät. Das ins Bewusstsein getretene Geschlecht kann alles über Geschlecht entwerfen.

Und dann.

Beraten. Wer kann überhaupt einen Ratschlag erteilen. Jetzt. Heute. Wer mutet sich zu, für eine andere Person Entscheidungen zu denken. Wer ist im eigenen Leben sicher genug, für sich selbst Entscheidungen so klar treffen zu können, dass dieser Vorgang erkennbar bleibt. Wer weiß überhaupt, welche Motive in diesen Entscheidungen enthalten, verborgen, versteckt sind. Wer kann sich Rechenschaft ablegen in der Zeit der Entscheidung. Wir erfahren doch über uns selbst erst sehr viel später, was uns getrieben hat.

Die Sozialwissenschaften würden jetzt auf die sozialen Techniken verweisen. Aber gerade die Entwicklung all der sozialwissenschaftlichen Techniken beruht auf einer Annahme, dass Leben standardisiert beschrieben werden kann und dass auf diese standardisierte Beschreibung Annahmen begründet werden können. Weil etwas in einer bestimmten Konstellation bestimmte Ergebnisse erbracht hat, kann dieses Etwas nun im besonderen Fall empfohlen werden.

Die Sozialwissenschaften beruhen auf einer Wissenschaftsgeschichte, die sich von der Erzählung befreien wollte. Die Sozialwissenschaften haben ihre Wissenschaftskritik immer ahistorisch oder gar nicht unternommen. Es ging darum, naturwissenschaftliche Anerkennung zu erlangen und damit eine Rolle in der Biopolitik spielen zu können. Effizienz wird dadurch erreicht, dass die Erzählung durch die Statistik ersetzt wird. Die Interpretation von Statistik ersetzt die Erzählung dann vollends.

Die Erzählung ist aber das Medium der Ratsuchenden. Die Ratgebenden werden sich bemühen müssen, diese Erzählung zu heben. Das allein ist schon ein Vorgang des Ratschlagens. Welche Fragen wie gestellt werden. Das wird die Erzählung verändern. Die Erzählung wiederum ist die wichtigste Leistung der Ratgebenden und das wertvollste Geschenk an die Ratsuchenden. Denn. Es geht um Geschenke. Mittlerweile geht es wieder um Geschenke. Wahrscheinlich ist es immer um Geschenke gegangen, wenn eine ratsuchende Person sich an eine ratgebende wandte. Heute. Nach dem mutwilligen Verschwinden der Institutionen gibt es nicht einmal mehr die Struktur einer gesellschaftlichen Rückbindung der Beratung. Die staatlichen Gesetze schränken nur mehr den Raum ein, in dem die Ratschläge sich bewegen dürfen. Die staatlichen Gesetze, die nur noch Kontrollstrukturen schaffen oder weiterführen, geben keinen Raum, in dem die Beratung aufgehoben wäre.

So dürfen Asylsuchende in Österreich nur in ihrer Muttersprache das über ihren Antrag entscheidende Interview führen. Das bedeutet, dass die Asylsuchenden der Übersetzung ausgeliefert sind. Selbst wenn sie sehr gut englisch oder sogar deutsch sprächen, sie müssen sich der Übersetzung überantworten. Die Übersetzung wird von Angestellten einer privaten Firma durchgeführt, die wiederum klare Vorgaben vom Innenministerium hat. Diese klaren Vorgaben sollen die Zahl der positiven Bescheide für Asylsuchende unter einer bestimmten Zahl halten. Die Übersetzung bei den Interviews ist eine Möglichkeit, die Erzählung der Asylsuchenden so zu heben, dass die Vergabe eines Bleiberechts nicht notwendig erscheint. Die Asylsuchenden sind also angehalten, ihre Geschichte so zu erzählen, dass selbst diese Übersetzung ihr Ansuchen nicht ablehnen helfen darf. Der einfache Vorgang der Erzählung im Zusammenhang mit den biopolitschen Maßnahmen der Politik führt zu einer vollkommenen Verzerrung. Die Erzählung wird nun ihrerseits von den Erzählenden in eine Quasistatistik eingepasst, von der die Erzählenden annehmen, dass das zum Erfolg führt.

Das ist nur ein Beispiel. Die Übersetzung ist selbst schon Beratung. In der Übersetzung wird die Erzählung neu geschaffen und wird somit zum Zwangsbesitz der Asylsuchenden. Und dieser Vorgang scheint mir für Beratung überhaupt gültig zu sein. Die neuen Zwänge, die ausschließlich innerhalb der Person angewandt werden. Die Entstaatlichung der Person in ihren Bedürfnissen hat nur zu einer Verstaatlichung der Psyche geführt, bei der alle Ordnungskriterien des Staats von der Person an sich selbst ausgeführt werden müssen. Alle Probleme, die uns von Verstaatlichungen bekannt sind, wie die Überregulierung und die totale Bürokratisierung. Alle diese Probleme sind in die Person eingewandert. Die Person aber. Sie ist nicht darauf vorbereitet. Es gab keine lange und ausführliche Diskussion, was es bedeutet, dass Personen sich nicht mehr auf den Staat verlassen können, wenn sie ihre Altersvorsorge bedenken. Mittlerweile wissen wir, dass die Person sich auf überhaupt keine Institution verlassen kann, wenn die Aufbewahrung des Gelds so nicht funktioniert, wie das die Bankenkrise ans Licht gebracht hat. Unvorbereitet wurde die Person aus der Umwerbung in sozialstaatlicher Fürsorge, die aus der Ideologiekonkurrenz des Kalten Kriegs herrührte, in die vollkommene Deregulierung der Effizienzideologie des Globalkapitalismus geworfen. Jede Person muss mit den ihr zugänglichen Ressourcen auf diese Zwangsbefreiung vom Staat reagieren. Der Person wird in dieser Neuübersetzung ihrer eigenen Biografie eine Zwangserzählung zugewiesen, in der uralte Schichten der Beschreibung wieder eine Rolle spielen.

Das Kapital spielt dabei die Hauptrolle. Jede Form von Kapital bekommt bei diesem Vorgang eine neue Bedeutung. Am deutlichsten sehen wir das beim Geld und beim Grundbesitz. Wer Geld und Grundbesitz hatte, der hat die Chance, dieses Geld und den Besitz zu vermehren. Wer vor diesem Umbau schon etwas hatte, der hat heute wahrscheinlich mehr.

Warum wenden wir diese Voraussetzung nicht auch auf das symbolische Kapital an. Wissen und Erkenntnis sind Ressourcen. Das Leben lässt sich ja auch bei größter Bemühung der hegemonialen Medien nicht auf das Aussehen reduzieren. Wissen und Erkenntnis werden auch weiterhin die einzige Möglichkeit bleiben, einen Sinn zu beschreiben. Das Wissen und die Erkenntnis von Geschlecht ist dabei eine Voraussetzung, die eigene Interessenslage überhaupt in diesem Chaos der Ansprüche herauszufinden. Bei einem geradezu wüsten Backlash in geschlechtliche Rollenstereotype im globalen Medienverbund und der nun globalen Biopolitik. Da sind das Wissen und die Erkenntnisse daraus, eine Frau zu sein. Da sind dieses Wissen und die Erkenntnisse fast schon wieder ein Geheimwissen. Dieses beschränkt sich allerdings auf die westliche Feministin, die mit allerhöchster Vorsicht dieses Wissen und die Erkenntnisse daraus auf andere Lebenssituationen beziehen mag.

Wir sind in eine Zeit geraten, in der jeder Schritt und jede Überlegung über Selbstrettung oder Selbstauslieferung entscheidet. Als Feministin sehe ich mich zu all den chaotischen Anforderungen noch endgültiger herausgefordert. Es ist aber die Erinnerung daran, was das für eine Situation war, in den 60er und 70er Jahren. Was es geheißen hat, da eine Frau zu sein. Es sind historische Erkenntnis und politische Analyse, die die Überlegungen heute leiten können. Darin ist die gelebte Erfahrung als Frau Ressource. Kapital. Diese gelebte Erfahrung ist niedergelegt und jedem und jeder greifbar. Aus diesem Kapital heraus könnte auch ein anderes Geschlecht Frauen beraten. Im Rückgriff auf dieses Kapital müßte aber jeder und jede das Frausein nachstellen, um die politische Analyse dieser gelebten Erfahrung nachvollziehen zu können. Es geht ja nicht um einen Glauben. Wenn das der Fall ist. Dann müssen wir die Medien des Berichts gelebter Erfahrung noch viel ernster nehmen und viel kritischer hinterfragen.

Am Ende dann. Eine Beratung, die gut genug ist, einer Frau jenen Rat zu erteilen, der weiterführt. Eine solche Beratung wird dann immer von Frauen für Frauen sein, wer immer auch berät. Eine solche Beratung wird dann aber auch der beratenden Person jene Hingewandtheit abfordern, die ohne den stützenden Raum der staatlichen Institution immer ein Geschenk sein muss. Ein persönliches Geschenk der beratenden Person an die beratene Person muss das sein. Das wird so lange ein Geschenk sein müssen und keine verschriebene Zwangsgeschichte, bis wir einen Weg gefunden haben, unsere gesellschaftliche Verhandlung neu zu bestimmen. Wir müssen uns mit Geschenken weiterhelfen, bis wir wieder einen Weg gefunden haben, die Verteilung der Ressourcen in Rechte und Pflichten zu verrechtlichen. Wir werden von der hegemonialen Öffentlichkeit viel zu sehr mit den Fragen des Geldes in seiner Erscheinung als Handelsware abgelenkt. Am Grund der Dinge geht es darum, den persönlichen Bedürfnissen wie Beziehung, Familie, Bildung und Kultur Ausdruck zukommen zu lassen. Es geht also darum, den Erzählungen demokratischen Raum zu gewähren. Die weibliche Erzählung muss zunächst einmal ihren Minderheitenstatus deklarieren, um ihn dann überwinden zu können. Wir stehen am Beginn einer Zwangsassimilation des Geschlechtlichen. Die Minderheitenerzählung ist alles, was wir von unserem Geschlecht haben. Es gilt diese Erzählung zu verteidigen und so zu vergeschichtlichen, dass sie in Erinnerung bleiben kann, ohne die Gegenwart zu blockieren. Im Grunde führt das alles zu ästhetischen Strategien, die eine solche Form der Durcharbeitung selbst zur Form nehmen.

Frauen müssen Künstlerinnen sein und werden ihre eigene Erzählung führen können und dann diese Erzählungen tauschen. Daraus sollten neue Politiken entstehen statt dieses verzweifelten Versuchs, es gleich zu machen. Und bis dahin beraten Frauen Frauen. Wer sonst sollte die gelebte Erfahrung in Geschenken tradieren. Es fehlt die konsequente Einforderung der Achtung dieser Leistung. Daran sollten wir arbeiten.

Danksagung

Dieses Buch ist in dieser Form nur möglich geworden durch die wohlwollende, ideelle und emotionale Unterstützung vieler!

Unser Dank gilt:
Zu allererst den Frauen, die sich an die Frauenberatungsstelle mit ihren Anliegen wenden, sie bilden die Basis, an der sich unsere Expertinnenschaft entwickelt.

Den Autorinnen für ihre engagierten Beiträge. Den Expertinnen für ihre Bereitschaft zur Teilnahme an dem Gruppengespräch. Beate Hofstadler für die solidarische und unentgeltliche supervisorische Begleitung – speziell für den Bereich Expertinnenrunde. Beatrix Wimmer für ihre aufmunternden Beiträge insbesondere für die Moderation der Expertinnenrunde. Silvia Aigner für die Transkription der Gespräche. Marlene Streeruwitz für das Verfassen eines Textes. Für das Abdruckrecht der Gedichte von Elfriede Gerstl danken wir ihrer Tochter Judith Bisinger-Brus.

Der italienischen Malerin Paola Gandolfi für ihre großzügige Geste, ihr Bild für das Cover zur Verfügung zu stellen. Anna Koellreuter für ihren hilfreichen Beistand während des gesamten Entstehungsprozesses des Buches.

Unseren diversen Supervisorinnen, die uns einzeln und im Team bei der Bewältigung der alltäglichen Anforderungen und Konflikte nach außen unsichtbar, aber alles andere als unwirksam begleitet haben und begleiten, damit wir arbeits- und teamfähig blieben und damit eine wichtige Rahmenbedingung sicherten. Auch sie haben einen erheblichen Anteil daran, dass wir unser Unternehmen »Publikation zum 30-Jahre-Jubiläum« letztlich realisieren konnten.

Unseren weiteren Kolleginnen von *Frauen beraten Frauen* für ihre Unterstützung und den Austausch über alle Phasen der Buchentstehung hinweg: DSA Susanne Brugger, Renate Frotzler-Dittrich, DSA Katja Russo MAS, DSA Margot Scherl MAS, Dr.[in] Barbara Stekl, Mag.[a] Barbara Zach.

Univ.-Prof. Dr. Christian-Hubert Ehalt von der Kulturabteilung der Stadt Wien, der uns, wie schon des Öfteren, auch bei diesem Vorhaben eine finanzielle Unterstützung zukommen ließ.

Frau Grit Sündermann vom Psychosozial-Verlag für ihre Geduld und sorgsame Betreuung. Mit der Herausgabe dieses Buches schafft der Psychosozial-Verlag die Voraussetzung, dass feministisches Gedankengut einer breiten Fachwelt zugänglich wird. Auch dafür ein herzliches Dankeschön.

Johanna Dohnal, die erste Frauenministerin Österreichs, verstarb in den Tagen der Fertigstellung des Buches. Wir betrauern ihren Verlust aufs Tiefste und möchten ihr posthum für vieles danken. Als erste Förderin stellte sie – damals noch als Frauenstaatssekretärin – den Gründerinnen von *Frauen beraten Frauen* ein Untermietzimmer in der Maroltingergasse im 16. Bezirk in Wien für die Abhaltung der ersten Beratungen zur Verfügung. Über all die Jahre ihrer Amtszeit pflegte sie den Dialog mit der autonomen Frauenbewegung und blieb der Frauenberatungsstelle wohlwollend und solidarisch verbunden.

Die Herausgeberinnen
Traude Ebermann, Julia Fritz, Karin Macke, Bettina Zehetner

Autorinnen

MARION BREITER, Dr.ⁱⁿ, ist Pädagogin, Psychotherapeutin, Erwachsenenbildnerin, Projektmanagerin und Wissenschaftlerin. Sie war Mitgründerin und langjährige Mitarbeiterin von *Frauen beraten Frauen*. Im Netzwerk österreichischer Frauen- und Mädchenberatungsstellen und im Institut SOFIA, die sie mitbegründet hat, ist sie weiterhin tätig. Sie arbeitet als Lektorin für Frauenforschung an der Universität Wien. Zahlreiche Publikationen mit den Themenschwerpunkten: Gewalt gegen Frauen, Lebenssituation von Frauen mit Behinderungen, berufliche Laufbahnberatung, Gender-Gleichstellung, Equal Pay.
Kontakt: m.breiter@univie.ac.at

AGNES BÜCHELE, Dr.ⁱⁿ, ist Klinische und Gesundheitspsychologin, Psychologische Psychotherapeutin und Supervisorin. Von 1984 bis 1995 war sie Mitarbeiterin des Vereins *Frauen beraten Frauen*, Wien; sie arbeitet als Lehrbeauftragte der Universität Wien, der Donau-Universität Krems und der Fachhochschule Köln sowie des Zentrums für angewandte Psychologie und Frauen- und Geschlechterforschung. Arbeitsschwerpunkte: Frauenspezifische und gendersensible Psychotherapie und Beratung.
Kontakt: agnes.buechele@buechele-beratung.de

TRAUDE EBERMANN, Mag.^a, ist Klinische und Gesundheitspsychologin, Psychotherapeutin für KlientInnenzentrierte Psychotherapie (KP) und Katathym Imaginative Psychotherapie (KIP). Sie arbeitet in freier Praxis und als Lehrtherapeutin mpLb für KIP (OEGATAP). Von 1990–2010 war sie

Mitarbeiterin bei *Frauen beraten Frauen* sowie Initiatorin und Mitarbeiterin des Wiener Institutes für frauenspezifische Psychotherapie (WIFP) von FbF. Sie ist weiterhin als Lektorin an der Medizinischen Universität Graz (Gender) und in der Aus- und Weiterbildung für Klinische und GesundheitspsychologInnen (GkPP) tätig.
Kontakt: tr.ebermann@aon.at

JULIA FRITZ, Mag.[a], ist Klinische Psychologin und Gesundheitspsychologin, Kompetenzenbilanz-Coach, Mitarbeiterin von *Frauen beraten Frauen* sowie des angeschlossenen Institutes für frauenspezifische Sozialforschung. Sie arbeitet als Lehrbeauftragte des Instituts für Psychologie an der Universität Innsbruck (psychologische Genderforschung und qualitative Methoden) und als Gastvortragende an der Fachhochschule Salzburg Puch/Urstein (Feministische Beratung).
Kontakt: fritz@frauenberatenfrauen.at, julia.fritz@uibk.ac.at

FELICE GALLÉ, Mag.[a] Dr.[in], ist Pressesprecherin des Grazer Frauengesundheitszentrums sowie Kommunikationswissenschaftlerin, Theaterwissenschaftlerin, Autorin, Moderatorin und Referentin von Fortbildungen zu PR und Sozialmarketing.
Kontakt: felice.galle@fgz.co.at, www.fgz.co.at

ELFRIEDE GERSTL, 1932–2009, lebte und wirkte als freie Autorin in Wien. Sie überlebte als jüdisches Kind die Zeit des Nationalsozialismus in diversen Verstecken. Sie studierte Medizin und Psychologie (ohne Abschluss) und veröffentlichte zahlreiche Gedichte, Essays und kurze Prosastücke seit 1955. 1963 nahm sie an den ersten Projekten des Literarischen Colloquiums Berlin (LCB) teil und war Gründungsmitglied der Grazer Autorenversammlung (GAV). Für ihr Werk erhielt sie zuletzt den Erich-Fried-Preis und den Georg-Trakl-Preis.

RUTH GROSSMASS, Prof.[in] Dr.[in], studierte Philosophie, Germanistik und Pädagogik und promovierte mit einer Arbeit über Beratung (»Psychische Krise und sozialer Raum«, 2000). Sie absolvierte verschiedene Ausbildungen und Weiterbildungen für die berufliche Praxis (Hochschulberatung): Gruppendynamik, KlientInnenzentrierte Gesprächsführung, tiefenpsychologische

Gruppenpsychotherapie, Approbation Kinder- und Jugendpsychotherapie. Seit 2004 ist sie Professorin für Ethik an der Alice-Salomon-Hochschule Berlin.
Kontakt: grossmass@ash-berlin.eu

SYLVIA GROTH, Mag.[a] MAS, ist Geschäftsführerin des Vereins Frauengesundheitszentrum, Graz. Sie absolvierte die Postgraduierten-Studiengänge Medizin-Soziologie und Frauengesundheitsforschung an der George Washington University, USA und verschiedene Weiterbildungen in Projektmanagement, Gesundheitsförderung und Management. Arbeitsschwerpunkte: Brustgesundheit – Mammografie-Screening, Wechseljahre, Patientinnenrechte – Patientinnenbeteiligung.
Kontakt: frauen.gesundheit@fgz.co.at, www.fgz.co.at

SABINE KIRSCHENHOFER, Mag.[a], ist Soziologin und systemische Paar- und Familientherapeutin. Seit 2005 arbeitet sie am Institut für Ehe- und Familientherapie, Wien, und ist seit 2002 in freier Praxis tätig. Arbeitsschwerpunkte: geschlechtersensible Paartherapie, feministische Theorien und (sexualisierte) Gewalt.
Kontakt: sabine.kirschenhofer@wiso.or.at

ANNA KOELLREUTER, Dr.[in] phil., ist Psychoanalytikerin in eigener Praxis in Zürich, Mitglied des PSZ (Psychoanalytisches Seminar Zürich) und im Redaktionsbeirat im *Werkblatt. Zeitschrift für Gesellschaft und Psychoanalyse*. Sie publizierte zur Analytikerin im Analyseprozess und zur Triebdynamik in der Analyse, u. a.: *Das Tabu des Begehrens. Zur Verflüchtigung des Sexuellen in Theorie und Praxis der feministischen Psychoanalyse* (2000). Letzte Publikation: *Wie benimmt sich der Prof. Freud eigentlich? Ein neu entdecktes Tagebuch von 1921 historisch und analytisch kommentiert* (2009).
Kontakt: a.koellreuter@sunrise.ch

KARIN MACKE, Mag.[a], ist Germanistin und Anglistin, Psychotherapeutin für Personzentrierte Psychotherapie (IPS), Reteaming Coach, SAFE-Elternmentorin, Schreibwerkstättenleiterin, Autorin und Performancekünstlerin sowie Mitarbeiterin von *Frauen beraten Frauen* und des angeschlossenen Wiener Institutes für frauenspezifische Psychotherapie (WIFP) und arbeitet im Counseling Service für Lehrende und Studierende an der Webster University, Wien.
Kontakt: macke@frauenberatenfrauen.at

ALICE PECHRIGGL, Dr.in phil. habil., PhD, ist Universitätsprofessorin für Philosophie an der Universität Klagenfurt und Gruppenpsychoanalytikerin in Ausbildung unter Supervision in freier Praxis. Forschungsschwerpunkte: Geschichte der Philosophie, Philosophische Anthropologie mit besonderer Berücksichtigung von Gruppen(-psychoanalyse) und Philosophie der Politik. Zuletzt erschienene Monografie: *Eros* (2009).
URL: www.uni-klu.ac.at/philo/inhalt/282.htm
Kontakt: Alice.Pechriggl@uni-klu.ac.at

SABINE SCHEFFLER, Prof.in em. Dr.in, war von 1971 bis 2008 Professorin für Sozialpsychologie an der Fachhochschule Köln und Leiterin des Instituts für Geschlechterstudien (IFG). 1978 war sie Mitbegründerin des Frauenzentrums Köln. Sie war Gastprofessorin für Frauen- und Geschlechterforschung an der Universität Wien, an der Donau-Universität Krems und ist weiterhin an der Universität Innsbruck tätig. Sie arbeitet in Psychotherapie, Beratung, Supervision und Coaching sowie als Trainerin in frauenspezifischer Beratung und Therapie im Rahmen des Zentrums für Angewandte Psychologie (ZAPF).
Kontakt: sabschef@t-online.de

MARGOT SCHERL, MAS, Dipl.-Sozialarbeiterin, ist Psychotherapeutin und Supervisorin (ÖVS). Sie absolvierte die Ausbildung in Frauenspezifischer Sozialtherapie (BRD) und Supervision (Berlin). 1980 gehörte sie zu den Gründerinnen der Frauenberatungsstelle Wien. Bis heute ist sie Mitarbeiterin von *Frauen beraten Frauen* und dem angeschlossenen Wiener Institut für frauenspezifische Psychotherapie (WIFP). Sie ist Lektorin des Universitätslehrganges für Supervision und Coaching an der Universität Salzburg.
Kontakt: scherl@frauenberatenfrauen.at

BRIGITTE SCHIGL, Dr.in, ist Psychotherapeutin (Integrative Gestalttherapie und Integrative Therapie) in freier Praxis in Wien und Krems. Sie ist Mitbegründerin des Vereins Zentrum für Essstörungen ZESS, Lehrsupervisorin, Lehrende für IT, Lektorin am Institut für Psychologie der Universität Graz sowie Lehrgangsleiterin an der Donau Universität Krems und forscht in der Psychotherapie- und Supervisions-Evaluation.
Kontakt: brigitte.schigl@aon.at

MARLENE STREERUWITZ, PhD, studierte Slawistik und Kunstgeschichte. Sie ist Journalistin der Öko-Zeitschrift *Natur ums Dorf*, Freie Texterin und Freie Journalistin. Seit 1986 veröffentlicht sie literarische Texte. Als freiberufliche Autorin und Regisseurin lebt sie in Wien, Berlin, London und New York. Zuletzt erschienen: *Kreuzungen* (2008) sowie *Entfernung* (2008).
URL: www.marlenestreeruwitz.at

REGINA TROTZ, Mag.ª, ist Psychologin, Psychotherapeutin, Gruppendynamiktrainerin (ÖAGG) und bioenergetische Analytikerin (DÖK). 1990 bis 1997 arbeitete sie für den Verein Notruf und Beratung für vergewaltigte Frauen und Mädchen, seit 1998 ist sie selbständig, seit 2003 Gesellschafterin der beraterInnengruppe naschmarkt.
Kontakt: trotz@naschmarkt.co.at

MARIETTA WINKLER, DSA, ist Personzentrierte Psychotherapeutin, Supervisorin, Mediatorin und psychotherapeutische Gutachterin in privater Praxis in Wien und Linz. Sie arbeitet als Ausbilderin für Psychotherapie, Beratung und Supervision, apg/IPS und als Lehrbeauftragte der Sigmund Freud PrivatUniversität (SFU). Sie ist Mitglied der Ombudsstelle der Erzdiözese Wien für Opfer sexuellen Missbrauchs in der Kirche, der Beschwerdestelle und Schlichtungskommission des WLP und der VÖPP und im THUJA-Verein für frauenspezifische Sozial- und Psychotherapie.
Kontakt: praxismw@nextra.at

BETTINA ZEHETNER, Mag.ª, ist Philosophin, psychosoziale Beraterin, zertifizierte Laufbahn- und Onlineberaterin und Trainerin (frauenspezifische und gendersensible psychosoziale Beratung, Trennungsbegleitung, Telefon- und Onlineberatung, Gestaltung von Erstkontakten), seit elf Jahren Mitarbeiterin bei *Frauen beraten Frauen* und des angeschlossenen Institutes für frauenspezifische Sozialforschung. Sie arbeitet als Lehrbeauftragte des Instituts für Soziologie an der Universität Wien (Gesellschaftsdiagnosen und Gender Studies).
Kontakt: zehetner@frauenberatenfrauen.at, bettina.zehetner@univie.ac.at

Literatur

Adam, Michael; Korbei, Volker (1989): Ganzheitliche Geburtshilfe und ambulante Geburt. Das Geburtshaus Wien-Nußdorf. In: Forster, Rudolf; Froschauer, Ulrike & Pelikan, Jürgen (Hg.): Gesunde Projekte. Wien (Jugend und Volk), S. 143–163.
Aichhorn, Thomas (2005): Die Relevanz metapsychologischer Überlegungen für die Praxis der Psychoanalyse. In: Bayer, Lothar & Quindeau, Ilka (Hg.): Die unbewusste Botschaft der Verführung. Interdisziplinäre Studien zur Verführungstheorie von Jean Laplanche. Gießen (Psychosozial-Verlag), S. 31–57.
Appel, Margit (2004): Politisierung von Frauen als Strategie gegen Frauenarmut. In: Heitzmann, Karin & Schmidt, Angelika (Hg.): Wege aus der Frauenarmut. Frankfurt/Main (Peter Lang), S. 191–212.
Arendt, Hannah (1967): Vita activa oder vom tätigen Leben. München, Zürich (Piper).
Arendt, Hannah (1970): Macht und Gewalt. München (Piper).
Aulagnier, Piera (1984): La violence de l'interprétation. Paris (PUF).
Bahrke, Ulrike & Nohr, Karin (2005): Katathym Imaginative Psychotherapie. Eine Positionsbestimmung. Imagination 2, 5–23.
Basaure, Mauro (2008): Foucault und die Psychoanalyse. Grammatik eines Missverständnisses. Werkblatt 2, 25–52.
Beck, Ulrich (1986): Risikogesellschaft. Auf dem Weg in eine andere Moderne. Frankfurt/Main (Suhrkamp).
Becker, Sophinette (2005): Weibliche und männliche Sexualität. In: Quindeau, Ilka & Sigusch, Volkmar (Hg.): Freud und das Sexuelle. Neue psychoanalytische und sexualwissenschaftliche Perspektiven. Frankfurt/Main (Campus), S. 63–79.
Becker-Schmidt, Regina (2000): Feministische Debatten zur Subjektkonstruktion. In: Becker-Schmidt, Regina & Axeli-Knapp, Gudrun (Hg.): Feministische Theorien zur Einführung. Hamburg (Junius), S. 124–142.
Becker-Schmidt, Regina (2006): Theoretische und methodische Anmerkungen zu »Sozialisation und Geschlecht«. In: Bilden, Helga & Dausien, Bettina (Hg.): Sozialisation und Geschlecht. Opladen (Barbara Budrich), S. 289–307.
Becker-Schmidt, Regina & Axeli-Knapp, Gudrun (Hg.) (1995): Das Geschlechterverhältnis als Gegenstand der Sozialwissenschaften. Frankfurt, New York (Springer).
Bell, Karin (1997): Ich hätte nicht gedacht, dass ich einen Beruf finden würde, der so zufriedenstellend ist. In: Mertens, Wolfgang (Hg): Der Beruf des Psychoanalytikers. Stuttgart (Klett-Cotta), S. 51–70.

Bell, Karin & Höhfeld, Kurt (Hg.) (2000): Aggression und seelische Krankheit. Gießen (Psychosozial-Verlag).
Belotti, Elena Gianin (1980): Was geschieht mit kleinen Mädchen? München (Frauenoffensive).
Benard, Cheryl & Schlaffer, Edit (1978): Die ganz gewöhnliche Gewalt in der Ehe. Texte zu einer Soziologie von Macht und Liebe. Reinbek bei Hamburg (Rowohlt).
Benjamin, Jessica (1990): Die Fesseln der Liebe. Psychoanalyse, Feminismus und das Problem der Macht. Basel (Stroemfeld/Roter Stern).
Benjamin, Jessica (1993a): Die Fesseln der Liebe. Psychoanalyse, Feminismus und das Problem der Macht. Frankfurt/Main (Fischer).
Benjamin, Jessica (1993b): Phantasie und Geschlecht. Studien über Idealisierung, Anerkennung und Differenz. Basel, Frankfurt/Main (Stroemfeld/Nexus).
Benjamin, Jessica (2002): Der Schatten des Anderen. Intersubjektivität, Gender, Psychoanalyse. Basel, Frankfurt/Main (Stroemfeld/Nexus).
Benjamin, Jessica (2006): Tu ich oder wird mir angetan? Ein intersubjektives Triangulierungskonzept. In: Altmeyer, Martin & Thomä, Helmut (Hg.): Die vernetzte Seele. Die intersubjektive Wende in der Psychoanalyse. Stuttgart (Klett-Cotta), S. 65–107.
Benke, Karlheinz (2005): Virtualität als Lebensraum(gefühl): Einsamkeit, Gemeinschaft und Hilfe im virtuellen Raum. e-beratungsjournal 1(8). URL: http://e-beratungsjournal.net/ausgabe_0105/benke.pdf (Stand: 8.12.2009).
Beyer, Kathrin (1999): Esssucht ist weiblich. Hannover (R. T. Verlag).
Bilden, Helga (Hg.) (1991): Das Frauentherapiehandbuch. München (Frauenoffensive).
Bilden, Helga & Dausien, Bettina (Hg.) (2006): Sozialisation und Geschlecht. Opladen (Barbara Budrich).
Bion, Wilfred (1992): Elemente der Psychoanalyse. Frankfurt/Main (Suhrkamp).
Bion, Wilfred (1990): Erfahrungen in Gruppen. Frankfurt/Main (Suhrkamp).
Bion, Wilfred (2001): Erfahrungen in Gruppen. Stuttgart (Klett-Cotta).
Boston Women's Health Collective (1981): Unser Körper – unser Leben. Reinbek bei Hamburg (Rowohlt).
Brändli, Sibylle (2009): Die Auflösung des Falls: Psychosoziale Versorgung für Schulkinder und Fallvergegenwärtigung in den 1970er Jahren. In: Brändli, Sibylle; Lüthi, Barbara & Spuhler, Gregor (Hg.): Zum Fall machen, zum Fall werden. Frankfurt/Main (Campus), S. 254–277.
Brown, Laura S. (1990): Feminist therapy and psychodiagnosis: Beyond DSM and ICD. Proceedings of the First International Congress of Mental Health Care for Women. Amsterdam (Stichting De Maan).
Bröckling, Ulrich (2009): Das unternehmerische Selbst. Soziologie einer Subjektivierungsform. Frankfurt/Main (Suhrkamp).
Broom, Dorothy H. (1998): By women, for women. The continuing appeal of women's health centers. Women & Health 28, 5–22.
Bruch, Hilde (1991): Essstörungen. Zur Psychologie und Therapie von Übergewicht und Magersucht. Frankfurt/Main (Fischer).
Brückner, Margrit (1983): Die Liebe der Frauen. Über Weiblichkeit und Misshandlung. Frankfurt/Main (Verlag Neue Kritik).
Brückner, Margrit (1996): Frauen- und Mädchenprojekte. Von feministischen Gewißheiten zu neuen Suchbewegungen. Opladen (Leske+Budrich).
Büchele, Agnes (2000): Skandal der Männlichkeit – Sexuelle Gewalt. In: Majce-Egger, Maria & Trotz, Regina (Hg.): Die Macht begehren. Politische Haltungen in der Gruppendynamik. Innsbruck (Studienverlag), S. 146–156.

Buchta, Anneliese (2004): Aggression von Frauen. Entwicklungspsychologie, Psychodynamik und Psychotherapie. Stuttgart (Kohlhammer).
Bundeskanzleramt – Bundesministerin für Frauen, Medien und öffentlichen Dienst (Hg.) (2009): Was ist CEDAW? Die UN-Konvention zur Beseitigung jeder Form von Diskriminierung der Frau. Wien (Bundeskanzleramt).
Bundesministerium für Frauenangelegenheiten (Hg.) (1996): Frauenpolitische Perspektiven nach der Weltfrauenkonferenz 1995. Wien (Bundesministerium für Frauenangelegenheiten).
Butler, Judith (1991): Das Unbehagen der Geschlechter. Frankfurt/Main (Suhrkamp).
Caruso, Igor (2006): Die Trennung der Liebenden. Eine Phänomenologie des Todes. Wien (Turia+Kant).
Chodorow, Nancy (1978): The Reproduction of Mothering. Berkeley and Los Angeles (University of California Press).
Castoriadis, Cornelius (1984): Gesellschaft als imaginäre Institution. Frankfurt/Main (Suhrkamp).
Chodorow, Nancy (1985): Das Erbe der Mütter. Psychoanalyse und Soziologie der Geschlechter. München (Frauenoffensive).
Chodorow, Nancy (2001): Die Macht der Gefühle. Subjekt und Bedeutung in Psychoanalyse, Geschlecht und Kultur. Stuttgart (Kohlhammer).
Christlieb, Martina (1995): Damenringkämpfe im Behandlungszimmer. Zur Beziehungsdynamik zwischen der aggressiven Patientin und ihrer Analytikerin. In: Hamburger Arbeitskreis für Psychoanalyse und Feminismus (Hg.): Evas Biss. Weibliche Aggressivität und ihre Wirklichkeiten. Freiburg i.Br. (Kore), S. 129–172.
Connell, Robert W. (2000): Der gemachte Mann. Konstruktion und Krise von Männlichkeiten. Opladen (Barbara Budrich).
Croissier, Gertrude-Raven (2007): Psychotherapie im Raum der Göttin. Schalkmühle (Pomaska-Brand).
De Beauvoir, Simone (1949): Das andere Geschlecht. Hamburg (Rowohlt).
Dohnal, Johanna (Hg.) (1993): Test the West. Geschlechterdemokratie und Gewalt. Gewalt gegen Frauen gegen Gewalt. Wien (Bundeskanzleramt).
Dorn, Thea (2007): Die neue F-Klasse. Wie die Zukunft von Frauen gemacht wird. München (Piper).
Ebermann, Traude (1999): AUTOSTOP – Fahren Sie mit? Fahren Sie mit! Imagination 1, 61–72.
Ebermann, Traude (2001): Jahrhundert der Frauen – Ja, hunderte Frauen! Imagination 1, 37–62.
Ebermann, Traude (2002): Auf der Suche nach der weiblichen Sexualität auch in der KIP. Imagination 2, 101–115.
Ebermann, Traude (2005): Nach 50 Jahren KIP – Weiblichkeit explizit ins Bild! In: Kottje-Birnbacher, Leonore; Wilke, Eberhard & Krippner, Klaus (Hg): Mit Imaginationen therapieren. Lengerich (Pabst Science Publishers), S. 144–162.
Ehrenreich, Barbara & English, Deidre (1976): Zur Krankheit gezwungen. München (Frauenoffensive).
Eichenbaum, Luise & Orbach, Susie (Hg.) (1984): Feministische Psychotherapie. Auf der Suche nach einem neuen Selbstverständnis. München (Kösel).
Enns, Carolyn Z. (1997): Feminist Theories and Feminist Psychotherapies. Origins, Themes and Variations. New York, London (Harrington Park).
Enns, Carolyn Z. (2003): Contemporary Adaptions of Traditional Approaches to the Counsel-

ling of Women. In: Kopala, Mary & Keitel, Merle A. (Hg.): Handbook of Counselling Women. Thousand Oaks, London, New Dehli (Sage), S. 3–22.
Ernst, Sheila & Goodison, Lucy (1981): Selbsthilfetherapie. Ein Handbuch für Frauen. München (Frauenoffensive).
Fink, Bruce (2006): Das Lacansche Subjekt. Wien (Turia+Kant).
Fischer, Markus (2008): Geschlechtervorurteile in Partnerschaft und Familie. URL: www.ibp-institut.ch/69.html (Stand: 10.9.2009).
Flaake, Karin (1995): Zwischen Idealisierung und Entwertung. Probleme der Perspektiven theoretischer Analysen zu weiblicher Homo- und Heterosexualität. Psyche – Z Psychoanal 9/10, 867–885.
Flaake, Karin (2001): Körper, Sexualität und Geschlecht. Gießen (Psychosozial-Verlag).
Flaig, Maria & Valentin-Mousli, Bernadette (1998): Begegnungen auf dem Weg zu weiblicher Freiheit. Über Feminismus und Gestalttherapie. Gestaltkritik 2. URL: http://www.gestalt.de/feminismus.html (Stand: 26.7.2009).
Foulkes, Siegmund H. (1974): Gruppenanalytische Psychotherapie. München (Kindler).
Frauen beraten Frauen (Hg.) (2008): Frauenspezifische Onlineberatung. Besonderheiten und Qualitätskriterien. Ein Leitfaden. Wien (Frauen beraten Frauen). URL: http://www.frauenberatenfrauen.at/download/leitfaden.pdf (Stand: 20.8.2009).
Freedman, Jill & Combs, Gene (1996): Narrative Therapy. The Social Construction of Preferred Realities. New York, London (W. W. Norton&Company).
Frerichs, Petra & Wiemert, Heike (2002): Ich gebe, damit du gibst. Frauennetzwerke – strategisch, reziprok, exklusiv. Opladen (Leske+Budrich).
Freud, Sigmund (1900): Die Traumdeutung. GW II/III. Frankfurt/Main (Fischer).
Freud, Sigmund (1905): Drei Abhandlungen zur Sexualtheorie. GW V. Frankfurt/Main (Fischer), S. 27–145.
Freud, Sigmund (1923): Das Ich und das Es. GW XIII. Frankfurt/Main (Fischer), S. 235–289.
Freud, Sigmund (1925): Einige psychische Folgen des anatomischen Geschlechtsunterschieds. Studienausgabe V. Frankfurt/Main (Fischer), S. 253–266.
Freud, Sigmund (1933): Vorlesung über die Weiblichkeit. GW XV. Frankfurt/Main (Fischer), S. 119–145.
Freytag, Gabriele (2003): Von der Avantgarde zur Fachfrau. Heidelberg (Asanger).
Fuchs, Peter & Mahler, Enrico (2000): Form und Funktion von Beratung. Soziale Systeme 6, 351–368.
Gahleitner, Silke Brigitte & Gunderson, Connie Lee (Hg.) (2009): Gender, Trauma, Sucht: Neues aus Forschung, Diagnostik und Praxis. Kröning (Asanger).
Gerhard, Ute (1998): Die Töchter der Emanzipation – das Generationenproblem in der Frauenbewegung. In: Mues, Ingeborg (Hg.): Was Frauen bewegt und was sie bewegen. Sechsundzwanzig Originalessays. Frankfurt/Main (Fischer), S. 71–89.
Gerhard, Ute (1999): Atempause. Feminismus als demokratisches Projekt. Frankfurt/Main (Fischer).
Gerstl, Elfriede (1999): Alle Tage Gedichte. Schaustücke, Hörstücke. Wien (Deuticke).
Gerstl, Elfriede (2006): mein papierener garten. Graz (Literaturverlag Droschl).
GiG-net (Hg.) (2008): Gewalt im Geschlechterverhältnis. Erkenntnisse und Konsequenzen für Politik, Wissenschaft und soziale Praxis. Opladen & Farmington Hills (Barbara Budrich).
Gijsberg van Wijk, Cecile M.T.; Van Vliet, Katja P. & Kolk, Annemarie M. (1996): Gender perspectives and quality of care: towards appropriate and adequate health care for women. Social Science & Medicine 43, 707–720.

Glaser, Edith; Klika, Dorle & Prengel, Annedore (Hg.) (2004): Handbuch Gender und Erziehungswissenschaft. Bad Heilbrunn (Klinkhardt).
Godfrind, Jacqueline (2001): Die Weiblichkeit denken – die Weiblichkeit konstruieren. Vortrag am Psychoanalytischen Seminar Bern. Unveröffentlichtes Manuskript.
Goldner, Virginia; Penn, Peggy; Sheinberg, Marcia & Walker, Gillian (1992): Liebe und Gewalt: geschlechtsspezifische Paradoxe in instabilen Beziehungen. In: Schweitzer, Jochen; Retzer, Arnold & Fischer, Hans Rudi (Hg.): Systemische Praxis und Postmoderne. Frankfurt/Main (Suhrkamp), S. 109–140.
Granovetter, Mark (2003): Ignorance, Knowledge and Outcomes in a Small World. Science Magazine 301. URL: www.sciencemag.org/cgi/content/abstract/301/5634/827 (Stand: 30.10.2009).
Greenspan, Miriam (1983): A New Approach To Women And Therapy. New York, NY (McGraw-Hill).
Greuel, Luise & Petermann, Axel (2009): »Bis dass der Tod euch scheidet ...« – Femizid in Partnerschaftskonflikten. In: Greuel, Luise & Petermann, Axel (Hg.): Macht – Familie – Gewalt(?). Intervention und Prävention bei (sexueller) Gewalt im sozialen Nahraum. Berlin, Bremen, Miami (Pabst Science Publishers), S. 11–37.
Großmaß, Ruth (2000): Psychosoziale Krisen und sozialer Raum. Tübingen (dgvt-Verlag).
Großmaß, Ruth (2002): Gestaltung von Beratungsräumen als professionelle Kompetenz. In: Nestmann, Frank & Engel, Frank (Hg.): Die Zukunft der Beratung. Tübingen (dgvt), S. 187–198.
Großmaß, Ruth (2005): Bedarfsorientierte Beratung und Krisenintervention. In: Frauenhauskoordinierung e.V., Tagung Nov. 2005, Berlin. URL: www.frauenhauskoordinierung.de (Stand: 11.5.2006).
Großmaß, Ruth (2005): Bedarfsorientierte Beratung und Krisenintervention – Konzepte und Standards. Vortrag Fachforum Frauenhaus. URL: http://www.ash-berlin.eu/hsl/freedocs/197/Frauenhaus.pdf (Stand: 1.11.2009).
Großmaß, Ruth (2006): Psychosoziale Beratung im Spiegel soziologischer Theorien. Zeitschrift für Soziologie 35(6), 485–505.
Großmaß, Ruth & Schmerl, Christiane (2004): Psychosoziale Beratung und Genderrelation. In: Glaser, Edith; Klika, Dorle & Prengel, Annedore (Hg.): Handbuch Gender und Erziehungswissenschaft. Bad Heilbrunn (Klinkhardt), S. 540–556.
Groth, Sylvia (1997a): Frauengerechte Gynäkologie für Patientinnen und für ÄrztInnen. In: Dür, Wolfgang & Pelikan, Jürgen M. (Hg.): Gesundheitsförderung regional. Wien (Facultas), S. 137–143.
Groth, Sylvia (1997b): PatientInnenorientiert und frauengerecht. In: Grundböck, Alice; Nowak, Peter & Pelikan, Jürgen M. (Hg.): Gesundheitsförderung. Eine Strategie für Krankenhäuser im Umbruch. Wien (Facultas), S. 314–318.
Groth, Sylvia (1999): Bewegte Frauengesundheit. In: Groth, Sylvia & Rásky, Éva (Hg.): Frauengesundheiten. Innsbruck (Studienverlag), S. 82–95.
Groth, Sylvia & Pirker, Kerstin (2009): Die Klitoris. Clio. Zeitschrift für Frauengesundheit 68, 4–9.
Grunert, Johannes (1989): Intimität und Abstinenz in der psychoanalytischen Allianz. Jb. d. Psa. 25, 203–236.
Haaf, Meredith; Klinger, Susanne & Streidl, Barbara (2008): Wir Alphamädchen: Warum Feminismus das Leben schöner macht. Hamburg (Hoffmann und Campe).
Haaf, Meredith (2009): Wie aus mir ein Alphamädchen wurde. URL: jetzt.sueddeutsche.de/texte/anzeigen/421905 (Stand: 20.8.2009).

Hagemann-White, Carol (1984): Sozialisation: Weiblich – männlich? Alltag und Biographie von Mädchen. Opladen (Leske+Budrich).

Hagemann-White, Carol (1997): Die feministische Gewaltdiskussion: Paradoxie, Blockaden, neue Ansätze. In: Hagemann-White, Carol; Kavemann, Barbara & Ohl, Luise (Hg.): Parteilichkeit und Solidarität. Praxiserfahrungen und Streitfragen zur Gewalt im Geschlechterverhältnis. Bielefeld (Kleine).

Hagemann-White, Carol (2006): Sozialisation – zur Wiedergewinnung des Sozialen im Gestrüpp individualisierter Geschlechterbeziehungen. In: Bilden, Helga & Dausien, Bettina (Hg.): Sozialisation und Geschlecht. Theoretische und methodologische Aspekte. Opladen (Barbara Budrich), S. 70–88.

Hagemann-White, Carol & Bohne, Sabine (2003): Versorgungsbedarf und Anforderungen an Professionelle im Gesundheitswesen im Problembereich Gewalt gegen Frauen und Mädchen. Expertise für die Enquetekommission »Zukunft einer frauengerechten Gesundheitsversorgung in NRW«. Universität Osnabrück. URL: http://www.bmfsfj.de/bmfsfj/generator/Publikationen/genderreport/01-Redaktion/PDF-Anlagen/lit-gewaltexpertise (Stand: 1.11.2009).

Hagemann-White, Carol; Kavemann, Barbara & Ohl, Dagmar (1997): Parteilichkeit und Solidarität. Praxiserfahrungen und Streitfragen zur Gewalt im Geschlechterverhältnis. Bielefeld (Kleine).

Hamann, Sibylle & Linsinger, Eva (2008): Weißbuch Frauen/Schwarzbuch Männer. Warum wir einen neuen Geschlechtervertrag brauchen. Wien (Deuticke im Zsolnay Verlag).

Hamburger Arbeitskreis für Psychoanalyse und Feminismus (Hg.) (1995): Evas Biss. Weibliche Aggressivität und ihre Wirklichkeiten. Freiburg i.Br. (Kore).

Hare-Mustin, Rachel T. (1994): Discourses in the Mirrored Room: A Postmodern Analysis of Therapy. Family Process 33, 19–35.

Hark, Sabine (2005): Queer Studies. In: Braun, Christina von & Stephan, Inge (Hg.): Gender@Wissen. Ein Handbuch der Gender Theorien. Köln (Böhlau), S. 285–303.

Hartwig, Luise & Weber, Monika (2000): Parteilichkeit als Konzept der Mädchen- und Frauenarbeit. In: Hartwig, Luise & Merchel, Joachim (Hg.): Parteilichkeit in der sozialen Arbeit. Münster, New York, München, Berlin (Waxmann), S. 25–48.

Hauler, Barbara & Uhlmann, Harald (2008): »Sex and Gender« – Der kleine Unterschied und seine Folgen für die KIP. In: Bürgi-Kraus, Monika; Kottje-Birnbacher, Leonore; Reichmann, Ingrid & Wilke, Eberhard (Hg.): Entwicklung in der Imagination – Imaginative Entwicklung. Lengerich (Pabst Science Publishers), S. 62–78.

Haushofer, Marlen (1986): Die Mansarde. Frankfurt/Main (Fischer).

Hausladen, Anni & Laufenberg, Gerda (2000): Die Kunst des Klüngelns. Erfolgsstrategien für Frauen. Reinbek bei Hamburg (Rowohlt).

Heenen-Wolff, Susann (2009): Abschied vom Schiboleth? In: Berkel, Irene (Hg.): Postsexualität. Zur Transformation des Begehrens. Gießen (Psychosozial-Verlag), S. 169–190.

Heidrich, Martin & Rohleder, Christiane (2005): Soziale Arbeit und häusliche Gewalt. Ein Arbeitsfeld im Umbruch. In: Hasenjürgen, Brigitte & Rohleder, Christiane (Hg.): Geschlecht im sozialen Kontext. Perspektiven für die soziale Arbeit. Opladen (Barbara Budrich), S. 201–233.

Hellbernd, Hildegard & Wieners, Karin (2002): Gewalt gegen Frauen im häuslichen Bereich – gesundheitliche Folgen, Versorgungssituation und Versorgungsrealität. Jahrbuch Kritische Medizin 36 (Versorgungsbedarfe und Versorgungsrealitäten), 135–148.

Hellferich, Cornelia & Kavemann, Barbara (2004): Wissenschaftliche Untersuchung zur Situation von Frauen und zum Beratungsbedarf nach Platzverweis bei häuslicher Gewalt. Stuttgart (Sozialministerium Baden-Württemberg).

Hensel, Jana (2009): Neue deutsche Mädchen. Reinbeck (Rowohlt).
Herman, Judith Lewis (1993): Die Narben der Gewalt. Traumatische Erfahrungen verstehen und überwinden. München (Kindler).
Hidalgo-Xirinachs, Roxana (2002): Die Medea des Euripides. Zur Psychoanalyse der weiblichen Aggression und Autonomie. Gießen (Psychosozial-Verlag).
Hirschauer, Stefan (1993): Die soziale Konstruktion der Transsexualität. Über die Medizin und den Geschlechtswechsel. Frankfurt/Main (Suhrkamp).
Holderberg, Angelika & Mielke, Erika (1995): Schlaglichter. Weibliche Aggressivität – männliche Zuschreibungen – weibliche Identifikation. In: Hamburger Arbeitskreis für Psychoanalyse und Feminismus (Hg.): Evas Biss. Weibliche Aggressivität und ihre Wirklichkeiten. Freiburg i.Br. (Kore), S. 15–44.
HOM (2008): Health Rights of Woman Assessment Instrument. URL: www.aimforhumanrights.nl/fileadmin/user_upload/pdf/HeRWAI_2006.pdf (Stand: 3.11.2009).
Hopper, Earl (2003): The Social Unconscious. Selected Papers. London (Kingsley).
Hörmann, Martina (2002): Vom kreativen Chaos zum professionellen Management. Opladen (Leske+Budrich).
Jelinek, Elfriede (1990): Die Liebhaberinnen. Reinbek bei Hamburg (Rowohlt).
Jordan, Judith V. & Surrey, Janet L. (1991): The Self in Relation: Empathy and the Mother Daughter Relationship. In: Bernay, Toni & Cantor, Dorothy W. (Hg.): The Psychology of Today's Women. Hillsdale (McGraw-Hill), S. 81–101.
Kant, Immanuel (1784/1968): Idee zu einer allgemeinen Geschichte in weltbürgerlicher Absicht, 4. Satz, Werke Band XI, Frankfurt/Main (Suhrkamp), S. 33–52.
Kaschak, Ellyn (1992): Engendered Lives. A new Psychology of Women's Experience. New York (Harper Collins).
Kavemann, Barbara (1997): Zwischen Politik und Professionalität: Das Konzept der Parteilichkeit. In: Hagemann-White, Carol; Kavemann, Barbara & Ohl, Luise (Hg.): Parteilichkeit und Solidarität. Praxiserfahrungen und Streitfragen zur Gewalt im Geschlechterverhältnis. Bielefeld (Waxmann), S. 179–219.
Kavemann, Barbara (2005): Gemeinsam gegen häusliche Gewalt: Kooperation, Intervention, Begleitforschung. In: Kerner, Hans-Jürgen & Marks, Erich (Hg.): Internetdokumentation Deutscher Präventionstag. Hannover. URL: http://www.praeventionstag.de/content/10_praev/doku/kavemann.html (Stand 1.12.2009).
Kavemann, Barbara; Leopold, Beate; Schirrmacher, Gesa & Hagemann-White, Carol (2001): Modelle der Kooperation gegen häusliche Gewalt. Ergebnisse der wissenschaftlichen Begleitung des Berliner Interventionsprojektes gegen häusliche Gewalt (BIG). Stuttgart (BMFSFJ).
Keupp, Heiner (1999): Identitätskonstruktionen. Reinbek bei Hamburg (Rowohlt).
Kickbusch, Ilona (1981): Frauengesundheitsbewegung – ein Forschungsgegenstand? In: Schneider, Ulrike (Hg.): Was macht Frauen krank? Frankfurt/Main (Campus), S. 193–203.
Kienpointner, Manfred (2000): Feministische Linguistik, Trends, Resultate, praktische Anwendungen. In: Klettenhammer, Sieglinde & Pöder, Elfriede (Hg.): Das Geschlecht, das sich (un)eins ist? Frauenforschung und Geschlechterforschung in den Kulturwissenschaften. Innsbruck (Studienverlag), S. 228–245.
Kirschenhofer, Sabine & Kuttenreiter, Verena (2006): Die Wirksamkeit des Unsichtbaren. Konstruktion von Geschlecht in systemischen Paartherapien. Ergebnisse einer qualitativen Untersuchung. Wien (Eigenverlag IEF).
Klapeer, Christine (2009): Mit der »Homo-Ehe« in Richtung einer sexuellen Demokratie? Demokratietheoretische Überlegungen zur Bedeutung aktueller veränderter partner-

schaftlicher Normsetzungen. In: Pechriggl, Alice; Mertlitsch, Kirstin; Isop, Utta & Hipfl, Brigitte (Hg.): Über Geschlechterdemokratie hinaus/Beyond Gender Democracy. Klagenfurt (Drava), S. 103–126.

Klein, Melanie (1932): Die Psychoanalyse des Kleinkindes. Frankfurt/Main (Fischer).

Koch-Arzberger, Claudia (1994): Solidarität in der modernen Gesellschaft. Frankfurt/Main (Fischer).

Koellreuter, Anna (1996): Feministisch-psychoanalytische Weiblichkeitskonzepte: Wie steht es mit den Trieben? In: Grosz-Ganzoni, Ita-Maria (Hg.): Widerspenstige Wechselwirkungen. Feministische Perspektiven in Psychoanalyse, Philosophie, Literaturwissenschaft und Gesellschaftskritik. Tübingen (edition discord).

Koellreuter, Anna (2000): Das Tabu des Begehrens. Zur Verflüchtigung des Sexuellen in Theorie und Praxis der feministischen Psychoanalyse. Gießen (Psychosozial-Verlag).

König, Oliver & Schattenhofer, Karl (2006): Einführung in die Gruppendynamik. Heidelberg (Karl-Auer).

Kopala, Mary & Keitel, Merle A. (Hg.) (2003): Handbook of Counseling Women. Thousand Oaks, London, New Dehli (Sage).

Krause-Girth, Cornelia (2004): Psychotherapie, Gesundheit und Geschlecht – Argumente für eine geschlechtersensible gesundheitsfördernde Psychotherapie. Psychotherapie Forum 12, 26–35.

Krondorfer, Birge (2000): Die Macht ist eine Wolke. Reflexionen der/zur Großgruppe zum Ende. In: Majce-Egger, Maria & Trotz, Regina (Hg.): Die Macht begehren. Politische Haltungen in der Gruppendynamik. Innsbruck, Wien, München (Studienverlag), S. 121–129.

Kullmann, Katja (2003): Generation Ally. Warum es heute so kompliziert ist, eine Frau zu sein. Frankfurt/Main (Eichborn).

Lacan, Jacques (1975): Encore. Seminar XX. Berlin (Weinheim).

Lacan, Jacques (1984): Les complexes familiaux dans la formation de l'individu. Paris (Navarin).

Lane, Gerry & Russell, Tom (1987): Gewalt bei Paaren. Möglichkeiten, Änderungen auszulösen. Ein systemischer Ansatz zweiter Ordnung. Zeitschrift für systemische Therapie 5(2), 112–123.

Laplanche, Jean (1994): Nouveaux fondements pour la psychanalyse. Paris (PUF).

Laplanche, Jean (1996): Die unvollendete kopernikanische Revolution in der Psychoanalyse. Gießen (Psychosozial-Verlag).

Laplanche, Jean (2009): Inzest und infantile Sexualität. Psyche – Z Psychoanal 6, 525–539.

Leuner, Hanscarl (1987): Lehrbuch des Katathymen Bilderlebens. Bern, Stuttgart, Toronto (Huber).

Leuner, Hanscarl (1990): Katathymes Bilderleben. Ergebnisse in Theorie und Praxis. Bern, Stuttgart, Toronto (Huber).

Libreria delle donne di Milano (1988): Wie weibliche Freiheit entsteht. Eine neue politische Praxis. Berlin (Orlanda Frauenverlag).

Luepnitz, Deborah Anna (2008): Schopenhauers Stachelschweine. Psychotherapiegeschichten über die Nähe und ihre Tücken. Gießen (Psychosozial-Verlag).

Majce-Egger, Maria (1999): Gruppentherapie und Gruppendynamik. Dynamische Gruppenpsychotherapie: Theoretische Grundlagen, Entwicklungen und Methoden. Wien (Facultas).

Majce-Egger, Maria (2000): Die Macht der Sexualität in der Gruppe. Wer richtet das Begehren? In: Majce-Egger, Maria & Trotz, Regina (Hg.): Die Macht begehren. Politische Haltungen in der Gruppendynamik. Innsbruck, Wien, München (Studienverlag), S. 35–51.

Mangelsdorf, Almuth (1992): Gestalttherapie – Integrative Therapie. In: Bilden, Helga (Hg.): Das Frauentherapie Handbuch. München (Frauenoffensive), S. 182–195.

Masson, Jeffrey M. (1993): Die Abschaffung der Psychotherapie. Ein Plädoyer. München (Goldmann). Engl.: Against therapy: Emotional Tyranny and the Myth of Psychological Healing. New York (Atheneum), 1988.
McGoldrick, Monika; Anderson, Carol M. & Walsh, Froma (Hg.) (1991): Feministische Familientherapie in Theorie und Praxis. Freiburg i.Br. (Lambertus).
Mesquita, Sushila (2009): Alte Normen – neue Normsetzungen? Betrachtungen zum Schweizer Partnerschaftsgesetz. In: Pechriggl, Alice; Mertlitsch, Kirstin; Isop, Utta & Hipfl, Brigitte (Hg.): Über Geschlechterdemokratie hinaus/Beyond Gender Democracy. Klagenfurt (Drava), S. 127–150.
Meulenbelt, Anja (1976): Die Scham ist vorbei. Autobiographischer Roman. München (Frauenoffensive).
Meuser, Michael (2005): Die widersprüchliche Modernisierung von Männlichkeit. Kontinuitäten und Veränderungen im Geschlechterverhältnis. URL: http://db.genderkompetenz.info/w/files/gkompzpdf/genderlecturemeuser.pdf (Stand 1.12.2009).
Micus, Christiane (2002): Friedfertige Frauen und wütende Männer? Theorien und Ergebnisse zum Umgang der Geschlechter mit Aggression. Weinheim, München (Juventa).
Milgram, Stanley (1967): The Small World Problem. Psychology Today, Mai 1967, 60–67.
Mitchell, Juliet (1976): Psychoanalyse und Feminismus. Frankfurt/Main (Fischer).
Mitscherlich, Margarete (1985): Die friedfertige Frau. Frankfurt/Main (Fischer).
Mitscherlich, Margarete (1990): Über die Mühsal der Emanzipation. Frankfurt/Main (Fischer).
Mollenhauer, Klaus & Müller, Wolfgang C. (1965): »Führung« und »Beratung« in pädagogischer Sicht. Heidelberg (Quelle & Meyer).
Morgenthaler, Fritz (1986): Technik. Zur Dialektik der psychoanalytischen Praxis. Gießen (Psychosozial-Verlag).
Müller, Ursel & Schröttle, Monika (2004): Lebenssicherheit, Sicherheit und Gesundheit von Frauen in Deutschland. Eine repräsentative Untersuchung zu Gewalt gegen Frauen in Deutschland. Zusammenfassung zentraler Studienergebnisse. URL: www.bmfsfj.de (Stand: 10.12.2009).
Murano, Luisa (1993): Die symbolische Ordnung der Mutter. Frankfurt/Main, New York (Campus).
Musfeld, Tamara (1997): Im Schatten der Weiblichkeit. Über die Fesselung weiblicher Kraft und Potenz durch das Tabu der Aggression. Tübingen (edition diskord).
Nestmann, Frank (2008): Zukunft der Beratung. Beratung aktuell. Fachzeitschrift für Theorie und Praxis der Beratung 2. URL: http://www.beratung-aktuell.de/Zukunft%20der%20Beratung.pdf (Stand: 25.5.2010).
Nestmann, Frank; Engel, Frank & Sickendiek, Ursel (Hg.) (2004): Das Handbuch der Beratung. 2 Bände. Tübingen (dgvt).
Olivier, Christiane (1989): Jokastes Kinder. Die Psyche der Frau im Schatten der Mutter. München (dtv).
Orbach, Susie (1979): Antidiätbuch I. München (Frauenoffensive).
Orbach, Susie (1984): Antidiätbuch II. München (Frauenoffensive).
Passett, Pierre (2005): Die anthropologische Dimension der Sexualität. Das Konzept der Sexualität im Rahmen der allgemeinen Verführungstheorie von Jean Laplanche. In: Bayer, Lothar & Quindeau, Ilka (Hg.): Die unbewusste Botschaft der Verführung. Interdisziplinäre Studien zur Verführungstheorie von Jean Laplanche. Gießen (Psychosozial-Verlag), S. 139–169.
Pechriggl, Alice (2008): Psychoanalytisch-naturrechtliche Heteronormativität versus politische Normsetzung. In: Bartel, Rainer; Horwath, Ilona; Kannonier-Finster, Waltraud; Mesner,

Maria; Pfefferkorn, Erik & Ziegler, Meinrad (Hg.): Heteronormativität und Homosexualitäten. Innsbruck, Wien, Bozen (Studienverlag), S. 25–42.

Perls, Frederic S. (1978): Das Ich, der Hunger und die Aggression. Stuttgart (Klett Cotta). Engl.: Ego, Hunger and Aggression. London (Allen and Unwin), 1947.

Perls, Frederic S.; Hefferline, Ralph & Goodman, Paul (1979): Gestalt-Therapie, Lebensfreude, Persönlichkeitsentfaltung. Stuttgart (Klett Cotta). Engl.: Gestalt Therapy: Excitement and Growth in the Human Personality, London (Julian Press), 1951.

Petzold, Hilarion G. (2007): Hot Seat? Ein problematischer Begriff – Anlass für kritische Überlegungen zu Therapieideologien und risikosensibler Praxis von Psychotherapie. In: POLYLOGE: Materialien aus der Europäischen Akademie für Psychosoziale Gesundheit. URL: www.fpi-publikationen.de/materialien.htm (Stand: 26.7.2009).

Pizzey, Erin (1974): Scream Quietly or the Neighbours Will Hear. London (Pinguin).

Plogstedt, Sybille (2006): Frauenbetriebe. Vom Kollektiv zur Einzelunternehmerin. Königstein/Taunus (Ulrike Helmer).

Poluda-Korte, Eva S. (1993): Der lesbische Komplex – Das homosexuelle Tabu und die Weiblichkeit. In: Alves, Eva Maria (Hg.): Stumme Liebe. Der lesbische Komplex in der Psychoanalyse. Freiburg i.Br. (Kore), S. 73–132.

Prengel, Annedore (1985): Raum schaffen, in dem weibliche Imagination entstehen kann. In: Frühmann, Renate (Hg.): Frauen und Therapie. Paderborn (Junfermann), S. 103–122.

Prengel, Annedore & Wirbel, Ute (1986): Abschied von der Abhängigkeit. Zur historischen und biographischen Entmachtung der Frauen. Beiträge zur feministischen Theorie und Praxis. Neue Heimat Therapie 17, 69–82.

Prokop, Sabine & Steiner, Hannah (2006): Entwicklungspartnerschaft KLARA! Ressourcenguide – Berufliche Frauennetzwerke. URL: www.netzwerk-frauenberatung.at/ressourcenguide/default.asp (Stand: 30.10.2009).

Pusch, Luise F. (2009): Das Deutsche als Männersprache. Aufsätze und Glossen zur feministischen Linguistik. Frankfurt/Main (Suhrkamp).

Rich, Adrienne (1978): Von Frauen geboren. Mutterschaft als Erfahrung und Institution. München (Frauenoffensive).

Riese, Katharina (1989): AUF und Abtreibungen. In: Geiger, Brigitte & Hacker, Hanna: Donauwalzer Damenwahl. Wien (Promedia).

Rifkin, Jeremy (2000): Access. Das Verschwinden des Eigentums. Warum wir weniger besitzen und mehr ausgeben werden. Frankfurt/Main, New York (Campus).

Rogers, Carl R. (1983): Die Klientenzentrierte Gesprächspsychotherapie. Frankfurt/Main (Fischer).

Rogers, Carl R. (1985): Die Kraft des Guten. Frankfurt/Main (Fischer).

Rohde-Dachser, Christa (1991): Expeditionen in den dunklen Kontinent. Weiblichkeit im Diskurs der Psychoanalyse. Heidelberg (Springer).

Rosenberger, Sieglinde K. (1998): Frauen begehren auf. Das österreichische Frauen-Volksbegehren. Zeitschrift für Frauenforschung 16, 43–58.

Roughton, Ralph (2002): Rethinking Homosexuality: what it teaches us about Psychoanalysis. JAPA 50, 733–763.

Rücker-Embden-Jonasch, Ingeborg & Ebbecke-Nohlen, Andrea (1992): Balanceakte. Heidelberg (Carl-Auer).

Scheffler, Sabine (1987): Frauenspezifische Krankheitsbilder am Beispiel der Essstörungen. In: Rommelspacher, Birgit (Hg.): Weibliche Beziehungsmuster. Psychologie und Therapie von Frauen. Frankfurt, New York (Campus), S. 127–137.

Scheffler, Sabine (2009): »Im Jahre 2225 wird das Frauenhaus endgültig überflüssig ...« Vor-

trag 30 Jahre Frauenhaus Essen, Oktober 2009. URL: www.dr-sabine-scheffler.de (Stand 1.11.2009).
Scheu, Ursula (1977): Wir werden nicht als Mädchen geboren, wir werden dazu gemacht. Frankfurt/Main (Fischer).
Schigl, Brigitte (2006): Doing gender by doing therapy. Überlegungen zu einer gendersensiblen Gestalttherapie. In: Gestalttherapie. Forum für Gestaltperspektiven 20(2), 97–107.
Schigl, Brigitte (2007): Geschlechtskrankheiten – Geschlechtsgesundheiten: Gendertypische Konstruktionen von Gesundheit und Krankheit. Integrative Therapie 33(3), 299–322.
Schigl, Brigitte & Abdul-Hussein, Surur (2010; in Vorbereitung): Menschenbildannahmen im feministischen Diskurs. Perspektiven für die Psychotherapie und psychosoziale Praxis. In: Petzold, Hilarion G. (Hg.): Die Menschenbilder in der Psychotherapie. Interdisziplinäre Perspektiven und die Modelle der Therapieschulen. Wien (Krammer).
Schindler, Raoul (1999): Rangdynamik in Anwendung. In: Majce-Egger, Maria (Hg.): Gruppentherapie und Gruppendynamik. Dynamische Gruppenpsychotherapie. Wien (Facultas), S. 271–286.
Schmerl, Christiane (1999): Wann werden Weiber zu Hyänen? Weibliche Aggressionen aus psychologisch-feministischer Sicht. In: Dausien, Bettina; Herrmann, Martina; Oechsle, Mechtild; Schmerl, Christiane & Stein-Hilbers, Marlene (Hg.): Erkenntnisprojekt Geschlecht. Feministische Perspektiven verwandeln Wissenschaft. Opladen (Leske+Budrich), S. 197–215.
Schmid, Peter F. (1989): Personale Begegnung. Würzburg (Echter).
Schmidt, Roscha (1995): Qualitätssicherung in der Gesundheitsförderung. Impulse Newsletter, 4.
Schneider, Kristine (1994): »Meine Wildnis ist die Seele des anderen«. Erinnerungen an Lore Perls (1905–1990), die Mitbegründerin der Gestalttherapie. Gestaltkritik 2. URL: http://www.gestalt.de/schneider_laura-perls.html (Stand: 26.7.2009).
Schrupp, Antje (2009): Konkurrenz unter Frauen. URL: www.antjeschrupp.de/konkurrenz.htm (Stand 21.7.2009).
Schultz, Dagmar & Langenheder, Simone (1997): Die Entwicklung der Frauengesundheitszentren in der Bundesrepublik Deutschland und ihre Bedeutung für die Gesundheitsversorgung von Frauen. Berlin (Broschüre).
Schurz, Grete (1989): Mehr Frauenärzte brauchen Stadt und Land. Medizinsoziologische Informationen 4, 50–56.
Schwarzer, Alice (1971): Wir haben abgetrieben. Stern, 6. Juni 1971, Nr. 24.
Segerman-Peck, Lily (1994): Frauen fördern Frauen. Netzwerke und Mentorinnen. Frankfurt/Main, New York (Campus).
Seligman, Martin (1992): Erlernte Hilflosigkeit. Weinheim (Verlags Union).
Sichtermann, Marie (2004): Mit Netz und doppeltem Boden. Vortrag im Rahmen der NORA-Tagung »Mit Netzen Berge versetzen – Neue Berufsperspektiven für Frauen durch professionelles Networking«. Wien, 21.10.2004.
Sickendiek, Ursel (2004/2007): Feministische Beratung. In: Nestmann, Frank; Engel, Frank & Sickendiek, Ursel (Hg.): Handbuch der Beratung. Band 2. Tübingen (dgvt), S. 765–779.
Sickendiek, Ursel; Engel, Frank & Nestmann, Frank (1999): Beratung. Eine Einführung in sozialpädagogische und psychosoziale Beratungsansätze. Weinheim, München (Juventa).
Spiegel, Hildegard von (2000): Das Konzept der Parteilichkeit und methodisches Handeln in der sozialen Arbeit. In: Hartwig, Luise & Merchel, Joachim (Hg.): Parteilichkeit in der sozialen Arbeit. Münster, New York, München, Berlin (Waxmann), S. 203–219.
Steinebach, Christoph (2006): Handbuch psychologische Beratung. Stuttgart (Klett-Cotta).

Stöcker, Mirja (Hg.) (2007): Das F-Wort. Feminismus ist sexy. Königstein (Ulrike Helmer).
Stoehr, Irene (1994): Gründerinnen – Macherinnen – Konsumentinnen? Generationsprobleme in der Frauenbewegung der 90er Jahre. In: Modelmog, Ilse & Gräßel, Ulrike (Hg.): Konkurrenz und Kooperation. Frauen im Zwiespalt? Münster (Lit), S. 91–115.
Stuiber, Petra (2004): Österreich in Männerhand. Wien (Ueberreuter).
Stützle-Hebel, Monika (2009): Spieglein, Spieglein an der Wand, wer ist die Beste im ganzen Land? Zur Kooperation von Konkurrentinnen in der Teamentwicklung. In: Lehner, Lilli; Müllner, Rudolf; Sanz, Andrea & Trotz, Regina (Hg.): Prozesse verstehen und gestalten. Zur Praxis von Gruppendynamik und Gruppenpsychotherapie. Wien (Krammer), S. 25–47.
Szasz, Thomas (1970): The Myth of Mental Illness. American Psychologist 3, 113–118.
Thiessen, Barbara (2008): Feminismus: Differenzen und Kontroversen. In: Becker, Ruth & Kortendiek, Beate (Hg.): Handbuch Frauen- und Geschlechterforschung, Theorie, Methoden, Empirie. Wiesbaden (VS-Verlag), S. 37–45.
Thon, Christine (2008): Frauenbewegung im Wandel der Generationen. Eine Studie über Geschlechterkonstruktionen in biographischen Erzählungen. Bielefeld (Transcript).
Thürmer-Rohr, Christina (1985): Hassverbot für Frauen. Friedfertigkeit als therapeutische Aktion. Psychologie Heute 9, 64–67.
Thürmer-Rohr, Christina (1986): Die Gewohnheit des falschen Echos. In: beiträge zur feministischen theorie und praxis. Neue Heimat Therapie 7, 113–120.
Thürmer-Rohr, Christina (2008): Die Wahrheit über eine zweigeschlechtliche Welt gibt es nicht. In: Buchmayr, Maria (Hg.): Alles Gender? Feministische Standortbestimmungen. Innsbruck (Studienverlag). S. 50–64.
Trotz, Regina (2000): Bundesheer und Frauenhaus. Organisationsformen, Bündnispotentiale und Konfliktfähigkeiten von Frauen und Männern in einer gruppendynamischen T-Gruppe. In: Majce-Egger, Maria & Trotz, Regina (Hg.): Die Macht begehren. Politische Haltungen in der Gruppendynamik. Innsbruck, Wien, München (Studienverlag), S. 186–204.
Trotz, Regina (2006): Gruppendynamik. Gesellschaftstheorie. Differenzkompetenz. In: Lehner, Lilli; Müllner, Rudolf; Sanz, Andrea & Trotz, Regina (Hg.): Hier und Jetzt. Gruppendynamik und gesellschaftliche Entwicklungen. Jahrbuch für Gruppendynamik und Gruppentherapie 6. Wien (Krammer), S. 105–126.
Tuckman, Bruce W. (1965): Developmental sequences in small groups. Psychological Bulletin 63, 348–399.
Ulbing, Madelaine (1992): Mütter und Töchter. Ein Ringen um Grenzen. In: Ulbing, Madelaine & Krisch, Renate (Hg.): Zum Leben finden. Beiträge zur angewandten Gestalttherapie. Köln (Edition Humanistische Psychologie), S. 347–366.
Ulbing, Madelaine (1999): Geschlechtsspezifische Aspekte der Gestalttherapie. In: Fuhr, Reinhard; Sreckovic, Milan; Gremmler-Fuhr, Martina (Hg.): Handbuch der Gestalttherapie. Göttingen (Hogrefe), S. 599–612.
United Nations (1996): The Beijing Declaration and Platform for Action. URL: www.un.org/womenwatch/daw/beijing/platform/ (Stand 3.11.2009).
United Nations (2000): The right to the highest attainable standard of health. URL: www.unhchr.ch/tbs/doc.nsf/(Symbol)/40d009901358b0e2c1256915005090be?Opendocument (Stand 3.11.2009).
Verein zur Förderung von Frauenbildungsprojekten (1991): Autonomie in Bewegung. 6. Österreichische Frauensommeruniversität. Wien (Promedia).
Villa, Paula I. (2000): Sexy Bodies. Eine soziologische Reise durch den Geschlechtskörper. Opladen (Leske+Budrich).

Volz, Rainer & Zulehner, Paul (2008): Männer in Bewegung. Zehn Jahre Männerentwicklung in Deutschland. Berlin (BMFSFJ).
Walker, Leonore E. (1979): The Battered Woman. New York (Harper Colophon Books).
Walters, Marianne; Carter, Betty; Papp, Peggy & Silverstein, Olga (Hg.) (1991): Unsichtbare Schlingen. Die Bedeutung der Geschlechterrollen in der Familientherapie. Eine feministische Perspektive. Stuttgart (Klett-Cotta). Engl.: The Invisible Web. Gender Patterns in Family Relationships. New York, London (The Guilford Press), 1988.
Welter-Enderlin, Rosmarie (2000): Dominanz und Gewalt in Paarbeziehungen. Gesellschaftliche Vernetzung des Rollenverhaltens. In: Welter-Enderlin, Rosmarie: Deine Liebe ist nicht meine Liebe. Partnerprobleme und Lösungsmodelle aus systemischer Sicht. Freiburg i.Br. (Herder), S. 89–105.
Wenskus, Otta (1999): Amazonen zwischen Mythos und Ethnographie. In: Klettenhammer, Sieglinde & Pöder, Elfriede (Hg.) (2000): Das Geschlecht, das sich (un)eins ist? Frauenforschung und Geschlechterforschung in den Kulturwissenschaften. Innsbruck (Studienverlag), S. 63–72.
West, Candace & Zimmermann, Don (1991): Doing Gender. In: Lorber, Judith & Farrell, Susan (Hg.): The Social Construction of Gender. Newbury Park, CA, London (Sage), S. 13–31.
Wetterer, Angelika (2003): Rhetorische Modernisierung: Das Verschwinden der Ungleichheit aus dem zeitgenössischen Differenzwissen. In: Knapp, Gudrun-Axeli & Wetterer, Angelika (Hg.): Achsen der Differenz. Gesellschaftstheorie & feministische Kritik 2. Münster (Westfälisches Dampfboot), S. 286–319.
WHO (1984): Ottawa-Charta. URL: www.who.int/healthpromotion/conferences/previous/ottawa/en/ (Stand: 3.11.2009).
WHO (1996): Violence against women. Fact Sheet 128, 1–3. URL: www.who.int/violence_injury_prevention/violence/en/ (Stand: 3.11.2009).
WHO (2001): Strategic Action Plan Women's Health. URL: www.euro.who.int/InformationSources/Publications/Catalogue/20030129_1 (Stand: 3.11.2009).
WHO (2007): Closing the Gap – Strategies for Action to tackle Health Inequalities. Taking Action on Health Equity. URL: www.eurohealthnet.eu/images/publications/taking%20action%20on%20health%20equity.pdf (Stand: 3.11.2009).
Wieser, Ilse (1996): Empörung lag in der Luft. Das erste Grazer Frauenzentrum in der Bergmanngasse 6 (1977–1981). In: Unterholzer, Carmen & Wieser, Ilse (Hg.): Über den Dächern von Graz ist Liesl wahrhaftig. Wien (Wiener Frauenverlag), S. 259–274.
Winkler, Marietta (1992): Du Tarzan – Ich Jane. Geschlechterdifferenz in der therapeutischen Interaktion. In: Frenzel, Peter; Schmid, Peter & Winkler, Marietta (Hg.): Handbuch der Personzentrierten Psychotherapie. Köln (Edition Humanistische Psychologie).
Winkler, Marietta (2002): Die Person als Frau und Mann. Zur Geschlechterdifferenz in Personzentrierter Therapie und Beratung. In: Iseli, Chaterine; Keil, Wolfgang W.; Korbei, Lore; Nemeskeri, Nora; Rasch-Owald, Sylvia; Schmid, Peter F. & Wacker, Paulus G. (Hg.): Identität – Begegnung – Kooperation. Person-/Klientenzentrierte Therapie an der Jahrhundertwende. Köln (GwG).
Winnicott, Donald W. (1971/1993): Vom Spiel zur Kreativität. Stuttgart (Klett-Cotta).
Wittig, Monique (1998): A propos du contrat Social. In: Les études gays et lesbiennes. Textes réunis par Didier Eribon. Paris (Centre Georges Pompidou), S. 57–64.
Worell, Judith & Remer, Pam (1992): Feminist Perspectives in Therapy. An Empowerment Model For Women. New York (Wiley).
Wyckhoff, Hogie (1977): Solving Women's Problems. New York (Random House).
Yalom, Irwing (1996): Theorie und Praxis der Gruppenpsychotherapie. Stuttgart (Klett-Cotta).

Zehetner, Bettina (2007): Feminismus im Cyberspace. Frauenspezifische Online-Beratung – Qualitätskriterien und Herausforderungen. e-beratungsjournal 2. URL: http://www.e-beratungsjournal.net/ausgabe_0207/zehetner.pdf sowie http://www.frauenberatenfrauen.at/download/lehrgang_online-beratung.pdf (Stand: 17.5.2010).

Zehetner, Bettina (2008): Frauenspezifische Online-Beratung. Besonderheiten und Qualitätskriterien. Ein Leitfaden. Hrsg. von Frauen beraten Frauen, Institut für frauenspezifische Sozialforschung. Wien. URL: http://www.frauenberatenfrauen.at/download/leitfaden.pdf (Stand: 17.5.2010).

Zehetner, Bettina & Gerö, Sandra (2009): Frauenspezifische Onlineberatung. In: Kühne, Stefan & Hintenberger, Gerhard (Hg.): Handbuch der Onlineberatung. Göttingen (Vandenhoeck und Ruprecht), S. 169–179.

Zola, Irving Kenneth (1979): Gesundheitsmanie und entmündigende Medikalisierung. In: Illich, Ivan et al (Hg.): Entmündigung durch Experten. Reinbek bei Hamburg (Rowohlt).

Gedichtenachweis

Gerstl, Elfriede (2006): die familie im kopf. In: Gerstl, Elfriede: mein papierener garten. © Literaturverlag Droschl. Graz, Wien. Mit Genehmigung von DSA Judith Bisinger-Brus.
Gerstl, Elfriede (1999): stress muss sein. In: Gerstl, Elfriede: Alle Tage Gedichte. Schaustücke, Hörstücke. © Deuticke im Paul Zsolnay Verlag, Wien. Mit Genehmigung von DSA Judith Bisinger-Brus.
Gerstl, Elfriede (2006): selbsttherapie. In: Gerstl, Elfriede: mein papierener garten. © Literaturverlag Droschl. Graz, Wien. Mit Genehmigung von DSA Judith Bisinger-Brus.
Gerstl, Elfriede (1999): full service. In: Gerstl, Elfriede: Alle Tage Gedichte. Schaustücke, Hörstücke. © Deuticke im Paul Zsolnay Verlag, Wien. Mit Genehmigung von DSA Judith Bisinger-Brus.
Gerstl, Elfriede (2006): die ohnmacht der therapie. In: Gerstl, Elfriede: mein papierener garten. © Literaturverlag Droschl. Graz, Wien. Mit Genehmigung von DSA Judith Bisinger-Brus.

Psychosozial-Verlag

Anna Koellreuter (Hg.)
»Wie benimmt sich der Prof. Freud eigentlich?«
Ein neu entdecktes Tagebuch von 1921 historisch und analytisch kommentiert

Wolf-Detlef Rost
Eliza im Netz
Aus der Werkstatt eines Psychotherapeuten

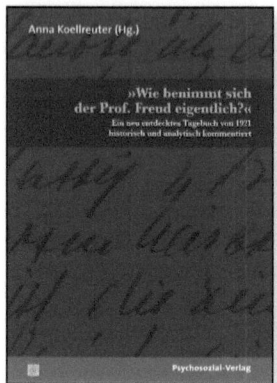

2., korr. Aufl. 2010 · 319 Seiten · Broschur
ISBN 978-3-8379-2095-6

2009 · 206 Seiten · Gebunden
ISBN 978-3-8379-2031-4

Eine junge Ärztin begibt sich 1921 zu Freud in Analyse. In einem Tagebuch hält sie fest, was sie bewegt. Inspiriert von diesen Aufzeichnungen machen sich PsychoanalytikerInnen und GeschichtsforscherInnen Gedanken zu Freud und seiner Arbeitsweise.

Dieser Fund »kommt für die Wissenschaftsgeschichte einer kleinen Sensation gleich. Es ist das Zusammentreffen von drei Faktoren, das dieses Tagebuch zu einem einzigartigen Dokument macht: Erstens handelt es sich hier um eine reine Patientenanalyse, im Unterschied zu einer Lehranalyse, zweitens fand vor Freuds Krebserkrankung statt, und drittens sind die Notizen anscheinend wörtlich notierte Niederschriften dessen, was im Behandlungszimmer gesagt wurde. [...] Unter den bisher veröffentlichten Dokumenten gibt es keines, bei dem alle drei Kriterien zutreffen.«
Ernst Falzeder in: DIE ZEIT.

»Eliza im Netz« erzählt den bizarren Fall des Rainer Somberg im Stil einer literarischen Therapiegeschichte. Somberg ist ein scheinbar gefestigter Familienvater, der seine Traumfrau erst im mittleren Alter kennengelernt hat. Als er sie auf einer pornografischen Laienwebsite entdeckt, bricht sein Weltbild wie ein Kartenhaus zusammen. Erstmals lässt er sich auf die Hilfe eines Psychoanalytikers ein. In der Auseinandersetzung mit diesem verdeutlicht Somberg sich sukzessive seine Projektionen, Idealisierungen und narzisstischen Züge, um über die Aufarbeitung bisheriger Beziehungen schließlich ein gereifteres Verhältnis zu seiner Frau zu entwickeln.

Walltorstr. 10 · 35390 Gießen · Tel. 0641-96 99 78-18 · Fax 0641-96 99 78-19
bestellung@psychosozial-verlag.de · www.psychosozial-verlag.de

Psychosozial-Verlag

Manuela Torelli
Psychoanalyse lesbischer Sexualität

Anna Koellreuter
Das Tabu des Begehrens
Zur Verflüchtigung des Sexuellen in Theorie und Praxis der feministischen Psychoanalyse

2008 · 327 Seiten · Broschur
ISBN 978-3-89806-762-1

2001 · 156 Seiten · Broschur
ISBN 978-3-89806-041-7

Weibliche und lesbische Sexualität wird vor dem Hintergrund psychoanalytischer, feministischer und sozialpsychologischer Theorien detailliert dargestellt. Die Autorin entlarvt Vorurteile, die in der lesbischen Szene lange gepflegt wurden. Konstruktive wie destruktive unbewusste Abwehrmaßnahmen lesbischer Frauen, die sowohl individuell als auch kollektiv sein können, werden erläutert. In ausführlichen Gesprächen mit lesbischen Frauen werden Themen wie sexueller Missbrauch, Penis- und Gebärneid sowie die kontraproduktive Isolierung, die manche lesbische Frauen in der feministischen Szene suchen, kritisch beleuchtet.

Angeregt durch die Beobachtung spezifischer »Stagnationen« und »Irritationen« in der Analyse zwischen Analytikerin und Analysandin fragt die Autorin, was sich »triebmäßig« in der Analyse zwischen zwei Frauen abspielt und warum das Triebhafte abgewehrt werden muss. Von dieser praktischen Fragestellung ausgehend, setzt sich die Autorin theoretisch mit der Bedeutung der Triebe und der Triebverdrängung für die weibliche Subjektkonstitution sowie mit der Verflüchtigung der Triebtheorie aus der Psychoanalyse und den daraus resultierenden Folgen für den feministisch-psychoanalytischen Weiblichkeitsdiskurs auseinander.

Psychosozial-Verlag

Ursula G. T. Müller
Die Wahrheit über die lila Latzhosen
Höhen und Tiefen in 15 Jahren Frauenbewegung

Hamburger Arbeitskreis für Psychoanalyse und Feminismus (Hg.)
Evas Biss
Weibliche Aggressivität und ihre Wirklichkeiten

2004 · 390 Seiten · Broschur
ISBN 978-3-89806-259-6

2002 · 215 Seiten · Broschur
ISBN 978-3-89806-706-5

Von den sozialistischen Anfängen über eine feministische Sub-/Gegenkultur bis zu Frauenprojekten reicht der Wandel der bundesrepublikanischen Frauenbewegung – hier am Beispiel Gießen beschrieben. Autobiografisch, mit Lokalkolorit, über allgemeine Themen und theoretische Überlegungen schildert die Autorin u. a. tobende Gruppendynamik, den Lesben-Hetero-Streit und politische Auseinandersetzungen vor dem Hintergrund sexueller Befreiung, liberaler Reformen und ungebrochenem männlichen Chauvinismus. Die Autorin geht von einem Emanzipationsziel aus, das mit gesellschaftlichen und sozialen Veränderungen einhergeht und nicht in der Bewältigung von Kind und Karriere gipfelt.

Die Autorinnen, namhafte Psychoanalytikerinnen und Schriftstellerinnen, entlarven die »friedfertige Frau« als gesellschaftlich gewachsenes Konstrukt und analysieren die weibliche Psyche jenseits eines Diskurses, der die Frauen bloß als Opfer festschreibt. Sie entwickeln neue Rollenbilder, überwinden Sprachklischees und stellen sich ihrer Widersprüchlichkeit und Vielschichtigkeit. Sie setzen sich eindringlich und schonungslos mit der tabuisierten weiblichen Aggressivität auseinander und ergründen das, was im geschichtlichen Verlauf, im alltäglichen Umgang mit Weiblichkeit, mit Frauen und Frauenbildern vergessen und verdrängt wurde – und wird.

Walltorstr. 10 · 35390 Gießen · Tel. 0641-96 99 78-18 · Fax 0641-96 99 78-19
bestellung@psychosozial-verlag.de · www.psychosozial-verlag.de

www.ingramcontent.com/pod-product-compliance
Ingram Content Group UK Ltd.
Pitfield, Milton Keynes, MK11 3LW, UK
UKHW041947230426
12048UKWH00008B/177